全媒体时代的文学气质

江逐浪 / 著

U0361016

清华大学出版社
北京

内 容 简 介

　　文学对人的影响不仅以诗词歌赋、成语典故等形式直接体现在当代人的"文笔"上，而且文学在长久发展中积累的创作意识能够直接转化为当代人在各种媒介创作中的创作能力，这是本书第一、第二部分着力分析的内容。本书的第三、第四部分就在分析文学经验有限的人该用怎样的视角看待文学，从而拓展自己的视野，让文学帮助自己更好地理解世界，理解他人，理解自我，也理解媒介与传播的意义。

　　全书共 29 节，每节以文学作品为例，探讨如何在当代创作中借鉴传统文学经验，如何在视听形象塑造中灵活运用文学技巧，以及如何在文学作品中领悟人的社会责任与媒介责任。

图书在版编目（CIP）数据

全媒体时代的文学气质/江逐浪著. 一北京：清华大学出版社，2023.3
ISBN 978-7-302-59705-6

I. ①全… II. ①江… III. ①传播媒介—研究 IV. ①G206.2

中国版本图书馆 CIP 数据核字（2021）第 267966 号

责任编辑： 杜春杰
封面设计： 刘　超
版式设计： 文森时代
责任校对： 马军令
责任印制： 刘海龙

出版发行： 清华大学出版社
　　　　　　网　　　址：http://www.tup.com.cn，http://www.wqbook.com
　　　　　　地　　　址：北京清华大学学研大厦 A 座　　　邮　　编：100084
　　　　　　社 总 机：010-83470000　　　　　　　　　　邮　　购：010-62786544
　　　　　　投稿与读者服务：010-62776969，c-service@tup.tsinghua.edu.cn
　　　　　　质量反馈：010-62772015，zhiliang@tup.tsinghua.edu.cn
印 装 者： 三河市东方印刷有限公司
经　　销： 全国新华书店
开　　本： 170mm×240mm　　**印　　张：** 15.75　　**字　　数：** 268 千字
版　　次： 2023 年 5 月第 1 版　　　　　　　　**印　　次：** 2023 年 5 月第 1 次印刷
定　　价： 65.00 元

产品编号：081558-01

丛书总序

  2018年春节前夕，腾讯传媒"全媒派"向我约稿，"命题作文"的题目是《板结与焦虑：互联网浪潮冲击之下，现行传媒教育亟待"再定位"》。全文5500字，在2018年2月18日大年初三"全媒派"的"新年饭局"上发表。

  当时，正值清华大学出版社的编辑到中国传媒大学组稿，我受邀参加了当时的座谈会。后来由于人事变动，这套"智能传播媒介文化素养书系"的接力棒最后传到了我的手里，只好仓促上阵，幸而后来得到了亦师亦友的喻国明教授的鼎力支持，才算是有了主心骨。与此同时，那篇发表于腾讯传媒"全媒派"的稿子内容也就自然而然地成了这套书系的基本思路与写作理念。

  我长期在传媒一线从事节目策划、传媒研究和职工培训工作，后来又受聘于中国传媒大学培训学院从事传媒教育的培训工作，跨界对照之下，发现在我国传媒教育和传媒实践中存在以下一些特点。

  第一，移动互联网的出现，以及接踵而来且飞速发展的智能技术，改变了传统媒体和传媒教育的媒介生态。传统媒体尚存在单向度的线性思维、"主客二元"的"传受观念"、缺少用户意识、传播话语陈旧等问题。

  第二，互联网的"话语语态"已经发生了翻天覆地的变化，它们再也不是单向度的"叙述型"传播，而是变成了双向度的"对话型"传播。与此同时，这种基于"关系本体论"的"对话传播"也呈现出一种"话语时态"的"当下性""瞬时性""进行性""价值性""趣味性"等特征，我在一篇文章里将其称为互联网与智能技术背景下的"表达的革命"。

第三，互联网和智能技术的发展与应用已经充分表征出了人类哲学历史发展的再次转向，它的基本线索是先从古希腊时期探求宇宙本原的"本体论"转到了文艺复兴之后的主体对客体的"认识论"，然后经过现象学/语言学的"悬置"之后，现在又开始转向了人类的"创制论"。人类终于开始从"知识视域"转向了"创造视域"，从"知识旁观型"转向了"观念创建型"，从"静态"的认知转向了"动态"的创造。

第四，由于互联网、物联网的"连接"技术，媒介传播的样态已经发生了颠覆性的变化：大众传播开始回归到了点对点的"人际传播"，"单向度"的传播变成了"双向度"的传播，"传受"关系变成了"互动"关系，"文本传播"回到了"语音传播"。

第五，在智能全媒体时代，隶属于文化范畴的媒介素养已经从传媒教育的边缘区域走向中心位置。智能全媒体的出现，使得传媒教育已经从以就业为目的的职业教育开始走向全民的"媒介素质教育"。据悉，已经有学者将"媒介素养"与人的"智商""情商"并列称为"媒商"。

第六，互联网与智能技术改变了世界，也在改变着中国。它既已改变了媒体格局，也必然会改变传媒教育。互联网能够对整个社会结构要素进行解构、激活和重组——通过对个人的激活，在社会从以"机构为主体"到以"个人为主体"的裂变状态下、在连接和再连接的条件下，形成互联网形态下的新的"社会现实""市场现实"和"产业现实"。仅以对互联网和智能系统的整体认知和把握为例，这不仅需要了解多学科知识，而且需要具备相应的观念意识与思维及认知悟性，这对现有传媒教育提出了极其高的要求。

行到水穷处，坐看云起时。

一个旧的时代的结束，往往也是新的时代的开始。

面对这个万千变化的世界，英国当代剧作家汤姆·斯托帕德（Tom Stoppard）以其独有的幽默和诙谐不无调侃意味地说："生活在我们这个时代是最好的，你曾经自以为懂得的一切，原来都是错的！"

也就是说，今天，我们大家都处在同一条起跑线上。

正是基于这样的认知，我们邀请了一部分互联网智能传播的思想者或者至少说是先行思考者，编撰了这套书系，投石问路，激起共鸣，以期更多的思想者和思考者加入互联网和智能传播的全新的传媒事业。

本书系适合高等院校新闻与传播专业的教师、研究生、本科生及各级各类传媒业界的编辑、记者、自媒体人士阅读。

是为序。

李再军

2023 年 5 月 16 日于北京

前　言

　　很多人都说，生命中总会有那么一两个特殊的人，在关键时候改变了自己的人生，却很少有人说，在关键的时候遇到了一两本书，改变了自己的人生——可见，我们骨子里并不大相信一两本书就能够让自己醍醐灌顶，逆风翻盘。

　　可是，当我们选书时，总又不免期望能够有那么一两本神奇的书，让我们可以一劳永逸地解决自己所有的问题。

　　本书不是一本能让人在短时间内迅速提升文学素养的"宝典""秘籍"，真的想改头换面，总得先削皮挫骨。

　　事实上，本书是笔者多年来阅读、创作之后的总结。年少时，常常觉得阅读与创作仿佛两座面对面矗立的高山，各自壁立千仞，彼此相望相盼，却又孤绝难通。那时以为，联结这两座高山的是一条笔直的天梯，读者从阅读者这头出发，就一定能走上创作的巅峰。

　　可事实常常并非如此。

　　慢慢地，笔者开始体会到什么叫"学而不思则罔"：明明阅读了许多文字，积累了许多素材，却并没有转化成文化素养，无法在写作中体现，更别说在其他非文字的创作中产生什么影响。

　　也许，很多人就是因此觉得在全媒体蓬勃发展的当代，文学素养变得没那么重要了。

　　最终还是在多年的媒体创作实践后，笔者才慢慢领悟到，原来是自己想错了，试图找寻一道笔直的"天梯"，本身就像找一本帮助自己解决所有问题的书一样不现实。

现在的我更愿意把阅读和创作比作两面硕大的多棱镜，彼此映射着对方的影像。

那么，创作是如何体现阅读积累的重要性呢？这取决于人们能够从阅读中读到些什么，就如同能够从多棱镜中分解出些什么。有人囫囵着只看到了情节，那只是平面镜映出的皮相。从多棱镜中看，会看到文风、文气、经络、筋骨，它们会代替皮肉无时无刻体现在创作的能力中。

所以，本书实际上想与大家分享的，不是看哪些书能提升媒体人的文学素养，进而通过文学素养的提升来提高创作能力，而是想以某些书为例，介绍怎样看书才能真正穿透文学的表象来提升文学素养。

江逐浪

2022 年 12 月

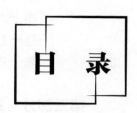

目　录

绪言　全媒体时代下的文学素养

《我弥留之际》——不能用影视改编代替文学　//1

第一部分　传统文学与当代媒介写作

第一章　唐诗与宋词——学用回车键　//28

第二章　欧阳修轶事——新媒体的写作特征　//35

第三章　《煮酒论英雄》——如何在平淡中表现人物　//42

第四章　"两岸猿声啼不住"——字里行间的情感倾向　//48

第五章　《游园惊梦》——如何正确使用文学积淀　//59

第六章　《庄子》——故事比道理更贴切　//65

第二部分　文学技巧与视听形象

第七章　比喻——文学与科学的桥梁　//74

第八章　"当时只道是寻常"——对比的魅力　//82

第九章　"枯藤老树昏鸦"——空镜头的魅力　//87

第十章　"唯见长江天际流"——景语即情语　//92

第十一章　"微雨燕双飞"——停顿的魅力　//96

第十二章　"不愁明月尽，自有夜珠来"——空白的魅力　//101

第十三章　《包法利夫人》——当事人的话　//104

第十四章　《罗生门》——重新审视当事人　//107

第十五章　秦可卿的名字——谁的话最可信　//113

第十六章　《窦娥冤》冤不冤？——理解受众　//123

第十七章　《双城记》——绝处逢生的"让谁说"　//129

第十八章　"抄检大观园"——转移重心　//135

第三部分　跟着文学提升人文素质

第十九章　《女管家的心事》——同理心　//140

第二十章　《仿生人能梦到电子羊吗？》——亲和力
从何处来　//147

第二十一章　"我是人间惆怅客"——共鸣与间接经验　//152

第二十二章　人情练达即文章——思考的魅力　//161

第二十三章　《桃花源记》——用文学作品练习质疑　//169

第二十四章　四种滑铁卢——主观与客观　//183

第二十五章　《祝福》——同情与"贫穷色情"　//194

第二十六章　《浮生梦》——警惕思维定式　//203

第二十七章　《群山回唱》——引人思考比令人满足更重要　//212

第四部分　媒体责任与文学边界

第二十八章　《荷马史诗》——辨析文学与事实　//226

第二十九章　"晴雯之死"——辨析生活与故事　//232

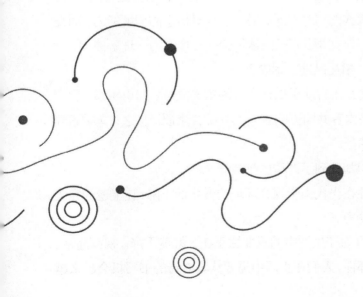

绪言

全媒体时代下的文学素养

- 《我弥留之际》——不能用影视改编代替文学

这些年，经常被人这么问：当代是媒体融合的时代，是全媒体的时代，人们获取信息的媒介早已从报纸、杂志、广播、电视转向了互联网、移动端，接收信息的符号也从文字符号转为声画符号。在这种情况下，文学素养对传媒人来说，其价值又体现在何处？

这个问题的内涵也自然套嵌着另外一个问题：既然人们阅读文字的机会越来越少，文字在传媒中的地位越来越不重要，传媒人还需要花大量时间读文学作品来培养自己的文学素养吗？

三十年前的传媒人不会生出这样的疑问，甚至于各行各业的人都不会产生这样的困惑。因为那时候，书籍、报纸、杂志还是主流媒介，广播、电视也是以文字为主，以声画形象为辅，无论是传媒人还是普通受众，大家都从信息的传达与接收方式中确确实实地感受到文学素养的重要性。

传统的传媒人和传媒受众在"文学素养的重要性"这一问题上是有共识的：提升文学素养有助于提升传媒人的写作水平，提升受众对信息的理解能力，而提升文学素养的途径就是多读经典文学作品。阅读经验—写作能力—理解能力，就这么形成了一个完美的闭环，相互促进，螺旋上升。

甚至于，人们公认文学素养还有助于提升个人的审美品位、知识积累、看问题的深度和角度。而上述这些内容共同影响着人们的综合素质。总之，文学素养的提升有助于提升人的综合素质。

可是在当代，这样的共识却受到了严峻的挑战。

首先是写作能力的重要性在当代由于媒介环境的变化而下降，让上述的完美闭环失去了滚动下去的内在动力。

毋庸讳言，"写作"这一行为在生活中的重要性正在大幅度下降。视频通话、语音输入代替了书信与电子邮件，人们在生活中需要认真对待的书写机会越来越少，这意味着人们展示自己写作能力的天地越来越窄。

人们越来越相信，文学是属于印刷时代的艺术，而当代世界已经进入了"读图时代"。时代的发展犹如江河直下，无可阻挡、不可回头，图像必将取代文字成为信息传播的重要媒介。

的确，当代媒介的发展现状助长了这一趋势。从单一的广播到广播电视再到现在的互联网传媒，文字的重要性似乎一直在下降。人们越来越强调图像的重要性，以至于"信息可视化"成了当代传媒业研究的热点。传媒人关注的重点不再是如何使用恰当的文字来表达思想与信息，而是如何让受众确切地"看见"那些思想与信息。

但文字地位的下降不等于文字不再有地位。无论文字量的多寡，试问有多少信息真的能够脱离文字而存在？就算是纯视频信息、图片信息，它们能够在网络上广泛流传，难道离得开必要的信息注解，以及那些极具吸引力的标题？

可以预见，在很长一段时间内，人类无法脱离文字来传播信息。媒介方式的变化削弱的只是信息中的文字数量，而不是文字的重要性。甚至于，正是因为文字数量的减少，反而要求信息传播者要有更好的文字驾驭能力。

十多年前，第一批微博使用者常常会发现一个问题：140个字太少，不足以充分表达自己的感受。长期以来，从纸笔到电脑键盘，文字书写工具越来越便捷，人们的书写变得越来越随意，书写出的文字也变得越来越冗长。简单来说，与春秋战国时期诸子百家的著作相比，当代人文字中的"废话"越来越多。

可是，十多年前横空出世的微博，却以140字的容量倒逼人们重新塑造自己的写作习惯。回忆一下，可能很多人会回想起类似的经历：编辑好一段微博想发布时，发现字数超出容量十几字甚至几十字。面对这种情形，人们有两种选择，或是分成两条来发，或是重新编辑内容、删减字数。大多数情况下人们会选择后者，在发布前重新审读自己想发布的内容，对文字进行修改、删减，直到符合微博的字数发布规格。人们常常会发现，如果用心斟酌的词句，大多可以在不删减内容的情况下把信息的字数降到规定范围以内，甚至于重新修改过的信息内容更加深刻凝练。

这种情况恰恰证明：新的媒介对人们的文字能力提出了新的要求。要求虽然是新的，可是这种要求的本质仍然是在检验传媒人的文学素养。

当然，在具体的层面上，当代媒介环境对传媒人的文字能力有了新的具体要求，对"生动"的要求越来越高。过去，人们对传媒人写作能力的要求更强调深刻，哪怕内容有些书面化，甚至难以理解，只要够深刻，人们还是愿意花更多的时间、精力去仔细揣摩。可是在当代，人们更希望接触到的文字是生动的、有趣的，哪怕是深刻的内涵，也希望是被生动的文字包装出来的，否则便难以在这个日益碎片化的时代吸引人们的注意力。

有人认为互联网信息特征让人类的大脑变得"浅薄"了。在众多"超链接"信息的干扰下，人们的注意力越来越难以持久，相应地，理解能力也越来越弱。

所以，新媒体中受人关注的内容往往都有及时、生动的配图或者视频，至于文字，主要是用来弥合这些碎片信息之间的裂缝、赋予直观信息意义的。然而，"混子曰"等公众号粉丝众多，其吸引人的难道仅仅是诙谐幽默的简笔画？真正吸引人的难道不包括简笔画旁生动有趣、能够和受众形成良好互动关系的文字点评及模拟对白？而那些内容，难道仅仅是凭借中学学的语文知识把句子写通顺就足够了？

恰恰相反，集多种符号于一身的新媒体恰恰对其中的文字提出了更高的要求：文字要能在最短时间内结合其他信息传播符号来揭示传播者的价值立场。所以，即使是新媒体时代，传媒人不是不需要，而是更需要努力地提升自己的文学素养。

"文学素养"是指什么？

"文学素养"是人们经常使用的一种说法，通常意义上指的是人们在文学创作上的能力。例如，百度百科对"文学素养"的解释是："文学素养是指一个人或组织（比如××学校、××协会）在文学创作、交流、传播等行为及语言、思想上的水平。需要强调的是，文学素养作为一个名词，它不仅仅是指'文学素养'水平高雅或低劣。文学素养相对于'文化素养'更具有具体性，一般情况下是指在文学领域，如诗歌、小说、评论等方面的综合能力。"

同样是在这个释义底下，当涉及"提升文学素养的方式"时百度百科提到："提高文学素养是一个漫长的过程。简单点说，通过阅读人类历史上最优秀的文学作品是一条主要途径，但不是唯一。对社会有一定的了解，宽广的知识面，对历史、世界有一定的独立见解，良好的行为举止，都是文学素养的一部分。了解历史，阅读文学，品味哲学，学会分析社会人生，都是必须的。"很明显，在这个补充条目的作者心中，文学素养不仅仅是人在文学创作、文学评论领域的能力，还包括人能够从文学中获得其他能力的能力。

提升文学素养，不仅仅能够让人收获写作能力。认识社会、思考人生、理解他人、面对自我、锐化情感、强化逻辑、深化思考力、强化感染力等都是写作能力的伴生物。

人们能够在文学作品的阅读与分析中获得多项能力。真正的文学素养就是能够从文学中汲取这些能力的能力，以及能够把这些能力转化到其他行业、工作中的能力。从文学中敏锐地获得滋养并自如地把它们融入自身原有知识结构的能力，是文学对人们最大的滋润，也是文学素养在人们身上真正的体现。

本书的缘起正是基于上述对文学素养的认识，不仅试图阐明为什么当代新媒体环境下的传媒人既需要具备新媒体的传播学素养、科技素养，还需要具备文学素养，更试图为大家剖析传媒人能够从文学中学习到什么，能够如何通过对文学作品中的情节、人物、叙事方式、写作手法等获得自我能力的提升，从而将这种能力运用到各种传媒活动中去。

简而言之，文学素养能够帮助媒体人提升写作能力，应对新媒体时代下新的写作要求；能够帮助媒体人培养人文情怀，使其更深入地了解他人、大众、社会思潮，提升思维能力；还有助于传媒人在从事其他媒介活动中获得可资借鉴的经验与技巧，顺畅地以文学经验来滋养其专业能力。

值得注意的是，很多人一提到"文学"会首先想到小说，而想到"小说"会首先想到"故事"，不知不觉间在文学与故事之间建立起桥梁，进而会产生一个走捷径的想法：能不能用观看文学改编的影视作品来代替直接阅读文学作品呢？

观看文学改编的影视作品的确可以算作是一种了解文学的捷径，可是，就如金庸在《倚天屠龙记》的尾声展示过黄衣女使用的正宗《九阴真经》功夫与周芷若通过捷径练成的《九阴真经》功夫在气质上的巨大区别一样，文学改编的影视作品与文学原著之间常存在着形似而神不似的关系。

人们希望从文学中获得什么？首先是文字能力，其次是文学作品中蕴含着的对人性的深度解读。可是，文学改编的影视作品在这两方面却都有所欠缺。

相比阅读文学作品而言，对于很多人来说，看电影、电视剧不仅一样能够了解文学名著讲了什么故事，而且更加直观细腻、方便快捷。很多当代人对文学名著的了解都是通过观看电影、电视剧而来的，甚至有可能还不是通过影视剧全片，而是通过"谷阿莫"等人的"两（一）分钟带你读懂×××"得来的。对于这种了解文学作品的方式，有些人觉得是一个严峻的问题，也有些人觉得这完全不影响人们对文学名著的剧情、人物，甚至是对关键名言警句（例如，"幸福的家庭都是相似的，不幸的家庭各有各的不幸"）的了解。"速读"本来就是一种广受推广，在很多中学被推荐学习、掌握的阅读方法，这些人觉得为什么这种阅读方法能用在我们的外语阅读理解题上，就不能用在阅读文学作品中呢？

正因如此，一种观点在当代传媒学子中颇具影响：与运用编辑软件的能力、拍摄或处理图像的技术相比，文学素养是可有可无的，并非新时代传媒人所必备的重要素养，它仅仅是旧时代传统观念下传统传媒人的素养而已。

当然，也许是出于对传统观念的尊重，很少有人会直接把这种认识宣之于口，但是会付诸行动。笔者在高校供职的十多年中，相关的直观感受非常强烈。本科生、硕士生论文中病句连篇的现象并不鲜见，与学生聊天时发现不知道"于连•索黑尔"的文科硕士生也不在少数。而更突出的问题是，很多学生并不以此为耻，或者说，并不觉得不知道这些人、这些故事，或者在论文中出现很多病句是一件多么令人难堪的事。与传媒类大学生文学阅读量小、文字写作能力不足的现象相比，传媒学子对此不以为然的态度才真正发人深思。这意味着很多传媒学子并没有意识到文学素养对传媒人才的培养有着什么样的意义。

那些质疑文学素养对新时代媒体人的重要性的人，经常问的问题是："既然我不打算从事文学写作工作，既然文学写作能力不再是当代人从事传媒工作的必备能力，那么文学素养对我还有什么用？"这是我在生活中经常听到、被问到的问题。

虽然我一直反对凡事以"有用"为衡量标准，不赞成人们功利地对待自己的学习，但还是想说，培养和提升自身的文学素养是很有用的。

如果要问到如何提升文学素养，人们往往会不假思索地回答：多阅读经典作品。但是这个答案事实上是模糊的，人们很可能会立刻追问另一个问题：到底怎样的作品才是经典？经典作品的认定标准是可以随时间变化的还是固定不变的？如果是固定不变的，为什么有些作品过去不认为是经典，后来却被认定为经典？如果不是固定不变的，我们又如何得知自己正在阅读的那些所谓"无意义的闲书"将来不会被认定为经典？这个问题如同现代艺术中对艺术的评判标准一样，不仅一直被人讨论，而且需要进行讨论。

传统的经典作品是确定无疑的，例如，中国古典四大名著和西方名家名著。可是，很多人会在心里疑惑：为什么《三国演义》等古典小说是"四大名著"？难道仅仅是因为某位名人说它们是中国古典四大名著，我们就可以不加思考地接受这"四大名著"的说法吗？如果这四本小说是"四大名著"的话，其他未入选的古典作品也是经典吗？那些作品为什么没有入选"四大名著"之列呢？"四大名著"的标准是什么？

这个问题可以进而被引申为：除了那些为人公认的名家名作之外，另一些颇有影响力的作品算不算经典？例如金庸的小说。20 世纪 80 年代，金庸的武侠小说刚刚被引进时，难道不也是遭到很多老师、家长的"围剿"吗？当时的声音难道不是说这些作品对学生有害，学生不该阅读更不该沉迷吗？可是 30 年后，当 2018 年金庸去世时，众多媒体却异口同声地赞叹他创作了许多经典作品。金庸的小说在这 30 年间并无明显改变，可为什么对它们的评论却转变了 180 度？

与金庸相近的还有刘慈欣。当代大学生已经很少有人没听说过《三体》了，各专业学生中很多人喜爱刘慈欣的《三体》，可是《三体》刚出版发行时却读者寥寥，直到《三体Ⅱ·黑暗森林》在 2008 年出版时也还都是比较小众的作品。2015 年 8 月 23 日，刘慈欣凭借《三体》成为首次获得世界科幻大会颁发的雨果奖最佳长篇小说奖的亚洲人。这个新闻很快带动了《三体》热和刘慈欣热，媒体几乎立刻众口一词地称《三体》为经典，甚至刘慈欣的短篇小说《带上她的眼睛》也进入了人教版的中学语文课本。这巨大的反差更令人困惑：我们怎么知道现在读的一些无名之作不是经典？说不定它们就会在几年后获奖呢！

这一系列思考其实都归结到一个问题：经典作品的"经典性"到底从何而来？也就是说，经典的认定有没有标准？经典认定的标准是什么？文学作品究竟要具备哪些素质才能被评价为优秀的作品，甚至是经典的作品？

关于这个问题，曾经写过《为什么读经典》的意大利文学家伊塔洛·卡尔维诺对此有个很好的定义："经典是那些你经常听人家说'我正在重读……'而不是'我正在读……'的书。"这句话清楚地说明了经典文学的一个特质：经典文学是那些经得起重读的书，甚至于是那些需要被重读的书。

为什么要重读？因为真正优秀的文学作品不止有情节、人物，也不止有能够被人一语道破的主题与价值观。

在文艺批评界，人们常把影视剧归类为大众艺术，而优秀的文学作品被归类为精英艺术。大众艺术与精英艺术的功能与定位均不相同，精英艺术突出创作者的主体意识，着力关注或反映人的生存状态与精神活动，而大众艺术重视作品的社会功效，常常主动迎合社会、时代对艺术品的要求，注重作品的宣泄、净化、升华功能，表现人的理想追求；精英艺术追求超越时代的永恒性，而大众艺术则追求反映当下的时代性。

为什么要重读一部已经读过的作品？这个问题本身就是在用接受大众文学的态度去对待属于精英艺术的经典文学。

由于大多数影视作品属于大众艺术，它的内容、主题主要是通过情节、人物、叙事结构来体现的，这些环节能够被受众很轻易地感知、把握与记忆。同样，文学作品的情节发展、矛盾冲突、人物性格、叙事方式也很容易被读者感知，吸引读者的追寻，被读者记忆。如果读者对文学作品的理解止步于此，认为文学阅读的乐趣源于故事发展的悬念，那么也就不需要一再重读相关作品了，因为重读不会让我们发现新的情节，更不会诱发新的剧情悬念。

悬念的本质是因果律，人们对悬念的好奇源于对故事发展的因果关系的无知和期待。简单来说，人们接受大众艺术的时候更关注的是故事，尤其是故事的结果，人们期望能看到一个既符合自己的价值观，又与自己的心理期待略有差异的结果。于是，一个情理之中、意料之外的结局往往能给人带来很好的阅读体验。但是，受众在追寻这种因果律的阅读体验时，常常会因为过度关注追求的结果而忽略追求过程中的审美体验。因此，大众作品的叙事方式、叙事过程不能为受众探寻结果增加过多的障碍，这也导致大众艺术的叙事方式大多比较确定、明快甚至浅显，这也就使得大众作品从原因到结果的过程，事实上只有功能上的意义，而缺乏独立的审美意义。在这种阅读态度中，故事过程的功能仅仅是铺垫，仅仅是为了把故事引向高潮，引向受众期待的那个结果，而过程本身的意义却并不大。受众如果再次阅读这样的作品，常常会发现，由于情节是已知的、人物的性格发展脉络是明确而熟悉的，作品中那些原本最有吸引力的部分反而因为因果律的明确而丧失吸引力，而这种作品的叙事过程、叙事方式又不足以给受众带来新的发现、新的悬念或新的审美体验，所以，再次阅读反而会因受众的阅读经验重复而变得无趣，使得再欣赏、再阅读变得毫无必要。通俗地说，重读这些作品时，因为故事情节已经为人所熟悉，原本吸引人的陌生感、震惊感以及相应的情感体验都难再产生，因而人们不仅很难获得第一次接触作品时的审美享受，而且也无法获得其他审美感受。

如果以这种对待大众艺术的态度对待经典艺术，人们便会只关注故事情节发展，而忽略故事情节如何发展。这也是为什么爱读小说的人比爱读诗歌、散文的人更多的原因：绝大多数小说都有着鲜明的剧情可以让读者去追踪。正是因为追踪的是剧情，我们不会在意是通过电影还是通过文学来进行这场追踪，甚至于看电影的时间比阅读文学作品本身要短，观看影视剧的方式也更轻松、更容易被吸引，所以人们会更愿意选择用这种方式来追踪剧情。

但是，如果人们追踪的只是经典作品的情节的话，往往会错过作为精英艺术的文学的最大特点——过程。

在生活中，不仅优秀的经典文学作品值得被人反复阅读，优秀的影视作品也常常会被人"二刷""三刷"，反复观看。对于大多数人来说，"二刷""三刷"的乐趣是什么？是发现！"二刷"一部作品时，由于悬念结果是已知的，人们在观赏过程时降低了对结果的注意力，转而开始留心"过程"，也就是把注意力集中到作品的叙事过程或叙事方式上去。很多人"二刷"影视剧的目的是主动寻找第一次观看时忽略的细节，其实质是在已知结果的情况下寻找创作者预先埋下的伏笔，以此来判断那个看起来奇特、突兀的结果是不是在作品中逻辑自洽。如果能找到这些细节，人们常常会得到巨大的惊喜感，这惊喜的根源既是"发现"，也是"证明"——我们试图证明作品细致、完满的努力是有效的。因此，我们不仅能够得到"发现"的乐趣，还能够得到自我实现的满足。

但"二刷"影视剧获得的快感与再读经典文学作品获得的快感并不完全相同，重读优秀的文学作品时人们依然能够得到"发现"的乐趣，但这种"发现"不同于再看影视剧时的"发现"。例如，很多人会反复阅读《红楼梦》，但重读《红楼梦》的乐趣并不在于发现作品如何通过精巧的结构把读者逐渐引向那个已知的结果——因为《红楼梦》本身就不存在已知的结果——而在于人们在阅读中不断重新"发现"段落自身的独特魅力。人们可以脱离故事主干情节,发现某些片段描写的自身魅力:它或者文字精彩,或者内涵深刻,或者意境悠远,或者刻画人物生动活泼……那些经典段落并不完全依附于情节联调存在,"鸳鸯抗婚"段落与"黛玉葬花"段落孰先孰后并不直接影响主干情节的走向,它们有独立于主剧情之外自身的价值,读者在反复阅读中体会的往往就是这些起初被忽略的价值,这就是在重读经典文学作品时能够获得的针对"过程"而非"结果"的乐趣。

正因如此,经典文学作品不怕被"剧透",它的艺术魅力不仅仅源于故事情节的因果律,提前获知结果并不伤害它们自身的魅力。经典文学作品的经典性之一便是作品叙事过程中的任一段落、环节本身具备独立的审美性,而非仅具备功能性。这也就使得再阅读经典文学作品时人们能够不断获得相似或不相似的审美快感。很多人发现,有些作品少年时第一次遇到和中年以后第二次、第三次再阅读时带给人的内心感受是不一样的,这也就使得那些作品经得起人们一而再、再而三地阅读。

可见,阅读经典文学作品、精英文学作品的真正意义在于转换自己的阅读目的与阅读习惯,将原本只关注结果的阅读目的转变为关注如何呈现结果的过程,将原本只关注故事、情节的阅读习惯转变为关注情节、文字的自身魅力。

这种阅读习惯的转换过程能够逐渐培养起人们的一种重要能力——"发现"的能力。

对于媒体人来说,发现问题、发现细节、发现隐藏的信息、发现事件表面现象背后的深层原因等的能力至关重要。真正的传媒事业要求人的观察敏锐、逻辑缜密,要求人对世事人情有深刻的洞察力。至此我们可以发现,精读经典文学作品,培养文学素养,恰恰有助于人们培养、提高这些能力。

能不能用看影视改编来代替看原著呢?

很多人会说,当代人生活节奏紧张,有太多的课程要学习,有太多的工作要完成,24小时待机的移动网络事实上也将我们24小时绑定在工作与人际交往上,实在很难有完整的时间进行深度阅读。与此同时,很多文学作品有对应的影视改编作品,通过观看这些影视剧,人们可以在短时间内了解大量文学作品的主要内容,这是否也是一个提升文学素养的好方式呢?

如果在"不看名著"与"看名著的影视改编"之间进行选择,那毋庸置疑,后者是一个好的选择。忠实原著的影视改编可以让人们在短时间内迅速了解文学名著的情节内容，熟悉其中的人物，可以让观众通过对相关人物的行动、语言和命运的了解理解文学名著的内容，甚至在一定程度上理解其主题，但也仅仅是一定程度上，并非全部。对于文学作品，我们还是应该尽量花时间看原著。

之所以这么建议，主要有以下原因。

第一个理由是，影视作品的定位通常是大众艺术。"大众艺术"的含义不仅仅是指影视作品的受众人数很多，更是指它的创作主旨是要尽量得到最多受众的接受与欣赏，其创作主旨先天性地存在对受众的妥协甚至讨好。

当然，文学作品也有经典文学和大众文学之分，电影也有艺术电影与商业类型片的差别，但我们在这里主要探讨的是经典文学，而那些文学改编的影视作品通常是作为商业片而存在的，属于大众艺术。

大众艺术和经典艺术的差别究竟在哪里？关于这个问题，我们很难具体地划分出一条界线。就如同达·芬奇在绘画时发现，现实生活中人的脸上根本就不存在一条清晰的轮廓线，从而以晕涂法创作出了《蒙娜丽莎》这样的不朽名作一样，事实上，认为经典文学与大众艺术之间存在着一条泾渭分明的楚河汉界这一想法本身就不符合艺术的规律。

但是二者还是有一些明显的区别。比如，大众艺术往往同时是文化产业，既然是产业，就需要承担起产业的责任，对现代社会的工业技术、传输途径、商业营销网络有比较强的依赖，所以在创作之初就会主动地迎合社会大众的审美观、价值观甚至是兴趣喜好，这样才能获得比较大的商业成功。如此一来，艺术家的艺术创作自主性就天然受到自觉或不自觉的各种抑制。所以，就算是优秀的大众艺术作品，也常常是艺术家与大众相互妥协的结果，艺术家的创作并不是完全自由的。

可是经典艺术就不同了。理想状态下的纯文学创作只是艺术创作，而不依赖于复杂的产业运作，也就不受市场的掣肘，因而创作的自由度很大，艺术家的主体性也更突出。

但是影视作品却不能脱离影视工业而独立存在，即使是一些独立制作的影视作品，其创作环节也难以摆脱"投资—分工生产—发行"这样的基本制作流程，在创作之初就必须考虑其市场回报，这样一来，创作者必然会让作品趋近大众的接受习惯、审美品位。于是，经典文学作品的独立创作与作为大众艺术的影视作品对大众价值观与审美趣味的主动迎合就形成了不可避免的矛盾。甚至于，越是成功的文学创作，其审美趣味和价值取向可能越是独立，其表达方式也越是自由。可是这样的作品被影视化手段处理后进入大众视野时，却很有可能已经在这一转译过程中失去了它自身的特色，失去了其审美的锐意，从根本上说也就失去了其本质特征。

例如，日本有一部著名的科幻小说名叫《日本沉没》，是作家小松左京在 1973年出版的，这部小说获奖无数，所以当年就被翻拍成了电影，极大轰动了日本社会。这本书中，一位地球物理学家通过观测地震的数据有了自己的一些推断，再经过海底观察后沮丧地确认了日本列岛将在一年内由于海底地壳变动而沉入太平洋的判断。日本政府对这个结果经过了一段时间的怀疑和犹豫之后，开始着手将本国人口和资产转移到海外，直到一年后日本彻底沉没。

这部小说只是一部科幻作品，从分类上说，科幻文学也是大众文学的一个分支，这部文学作品本身也隶属于大众艺术。可是，文学这种艺术类型对文化工业的依赖性比较小，只要作者本人愿意承担商业回报（销量）的风险，还是能够较好地保持自身构思的完整性来创作作品的。所以读者们可以在这部作品里看到，即使日本政府在拼命加速推进资产转移计划以努力减少民众的生命和财产损失，可大自然给予人类的时间过于紧迫，在日本沉没之前各地灾难频发，最终只有一部分人成功实现了转移，而整个日本列岛在众人的叹息中沉入了大海。作品充分展现了大灾难面前众人的反应，给观众看到人类面对自然威胁时的勇气和渺小，以及人类社会的不理性。从某种程度上说，这样的作品狠狠打了大众一耳光，让大众清醒地认识到自身的不足。

可是，电影却是高度依赖大众的文化产业，况且大众在看电影时更容易移情为作品中的人物，因此，相比于文学阅读来说更难以保持冷静客观的观察距离，更不愿意面对自己不喜欢的真相。相比于让大众承认自己错了，大众更愿意指责艺术创作者错了。所以，这部带有浓厚大众文学意味的作品在更大众的电影艺术中，就有了完全不同的结局。这本小说曾经两次被日本改编成电影。在 2006 年的第二部改编版电影中，原本非常次要的爱情情节成了电影中的主线，男主角更是在最后关头潜入海底发射核弹制止了地壳继续运动，成功挽救了日本，在这部电影中，日本并未沉没。

与文学原作相比，这部电影的叙事主旨几乎是天差地别的。原作中冷漠的大自然带给人类的震撼不见了，高昂的人类英雄主义代替了对社会大众的反思。在原作中，整部作品的对立面是无情的大自然，而在电影作品中，是同样面对灾难的人群中的一个个个体。为什么会有这样的差异呢？

这就是大众艺术对大众欲望妥协的结果。

大自然不是一个具体的对立面，而是我们人类必须遵从的客观规律与法则，人类总是希望能够冲破一些法则的束缚来获得自由，可是我们在理性上又意识到这种憧憬是荒谬的。可以想象，当人们面对那些表现人类与大自然之间矛盾的作品时，受众会敏感地再次意识到自身的渺小。在艺术家看来，这种认识会让人感受到无能为力的痛苦，但同时有助于消除人类的自负，让人类懂得敬畏，因而直面这种痛苦能够让人类保持清醒，这种痛苦可以通过悲剧性带动人类理解作品的崇高美。可是，对于大众艺术来说，仅仅是让人感受到痛苦就已经足够危险了，如果一部作品不能带给受众精神上的愉悦，即使它是深刻的，在商业回报上来看也是危险的。所以，大众艺术倾向于把不具象的对立面变成具象的，把不可战胜的敌人变成可战胜的，通过矛盾的确定性来降低主体的无力感——因为移情作用，也就是降低受众自身的无力感，从而降低受众的痛苦，增加受众的信心——也就是增加受众的愉悦。

具体到这部作品中，就是把原作中的矛盾对立面从不可捉摸的"自然"改成了具体可见的"他人"，以活生生的人类个体或群体来代表大众伦理认同的对立面。例如，电影中的日本政府首脑借谈判解决难民问题而一个个临阵脱逃出走海外避灾，从而把这些高官塑造成了具体可感的"坏人"；美国政府不仅对日本见死不救还落井下石，抢先抛空了日元，为灾难面前的日本经济带来了更大压力，增加了日本转移财产的困难，这是把另外一个国家塑造成了具体可感的"对手"。由此，原本笼罩在文学作品中的那种大自然不可捉摸又不可抗拒的神秘力量被转移了，被具象化了，也变得可以被征服了。电影中每一个具体人物的行为都是善恶分明的，电影观众的情绪也就很容易被转移到对这一个个具体人物、具体行为的愤怒上来，从而冲淡了人在自然面前的无力感，同时也会因为能够有一个个具体的批判对象而感觉自己仿佛伸张了正义，从而获得了伦理上的满足。

让人类意识到自身的渺小会让观众产生痛感,让观众能够批判恶人会让观众产生快感。这种细小的改变,看上去仅仅是一个情节上的细微变化,但实际上却是经典艺术与大众艺术的差别。即使在一部大众性很强的类型文学面前,改编作品和原著都存有这样巨大的差距。原作的创作态度是严肃的,通过那样的作品,人们可以思考更多有深度的问题(例如人与自然的关系,例如人该如何面对既定的规律,如何在既定的规律下继续发扬人的主体性精神等),可是在电影这种文化工业品中,突出的视觉形象不是为了让受众思考更深刻的问题而存在的,人们思考的契机也就轻易从作品中被提前剔除了。

这种情形在文学改编的作品中很常见。很多由文学改编的影视作品在保持原作内容之余,会为其结尾做一些修改。仔细去品味那些修改内容,大多数都是为了迎合受众的欣赏需求,以为受众提供感官满足与情感满足来覆盖原文本中的理性思考。因此,这样的文学改编作品就算看似改编幅度不大,也不能真正代表文学的本来面貌。

就算没有对文学作品进行情节上的再加工,也就是那些号称"百分百尊重原著"的作品,事实上也做不到百分百把原著的内容搬上银幕。影视作品属于时空艺术,其声画形象比较直接,而文学属于时间艺术,其形象很抽象,完全需要依赖人们的联想、想象和思考去完成整个接受过程,这两种艺术的接受方式不同,因而产生的审美体验也完全不同。正因如此,原本在文学中很重要的一些细节描写、内心活动描写甚至是景物描写,都会被电影工业略去。

雨果的《悲惨世界》是举世公认的名著,这部作品也被多次改编。其中比较著名的有法国 1934 年电影版,美国 1935 年电影版,1958 年法、德、意合拍电影版,1978 年英国电影版,1982 年法国电影版,1992 年法国动画版,1998 年美国电影版和 2012 年音乐剧改编电影版。其中,1958 年和 2012 年版都曾引进中国公映,在国内影响颇大。1958 年版经上海译制片厂配音而广为中国观众熟悉,2012 年音乐剧版拍摄时正值《悲惨世界》出版 150 周年,也在世界上获得了很大的反响。这两部作品从情节内容上看,都是"百分百尊重原著",可是如果真的和原著进行比对,却不难发现原作中雨果大段的叙述被删减了。如果只看过电影,人们很难想到这个故事居然会与滑铁卢之战有关系。电影叙事只让故事聚焦在了冉·阿让、芳汀、珂赛特、沙威警长这几个人的身上,这几个人物的生平都与滑铁卢有几十年的时间差距，滑铁卢之战爆发时，他们或者尚未出生，或者还处在青春岁月中，怎么看都与滑铁卢之战无关。可是，《悲惨世界》的第二部分《珂赛特》一开始，雨果就不厌其烦地写了长长一个章节的滑铁卢。

这个章节有多长？39515字。将近4万字！这才是雨果真正的《悲惨世界》，也才是电影中没有的《悲惨世界》。雨果不仅花了那么长的篇幅来描写这场战争，还为了自己记叙的准确性亲自去滑铁卢战场进行了探查。为了厘清那一战的历史原貌，他不仅考阅文字资料，还亲自参访了滑铁卢战争的亲历者，询问他们在滑铁卢之战时的真实所见所感。在这长达4万字的前两部分，他仿佛是一个记者在写报告文学，详细讲解了滑铁卢战争的经过，记叙了滑铁卢战争的时间、地点、地形、天气、双方战略、战术、战场态势变化、兵力部署和兵力对比变化、双方火力配置与火力部署、双方各路将领的行军路线等。雨果做了严密的调查，精准而详尽地描写了战争一波三折的全过程，当代人基本可以把这部分描写当作历史教科书来看了。

对于这一部分内容，所有看过《悲惨世界》原著的人都不会忘记。但是，两部尊重原著的电影都把它彻底略去了，略去的理由非常简单——与整体剧情联系不大。

拿破仑的滑铁卢之败与剧情之间有一丝非常微弱的联系，可以说《悲惨世界》故事的缘起正是这次战役。在如山的尸体中，有人为了剥下一块手表而把一位上校的尸体翻了出来，谁知这位上校没死，那窃贼无意中救了这个军官一命。这个上校就是后来与珂赛特相爱的大学生马吕思的父亲，而那个窃贼，正是珂赛特小时候寄养的客栈中的小老板德那第。这样一来，珂赛特与马吕思两人似乎在冥冥之中早在相遇之前就有了牵连，这就有了点"前缘已定"的东方文化意味。

雨果专门在1861年5月亲自去走访滑铁卢就是为了这一点"前缘"的联系吗？这个动机很明显是不足够的，电影叙事的流畅已经证明，即使观众不知道两人这段带有宿命意味的牵连也完全不会影响对这个故事的接受，不会影响对珂赛特爱情故事的感受。正因如此，雨果那洋洋洒洒的4万字便被电影删得一字不剩。

可见，雨果的滑铁卢段落本身具有非常强的独立性，相反，段落最后引出的窃贼无意间救了上校的情节，反而是为了能够与《悲惨世界》的主干情节产生联系而贴上去的。雨果写作那个段落的真正目的就是要详细描写滑铁卢战役，其意不在为此后的一双小儿女铺设姻缘，而是要表达自己对历史的看法。可是在电影工业看来，这部分与剧情联系不紧密，从而被电影删去，被一同删去的还有雨果对历史的思考。失去这 4 万字描写的《悲惨世界》，纵然故事情节还是完整的，但在精神上却已经是残缺的。

所以说，影视作品不能代替文学原著，因为很多影视改编的作品相对于文学原作来说，其精神内涵是残缺的。

不能用看影视改编来代替文学阅读的第二个理由是，文学中的很多艺术奥秘是我们无法通过影视剧获得的。

众所周知，文学是时间艺术，而影视是时空艺术，文学运用的符号是抽象的文字，而影视艺术的符号却是具体的声音与画面。这两种艺术之间有着"语言"的差异，所以，那些属于文学深处最深层的魅力也是我们无法通过影视获得的。

大家都说影视画面的好处是直观、具体，可是，很多时候直观、具体也是有缺陷的，它压缩了人们的想象空间和深度思考空间，也把人物的内心活动压缩了，总的来说，就是把文学中很多深度内涵压平了。

例如，加拿大女作家玛格丽特·阿特伍德有一部著名的作品叫《使女的故事》，这部作品于 2017 年被翻拍成了电视剧，在北美地区轰动一时，在国内也很有影响。我在这里先来举《使女的故事》中的一个例子，看看文学里是如何描写男主角"大主教"的外貌的：

> 大主教身穿黑色制服，看上去像一个博物馆的警卫——一个半退休的，随便打发光阴的老人，亲切和蔼的同时不失谨慎小心。但这只是第一眼印象。再仔细看上一眼，你会发现他更像一个中西部地区的银行行长。你看他，一头银发梳理得妥妥帖帖、纹丝不乱，模样严肃庄重，肩膀微微下垂。接下来是他的银色胡须，再往下看便是他的下巴，那可是绝不会被人忽略的地方。等你看到下巴部位，他的模样又全变了，活生生就是过去用有光纸印刷的通俗杂志上的伏特加酒广告。

作者的这番形容是讥诮的，描绘了一个年过半百的男人形象，这个形象平庸、俗气而又故作深沉。凭借这种描绘，女读者们很难对这样的男性形成很好的第一印象。可是，电视剧为了保证收视率，用一位英俊的中年男演员来饰演这一角色。当观众尤其是女观众看到那个四十多岁、俊朗、儒雅的"大主教"时，即使没有立刻产生好感，也会打消很多敌意，这让观众一下子对这个故事中男主角的情感就变得复杂了：理性上，通过故事情节反对"大主教"及其背后的势力，可是却很容易受视觉的影响，在情感上偏向"大主教"。可问题是，尽管这大主教及其背后势力的行为是邪恶的，观众对大主教的同情却会消解一部分对其背后势力的憎恶，这就会使得这部作品的思想性大打折扣——这种现象常被人称为"颜值正义"。"颜值正义"很不理智，但它却是确确实实存在于影视剧传播中的。这也就使得每一次影视改编对原著小说来说都有可能会成为一次冒险。

此外，很多文学描述中蕴含着的复杂心理、情感深意是深藏在人物行动下的，甚至没有诉诸语言。文学语言可以轻巧地揭示人物掩饰在动作下的真实心理状态，可是，这种被掩盖的真相却是视听语言拙于表现的。

同样，文学作品《使女的故事》中有一小段对大主教的描写，大主教只是简单地站在书房的壁炉旁，可是这一动作在女主人公眼中却引发了她一系列心理活动：

大主教站在没有火的壁炉前，背朝着它，一只胳膊肘靠在壁炉架上的雕木装饰那儿，另一只手插在口袋里。这种精心做出的姿态是那么装腔作势，就像旧时乡绅的习惯做派，或是那一本用有光纸印刷的通俗男性杂志上老掉牙的挑逗动作。也许他事先便决定好了等我进来时要摆出这种姿势，也许在我敲门的当儿他赶忙冲到壁炉旁，立定在那里。他还应该拿块黑布遮住一边眼睛，再戴一条上面印有马掌的围巾才是。

我尽可以任这些念头断断续续地在我脑海中一闪而过。暗地里的嘲弄，不，是恐慌，事实上我感到惊恐万状。

这段文字描写表现了"我"（女主角）对大主教装腔作势行为的厌恶和嘲讽。可是，落在同名电视剧中，那位英俊的男演员完全按照小说中所写的那样背朝着没有火的壁炉，"一只胳膊肘靠在壁炉架上的雕木装饰那儿，另一只手插在口袋里"那样站着，竟然显得风度卓然、无比潇洒。此时再适度给女主角一个反应镜头，让人完全有理由怀疑女主角被大主教吸引了，而非小说中那种始终怀有戒备、嘲弄。小说中对女主角的心理活动描写得越详尽，越能够证明女主角始终没有失去个人的主体独立性，读者越能从女主角行为和心理的背离当中感受到环境的压迫和女主角个体的坚持。

当代很多文学作品都善于利用这种表现手法。如果说，传统作品中人物的行为常常能反映人物的心理，当代作品却喜欢揭示人物的行为与意识之间的分离。因此，这种作品就更不能仅仅通过观看影视剧来代替阅读了。影视剧只能展现表面层次上的故事，而内涵层次很有可能会被影视剧歪曲或舍弃。

众所周知，电影《色·戒》由张爱玲的短篇小说改编而来。小说《色戒》中，王佳芝不是不知道易先生有别的女人，她急着约他出来，就是怕过段时间新鲜劲一过去自己就被抛在脑后。小说中的大钻石纯粹是偶然出现的，王佳芝为了引他入埋伏圈，故意说临时决定去首饰店，还生怕珠宝店拿不出像样的珠宝遭人怀疑，直到看到店家拿出大钻石她才松了口气，那是珠宝店终于帮她圆了谎的一种释然。而易先生看到她挑这颗钻石时，心中所想的不过是又一欢场女子敲竹杠而已，于是脸上挂上了一种"惯常对付欢场女子的笑"——可见，易先生也并没有爱上她。小说用这个句子明确地告诉读者们，此时的他并非真心爱上了王佳芝，他是情场老手，他此时清醒地明白一个年轻女子为什么愿意和他纠缠在一起，不是因为爱他的人，而是爱他的钱、爱他的地位。这是易先生作为一个中年男子成熟的地方，甚至于，一个久经情场的中年男子如果不这么想，而是真的一头栽进情网里才真是奇怪。但是，正因为易先生是理智的，他不在意，他愿意用自己的金钱和地位来换得青年女子没有真心的青春，他把与王佳芝的这一段艳遇仅仅当作一场权色交易，作为中年人他平心静气地接受了这次交易。所以，小说中说他"那笑容不带讽刺，而带有一点点悲哀"。

那么王佳芝呢？她这个时候爱上了易先生吗？也没有。她把易先生领到珠宝店里去，仅仅是为了把他引入埋伏圈。可是不巧，正好她一侧头，看到了易先生那种"惯常对付欢场女子的笑"，被他笑里的温柔和悲哀击中。如果王佳芝真的是欢场女子，就真的能一眼识破这种做出来的深情款款，可这道目光遇到的偏偏是个稚嫩的王佳芝。那一刹那，王佳芝看到他的神情，却以为这神情只为了她，这才突然萌生了一个"他是爱我的"的愚蠢念头，于是在最关键时刻说出了那两个字"快走"。

小说中说得明白，令王佳芝改变主意的根本不是什么"鸽子蛋"，而是易先生看着她时深情款款、温柔又悲哀的笑容。她误会了那眼神，以为那眼神表示易先生爱她，因为那一瞬间的误会而产生了一瞬间的软弱，以至于做出了让自己丧命的决定。由于作者早已告诉了读者们易先生真实的心理活动和那眼神背后的真实原因，读者们只能慨叹：王佳芝太天真了，而且因为天真付出了性命。

小说接下来的叙事更吊诡，易先生签署命令枪毙王佳芝之后，却有这么一番心思："知道她是恨他的，这样也好，生是他的人死是他的鬼！在那一刹那，易先生忽然想，王佳芝是真的爱他的！"

而在电影中，易先生签署王佳芝的死刑判决令看上去很不忍、很犹豫，最终迫于日本人的压力和对自己身份与生命的危机感才不得不忍痛割爱。可是小说里却点明，易先生要枪毙王佳芝只是一种完全的占有王佳芝。他心里知道自己得不到王佳芝全部的爱，却以为王佳芝在说出"快走"救他一命的那一刹那是爱他的，于是要通过杀死王佳芝的方式把王佳芝这一刻的情感封存下来，王佳芝将会因为被枪毙而没有时间、没有机会改变情感。这样一来，易先生就可以自欺欺人地认为，王佳芝到死都爱他——所谓"生是他的人死是他的鬼"。

张爱玲的这个故事之深刻性就在这里了。这个故事从表面上看，仿佛是一个轰轰烈烈的爱情故事：女主角为了爱情背叛信仰，背叛组织，甚至被爱人结束了生命也在所不惜，完全是一个长着"爱情脑"的悲剧形象。她犹如很多爱情故事里的主角们，天底下除了爱情什么都不重要。可是张爱玲却冷冷地写出了这爱情梦的实质：所谓的爱情，不过是两个人彼此的错觉而已。王佳芝在那一刹那误读了易先生的眼神，易先生最终也在自欺欺人。这个故事其实揭露了浪漫爱情背后那不堪的真相——爱情不过是人们一厢情愿地自我蒙蔽而已。

这是典型的张爱玲笔法。张爱玲的其他一些作品，如《倾城之恋》《留情》《封锁》等，莫不如此。张爱玲的《色戒》是一个冷冷的嘲笑，因为色破了戒，而事实上，色根本就是空。

可遗憾的是，张爱玲的"冷"根本无法被电影的镜头语言表达出来。原作小说中易先生那复杂的眼神背后的复杂情绪，根本无法传递给观众。如果《色·戒》的男主角梁朝伟不能把那个眼神做得温柔、悲哀倒还罢了，越是做出了这温柔与悲哀，电影观众越是会被那温柔且悲哀的眼神打动，越以为他动了真情——那虚情背后的背景与阴谋是无法通过视觉化等方式被呈现到表面上来的。所以，看电影的众多观众事实上都成了王佳芝，一头栽进那温柔的错觉中，以至于如果没有看原著就看电影，很多人都相信那颗"鸽子蛋"就是他们的定情信物，王佳芝之所以做出错误举动就是因为她真的为情所困。这样一来，这个故事又绕回了导演李安特别热衷的"情感与理智"的主题，而不再是张爱玲那射向爱情本身的冷冷一枪。

可见，有些文学作品只能读，而不能拍成电影，一拍成电影，就不再是那部小说了。就如同张爱玲的小说，她总是让自己表面陈述的故事与实际的故事形成对立关系，总是在文字中用冷静的吓人笔触揭露倾城之恋的实质不过是一厢情愿的自我欺骗和自我陶醉。可是形象的影视语言却没有文字语言的自如，也没有文字语言丰富的层次，如此一来，文学作品中真实的魅力不仅荡然无存，甚至还可能与原作背道而驰。

而且，很多优秀的现当代文学作品是无法被拍成影视剧的。长期以来许多文学名著被成功地搬上了银幕，这些成功的实践给了人们这样的信心：文学叙事语言与电影叙事语言之间有巨大的相似性，文学——尤其是小说不难被改编成电影。但是，20世纪以来出现的那些在叙事技巧上有重大突破的文学作品，如马尔克斯的《百年孤独》、詹姆斯·乔伊斯的《尤利西斯》、普鲁斯特的《追忆逝水年华》、伍尔夫的《墙上的斑点》等，却至今还没有被尝试改编为影视剧。这些作品与此前的文学名著相比，其伟大之处除了主题深刻、人物复杂饱满之外，更引人注目的是它们叙事手段本身的复杂性。如果说，传统经典文学作品通常都是"关于冒险的叙事"，当代文学作品就更偏向于"关于叙事的冒险"。对于前者，当代影视尽可以利用其视听手段还原剧情、再现人物，表达相同或相近的主题思想，而对于后者，影视既有的叙事手法在面对突飞猛进的文学叙事手段时完全束手无策。

例如，1949年诺贝尔文学奖得主威廉·福克纳的代表作之一《我弥留之际》（*As I Lay Dying*）就是这样一部几乎不可能被改编成影视作品的文学作品。这部作品历来受到评论家的重视，连福克纳本人也觉得这是一部"可以靠它来决定成败"的小说。小说讲述了本德伦一家为履行对亡妻、亡母艾迪的承诺，将其尸体运送回故乡的10天历程。但是，使这部作品著称于世的不是7位主人公如何像《西游记》那样经历种种坎坷考验，而是它复杂的叙事技巧：作品是一部多角度叙事的经典，以15个人物的59段内心独白构成，15个人物相互补充、相互矛盾地完成了小说复调式的立体叙事，不仅每个人物带有意识流色彩的叙事段落形成了时空割裂的模糊玄妙之美，而且小说所采取的多角度叙事手段也使作品结构立体多元，产生了支离破碎的审美感受，这是本篇小说在众多当代文学名著中独树一帜之所在，可以说，其叙事手段不仅仅是小说的成功，更是这篇小说的身份所在。如果忽略了小说的叙事方式，《我弥留之际》的文学意义便所剩无几。

事实上，很多现当代文学作品都采用的是立体叙事的手法，但这些作品被影视化后，其叙事特点大多都被抹杀得不见踪迹。例如，电视剧《权力的游戏》的原著小说《冰与火之歌》，就是采用多角度的立体叙事手法，每个讲述人独立讲述一段与自己相关的故事，整个故事在不同的讲述人的相互弥补中推进。可是，电视剧却几乎看不到任何多角度立体叙事的痕迹，这是因为影视蒙太奇语言本身就能自如地在不同场景之间切换。

但是，《权力的游戏》从原著到电视剧之间并没有出现叙事手法上的矛盾，因为原著小说中具体落实到每个人的叙事段落都是采用第三人称来聚焦的，亦即在小说的每个叙述人物之上还有一个隐含的叙事者，这个叙事者是全知全能的，在"他"的调控下，小说中每个篇章并不是每个人物在讲述，而只是叙事人在讲述每个人物的故事。在小说中，叙事人和隐含叙事人是分离的，隐含叙事人既可以暂时与叙事人视点合一，讲述每个人物的故事和他人对他（她）的动作行为，又可以与叙事人分离，即跳出叙事人的视角来交代其他人的反应。这种写法事实上只是借助了多角度叙事的外壳，是对全知全能叙事手段的小发展，它不重点强调每个叙事者的局限性和他们的内心感受，是以改编成电视剧时比较自然。

而影视蒙太奇语言一旦真正遇到以第一人称内聚焦的方式进行多角度叙事时，就会遇到一些困难。例如，日本电影《告白》改编自日本 2009 年的同名小说，该小说是以事件的各个当事人的口吻和立场，由不同人物的自白徐徐展开，全书分为"神职者""殉教者""慈爱者""求道者""信奉者""传道者" 6 个章节，具有很强的主观性，文字上的蒙太奇色彩很浓厚。可是，在进行电影改编时，并没有通篇让不同人物从各自视角不断回溯同一事件，而只是选取了 3 个主要人物作为叙述对象，使得整部电影形成了阶段分明的三段式结构，且每一个段落层次内部都很完整、清晰。

可见，当代影视作品面对立体化叙事的文学作品时，由于艺术语汇的原因，天然地存在着弱点。2014年，《我弥留之际》被搬上了银幕。但是，由于原文的叙事特点，对其改编成败的考查，不仅要考察它有没有忠实、完整地再现文学中的故事情节，还要考察电影是否保留了原著中特殊的叙事特点。在这种情形下，将文学名著《我弥留之际》改编成电影，这种行为本身就已经是一次冒险了。长久以来，经过伯格曼等电影大师的探索，电影经常以闪回等画面蒙太奇技巧来解决故事发生时间碎片化的意识流特点，但是如何用影视语言来应对文学的多角度立体叙事，却还是一个需要突破的难点，而对于这种当代文学中常见的叙事技巧，电影原有的影像叙事手段是捉襟见肘的。

为什么这么说呢？在通常情况下，影视中的镜头与文学中的全知全能的"作者"一样，都担负着不为观众察觉的隐藏叙事人的职能。可是，《我弥留之际》原著小说最大的特色恰恰在于成功摆脱了全知全能的隐藏叙事人的痕迹（事实上是将叙事人隐藏得更深了）。正是由于那15个人的59段独白，小说《我弥留之际》可以空缺出一个权威的声音，而把叙事建立在各自为营的角色内心之上，通过不同人物的心理独白表现本德伦一家彼此都处在看与被看的位置上，拥有彼此观察、彼此被观察的关系，从而揭示这个南方穷白人家庭里的复杂、冷漠。在这里，多角度的形式本身也就成为原著小说主题表达的重要手段，因此，评判这部电影的成败，首先就需要看它是否成功消解了隐藏叙事人的存在，是否充分展现了这种奇特的看与被看的关系。

电影《我弥留之际》创造性地采用全片分屏的方式来还原小说中这种相互观察的关系。分屏是此前很多电影都尝试过的画面语言，但是以往的电影常常是用分屏手法来表现同一时间下不同的人分别在做什么。例如，电影《华尔街》为了表现华尔街金融人才纷繁熙攘的工作状态，经常把一个画幅分为十几甚至二十几个小画面，错综复杂的小画面让华尔街的紧张感、混乱感扑面而来。

《我弥留之际》与此前作品中的分屏全都有所不同。本片的分屏本身并不复杂，画面只是被等分为左右两半。而且很多情况下两部分画面具有相同的人物主体，只不过是两部分画面的景别、角度有所不同而已，常常一半是全景，而另一半是近景或特写，似乎这一半的存在只是为了强调另一半画面的重点在哪里，起到的是镜头内部蒙太奇的效果。可是，这种分屏的表达并不仅仅是为了突出和强调，仔细审看画面，会发现两部分画面镜头的视角是不同的。全景镜头大多是客观视点，而近景或特写往往是某一个人物角色的主观视点，以此来传达画面主体正在被"看"的效果。

这种分屏手法是本片用镜头语言还原小说叙事视角设置的最大努力，可即使如此，还是与原著有一定的差距：影视虽然用画面展现了一家人相互"看与被看"的关系，却没能真正保留原著小说消解隐藏叙事者的叙事特点，全片存在大量的客观视点的镜头——电影摄像机暗示着隐藏叙事者的存在。

例如，小说的第一段朱厄尔的独白是从哥哥卡什打棺材开始的。朱厄尔的第一句话是："全都是因为他待在外面，紧挨在窗口底下，又是敲又是锯，做那口破棺材。就在她肯定能看见他的地方……"这一段并未说明朱厄尔此时与卡什的位置关系，也并没有其他人在场。可是画面的处理却是右半部是黑场，左半屏中，镜头跟在朱厄尔的身后逼近卡什。由于镜头在朱厄尔的身后，摄影机就成了一个隐含的观察者，似乎镜头外还有人在观察着这兄弟两人。而从原著小说中此前、此后的段落看，当时朱厄尔的身后并没有人。于是，这个镜头事实上意味着电影比小说多出了一个观察者，这是一个无所不在的全知全能的隐藏观察者。

正因为有一个全知全能的观察者存在，镜头就能进一步脱离朱厄尔与卡什的视角自由运动起来。右边的黑屏被朱厄尔眼中的卡什所替代，左半屏中的朱厄尔直接走到了卡什面前与他面对面，可是此时的机位却不是卡什视角下的朱厄尔，而是自由转到了朱厄尔的侧面，这点再次证明这里有一个隐含的全知全能视角的存在。再接下来，朱厄尔在左屏中一语不发地从卡什面前走过离开，可机位仍然停留在原地，甚至还聚焦到卡什低头继续锯木头的细节，右屏中也仍然是朱厄尔的正面镜头。在这个画面中，一下子暗示了两个隐藏叙事人的存在。这些隐藏叙事人能够脱离剧中人的视线，且在他们之间可以自由移动地观察又不被剧中人发现。这是镜头势力的典型表现，是影视创作中的隐藏叙事人。

通常来说，除非有特别的视角暗示，否则电影中的镜头都是作为全知全能的隐藏叙事者而存在的。观众习惯了电影展示俯拍大全景的城市山川镜头，哪怕此时没有任何人物角色正处在这个位置上俯瞰。这就如同人们已经习惯了传统小说等叙事文学中都有一个隐含的叙事人存在，即使是小说中人物的对话、心理活动也仅仅是这个隐含叙事人的代言。可以说，传统的全知全能镜头与传统的全知全能叙事者二者的功能、视角是合一的。可是，这种影视叙事方式遇到《我弥留之际》这样的文学作品时却受到了很大的挑战。从目前来看，电影努力做到了保持一部分原著叙事角度的特色，但还没能将这种尝试贯彻到底，没能在整部电影中通篇拒绝全知全能的镜头语言的存在。

那么，电影叙事手段能不能像小说一样，彻底摆脱全知全能的叙事者呢？让摄像机与剧中人的叙事视点完全统一，这在理论上是可行的。因为电影中的主观镜头早已存在，而且已经进入了观众的影视认知结构，很容易被观众认知、掌握，观众已经可以从主观镜头中分辨出看和被看的关系，并获得代入感，甚至出现了《鸟人》《俄罗斯方舟》《科洛弗档案》这样采用不间断的主观镜头一镜到底（或故意模拟一镜到底效果）的作品。可即使如此，不间断的主观镜头也还是不能被等同于没有隐藏叙事者的存在。《科洛弗档案》中全片是从科洛弗的主观镜头出发，科洛弗就是一个隐藏叙事者，只不过原先电影中的主观叙事者被人格化了而已。《俄罗斯方舟》中也有两个不出现的叙事者存在，全片是这两个人物的所见甚至所思所感，甚至是他们的议论和争吵，这两个叙事人共用了一个主观视角，其实是全知全能叙事人的另一种变体，两个声音只不过是创作者价值观的流露方式，并不是立体叙事声音的展现，影片甚至通过两位叙事人的交流强化了叙事者的存在。《鸟人》中同样可以看到这个隐藏叙事人的存在：那个从夜晚到白天的镜头中，人物离开镜头后形成空镜，之后镜头上摇对准天空。这个镜头的移动是没有任务引领的，不属于任何人的主观镜头，只能被解读为这是叙述者的视点变化，隐藏叙事者由此显形。

可见，当代电影在探索一个叙事人的时候，已经积淀了一些消解隐藏叙事者的手段（主要是一镜到底），可是在对待多个叙事者时还是有些捉襟见肘，影视语言还需进一步发展。电影《我弥留之际》中，当同一个画面的左右两屏中分别是主观视点和客观视点的显现时，被削弱的不仅是原作的叙事特点，画面一侧的主观性也遭到了另一侧客观视点的消解。可以说，在消解隐藏叙事者上，本片虽然做了努力，但却并没有成功。

此外，作为文学作品的《我弥留之际》以每个叙事人的名字来命名每个篇章，59 段不同人物的叙述自成一节，少则一句话，多则十几页，全部采用第一人称的叙述方式，让读者从一开始就能进入到人物的内心世界去理解他们的精神状态。而为了揭示人物所代表的全人类内心那谜一样深的心机，这些内心独白常常相互补充却又相互矛盾，带动起的情节零碎且混乱。正是那些内心独白让小说实现了"不能通过思考而只能通过感觉"的审美效果。但是，影视的镜头特点却很难让观众感受到人物的内心独白。小说可以通过标题让观众一眼可知是谁在讲述，通过标点符号的存在让读者清晰地意识到内心独白与对白的区别，可是电影却不能建立这么清晰的区分机制。由于本德伦一家中的每个人都既处在观察者，同时又处在被观察者的位置上，观众不能默认画面上的人就是独白的讲述人，而靠声音来辨明 15 个人物几乎更是不可能的。因此，电影《我弥留之际》不得不在旁白与旁白之间、旁白与对白之间不停转换，甚至也常出现两个以上人物的旁白和对白相互交错、叠加，但是，电影中却几乎没有毫无缘由的人物内心独白，也很少有游离于画面时空之外的内心独白。电影通常采用这样的语法单元：先用画面展现人物表情、行动，帮观众认清人物，然后再引入前面被展示人的画外音。这样一来，原本在小说中属于人物内心独白的画外音被对白化，这又使得原作小说中的一些特殊效果趋于减弱。

这在艾迪段落中体现得最为明显。小说虽然名为《我弥留之际》，可真正"弥留"的女主人公艾迪却只有一段内心独白，而且作者是在全文已经进展到三分之二处才安排了她的这段独白。这种叙事处理故意制造了小说叙事时序和故事时序的矛盾，使得这段弥留之际的独白似乎发生在她死去多日的送葬途中，仿如一个女鬼在喁喁独语，萦绕不去，既有魔幻的魅力，又将小说的叙事推向了一个高潮。这是原著小说一个很为人称道的处理方式。但是，电影却以上述的表现内心独白的方法，让艾迪按照故事发展的逻辑在全片的第一个镜头中就出现了。电影一开始，艾迪就面对镜头说出了原著小说最核心的一句话："我父亲说，活在世上的理由仅仅是为长久的安眠做准备。"但是，此时的画面却是艾迪面部的大特写，观众看到的是病弱的艾迪似乎在向隐含在镜头外的观众述说自己的人生感悟，这种对白化的内心独白处理，使得原作小说中艾迪鬼语般的效果荡然无存，与普通电影作品中临终患者的内心独白并无二致。

从《告白》的"六减三"处理方式，到《我弥留之际》的内心独白的对白化处理方式，都是当代电影的影像叙事语言向文学的复杂叙事逼近的尝试。相比之下，《告白》是通过删减原作内容结构实现的，与原作的叙事效果相去很远，而后者虽然也存在很多问题，可是在形式上与原作叙事风格则更接近一些。但这两种处理方式都与真正多角度第一人称内聚焦的叙事效果有一定差距。当代影视语言还无法实现再现当代经典文学的复杂叙事手段和由复杂叙事带来的特殊美感，因此，越是优秀的经典文学作品，越是无法被影视化。

相反，文学是从它的叙事方式、修辞技巧到其价值内涵都给了传媒人以深深的滋养。

第一部分

传统文学与当代媒介写作

- 第一章　唐诗与宋词——学用回车键

- 第二章　欧阳修轶事——新媒体的写作特征

- 第三章　《煮酒论英雄》——如何在平淡中表现人物

- 第四章　"两岸猿声啼不住"——字里行间的情感倾向

- 第五章　《游园惊梦》——如何正确使用文学积淀

- 第六章　《庄子》——故事比道理更贴切

第一章
唐诗与宋词——学用回车键

文学是标准的时间艺术，美术是标准的空间艺术，这是文艺理论常识。所以一直以来，人们写作时只需要考虑到文字之美，不需要考虑排版之美。

可是新媒体时代的写作却打破了文字与美术这两种艺术之间的壁垒：在一些新兴媒体的写作中，人们必须考虑到排版问题。

最典型的，就是微信公众号的写作。微信公众号文章的主要阅读平台是以手机为主的网络移动终端设备。蓝光辐射、屏幕大小等都会影响人们的阅读体验。

当代很多人都有类似的体会，那就是很难在手机上耐下心来读长文，但如果长文被拆分成许多零散的段落，往往能够不知不觉地读下来。但对于那些充满了长句、长段落的文章，就算全文并不算特别长，人们也难以读完。

据国内外当代研究者发现，由于互联网的海量信息和超链接功能，人们在任何一个信息上的停留时间越来越短，人们的耐心、专注力越来越差。简单来说，阅读深刻的长文对当代人来说越来越成了一件困难甚至是痛苦的事。

从本质上看，当代人的阅读习惯可以被视为"偷懒"。习惯性地寻求易于理解的阅读、易于获得鼓励的阅读、易于抓住注意力的阅读，其本质都是人们在"偷懒"。针对视深度阅读为"痛苦"的人来说，阅读之初就要先让这些受众放下对"痛苦"的戒备、放下随时拔腿逃跑的冲动，帮助读者建立起能够读完全文的信心。

这是碎片化时代对媒体写作提出的新挑战。碎片化时代的阅读，不仅仅难以调动起人们的注意力进行深度拓展,也在于人们习惯于网络设备以各种方式提供的及时反馈。及时反馈能够带给人确定感,因而能够给人带来快乐。

短段落意味着人们在阅读中经常能获得"读完了一段"的感受,时时能够获得阶段性完成任务的欣喜,这是长段落所不能提供的。

不仅如此,过于长的段落让读者"望不到头",读者看不到一段文字的结束,也就无法衡量自己已经阅读到怎样的进程,在无法获得及时反馈的喜悦的同时,还会产生对未来的不确定感。对未来的不确定感在人心目中经常有着隐隐的危险气息,这会放大读者对文章的畏难情绪,更令其难以按捺性子认真读完全文。

所以,以移动终端为主要载体的新媒体写作不仅需要锤炼词句,还要注意安排段落。每个段落固然不宜过长,可如果所有段落都只有一两句,通篇又会给人以满屏文章之感。

因此,全文段落长短适宜、错落有致就成为新媒体写作的常态。

那么,怎样安排段落长短,以及长短段落的层次错落呢?

作家王小波在他的《〈青铜时代〉序·我的师承》中有这样一段话:

小时候,有一次我哥哥给我念过查良铮先生译的《青铜骑士》:

我爱你,彼得建造的大城

我爱你庄严、匀整的面容

涅瓦河的流水多么庄严

大理石平铺在它的两岸……

他还告诉我说,这是雍容华贵的英雄体诗,是最好的文字。相比之下,另一位先生译的《青铜骑士》就不够好:

我爱你彼得的营造

我爱你庄严的外貌……

现在我明白,后一位先生准是东北人,他的译诗带有二人转的调子,和查先生的译诗相比,高下立判。那一年我十五岁,就懂得了什么样的文字才能叫作好。

王小波举例的这两个译文版本差别在哪里?

很多人误以为字数整齐的句子就是诗,就是高雅的文体。在这种认识下,有些人甚至有意识地在自己的文字中运用整齐句式,以此来博得"文采"。但事实上，整齐句式却也是危险的，它很有可能让文字陷入油滑的境地。

就如同"我爱你彼得的营造，我爱你庄严的外貌"，译文整齐、重复且押韵，却并没有增添这两句的文采，反而让文字油滑了——不是诙谐，是油滑。

为什么呢？因为"我爱你彼得的营造，我爱你庄严的外貌"这样的整齐句式会给人们提供一种接下来会重复这种句式的暗示，人们在重复中难以得到新的刺激，从而会降低对文字的关注。而且，由于两个句子重复着相同句式，人们难以感受到情感的变化。

吸引人的是变化，而重复却容易让人因麻木而分散注意力。同样的内容，不同的字词结构会给人带来不同的感受。整齐句式容易让人觉得连绵顺畅，而参差句式却更容易抓住人的注意力。

宋代词人秦观的《满庭芳·山抹微云》中的名句"斜阳外，寒鸦数点，流水绕孤村"原本出自隋炀帝诗作《野望》。隋炀帝的诗原文是："寒鸦飞数点，流水绕孤村。斜阳欲落处，一望黯消魂。"而秦观在这上阕的最后一句之后接的下阕开头正是"销魂，当此际，香囊暗解，罗带轻分"。可以说，这几句完全是从隋炀帝的诗作中脱化而来（这种创作手法在古代是合法且常见的，被称为檃栝），可为什么隋炀帝的诗作却远不如秦观的词作著名？他比秦观缺少了什么？

他缺少的恰恰就是宋词格式中的错落、停顿带来的情感顿挫之美。"寒鸦飞数点，流水绕孤村"描绘的景致、意境虽然与秦观的作品没有任何差别，但那是四二拍的，缺乏变化，也就缺乏重点。可秦观在词牌的要求下，化这个句子为三字词组、四字词组和五字短句的组合，从三字的顿挫感到五字的舒畅感之间，音韵自身就已经先验地设下了一个微妙的"紧张—舒展—释放"的关系，这样的关系是句式整齐的诗所不具备的。而三个短句之间的停顿，也为句子增添了更多的想象空白，这也是诗作连绵不断的句式所不具备的。

秦观的下阕更是如此，按照词牌的特点，这一句可以被解读为"销魂当此际，香囊暗解，罗带轻分"。也可以是"销魂。当此际，香囊暗解，罗带轻分"。秦观的词作内容把"当此际，香囊暗解，罗带轻分"设为一个完整的表意段落，这样一来，"销魂"两字就成为对"当此际，香囊暗解，罗带轻分"的感喟。词作让这一声感喟突兀地直接出现在下阕，更有了对"销魂"的强调意味，这是"销魂当此际"所无法实现的。

　　如此一来，隋炀帝的五言小诗被秦观改造成了 **3-4-5-2** 的情感节奏，中间还夹杂了一个长长的休止符。原本在五言诗中连绵不绝的文气被数度分切，却又因为被分切而一再被强调，形成了特殊的情感变化。秦观的作品也因此更胜一筹。

　　整齐句式与参差句式各有特点。中国诗歌的发展之初，人们习惯以整齐句式来排列语言。先秦时期《诗经》中的诗句大多四字一句，一以贯之；汉魏之际五言诗兴起之后，即使长篇诗作也是五言到底；唐诗全盛时期，诗作或五言或七言，但除了李白等寥寥数人之外，很少有人打破这种格式而在句中任意增减字数或者将五言、七言间杂使用。

　　这些整齐句式的诗作的优势也很明显：叙事平顺，议论严密，容易被人记忆，也容易出现名言警句被世人传诵。中国古代有"诗庄词媚"的说法，诗歌的端庄、庄重、庄严感就与整齐句式有一定的关联。但诗歌的整齐句式却不同于戏曲唱词或评书里的套话，它们大多还是以单句或双句的形式构筑自己的单元，不让自己失之油滑。例如，杜甫的《绝句》"两个黄鹂鸣翠柳，一行白鹭上青天。窗含西岭千秋雪，门泊东吴万里船"中，四个句子各表示一层意思，虽然意思之间有递进关系，可是每一句都塑造了独立的意象。而《春望》中的"烽火连三月，家书抵万金"却是上下两句意思相连缀，组成了一个整体。虽然读者能够从后者的内容中感受到这两句之间不可分割的文气，可这些诗句的音韵节奏都是四二拍的，有板有眼、强弱有序、缺少变化，也就很难形成重音与高潮。

　　但宋词就不一样了。宋词词牌的产生源自音乐，音乐节奏的复杂变化就内嵌在宋词词作中，哪怕现在人们已经听不到宋人的演唱，可仍然能够从许多词牌的规则中听到附点、切分音和其他复杂的节奏变化。而宋词的文字也与这种复杂的节奏变化相应和，灵活地运用长短句营造出不同的吟诵效果。

　　阅读宋词中的一些长调，人们会发现词人与此前的诗人们不同的是，他们不再采用单句或双句来传递思想，相反，他们经常把三四个短句组成一个小小的单元，让作品能够更好地表现议论或抒情。

　　例如，辛弃疾《摸鱼儿》中的"君莫舞！君不见，玉环飞燕皆尘土"以"君莫舞！"三个字表示强烈情感，引领下面的句子，让后面的"君不见，玉环飞燕皆尘土"成为承继作者情感的注解。三个小短句组成了一组不可分割的意象。可同样是三个字的小短句，他在《贺新郎·把酒长亭说》里的"铸就而今相思错，料当初，费尽人间铁"一句中的"料当初"起的就不是这样的作用。"铸就而今相思错"与"当初费尽人间铁"可以形成整齐的对偶关系来解释一切，可是那样的话就会陷入四二拍的节奏，从而缺乏重点。作者把此内容放在现在的句式中，以三个小短句组成一个段落，打破了四二拍结构，形成了 7-3-5 的节奏，还用"料当初"三个字打破了"铸就而今相思错"与"费尽人间铁"之间顺畅的关系，原本一泻千里的情感因为这三个字变得冲波逆折起来，反倒进一步凸显了前一句和后一句的气势，让原本因为"料当初"而略显阻塞的情感宣泄得更加磅礴。

而宋词这种词句结构的特点完全可以被当代人复制到写作中来。

每一篇文章内蕴含着一种被称为"文气"的东西。"文气"乍一看是文章的连贯性，是表现在文章内容上的，其实质则是作者思考逻辑的过程，体现着作者的精神气质。如果让受众感受到作者的思考过程是连续、严密、逻辑顺畅的，人们就会有"文气贯通"之感，如果文章的内容是东拼西凑让人感到逻辑不畅，也就会表现为文气不畅，散乱无序。

所以，文字与作者逻辑思考紧密相连。段落的划分其实就是辅助受众理解作者的思考脉络，帮助作者表达思想。适合的段落可以让人清楚地看到作者的逻辑层次，长段落是推理展开的过程，是论据的铺排与分析；短段落是主旨要义的总结，是作者的情感与价值判断。段落的长短错落就是述与论的结合，是推理与总结的交织。其至于某些句子独立成段，可以让人一望而知那是思想的重点，是情感的高潮，或者是在提示受众注意其后的内容。

写作中的叙事、议论、抒情分别对应不同的语气情感，如果在文章中能够将它们错落排列，把握展开的幅度，有计划地穿插总结与情感渲染，让整个文章形成丰富的节奏，不再是四二拍到底，而是充满附点音符与切分音，就能不断地打破人们的阅读习惯，给人以新鲜的刺激，从而保持人们的注意力。

中国的诗词作品是传统文化精粹，仔细品读诗词作品还能够为当代人写作提供一个容易被忽视的视角：字与音的关系。

诗词在发轫之初总是与音乐结合的，魏晋以后的很多诗人都经历过音韵训练，因而古代诗人在写作中能够自觉地利用音韵规律进行创作。可是当代人大多已经不进行这方面的专业训练了，人们写作的时候更多关注的是字词的意义层次，从而忽略了字词的音韵魅力。

但事实上，字词和音韵之间的关系是不能割裂的。

文字是声音的符号，就算中文不是拼音文字而是形声字，字形和字音之间的对应关系仍然牢牢地建立在人们的意识中。所以，就算读者面对的是没有声音的文字符号，附着在文字上的音韵感仍然会成为潜在影响人们阅读体验的因素。这就是语言学和心理学中的音义同构关系。

简而言之，人们哪怕只是在不出声地阅读文字，文字的音韵也会通过连觉作用内化地影响人们内心的情感。不信的话不妨细细比较这两句："买丝绣作平原君，有酒唯浇赵州土"与"有酒唯浇赵州土，买丝绣作平原君"。

这两句诗给读者的感受有何区别？

这两个句子没有必然的因果关系、时间顺序，从意义上看，前一种排列与后一种排列的意义表达差别并不大。

但是读起来就完全不一样了。

"买丝绣作平原君，有酒唯浇赵州土"让人觉得语义重有千斤，那沉郁的激情几乎能把青石板砸出几个窟窿；而"有酒唯浇赵州土，买丝绣作平原君"却失去了这种魅力，情感力度似乎一下子就泄了许多，仿佛只是平静和缓地陈述一个事实。

为什么会如此？

这就是音韵的作用。前者以属于仄声的第三声"土"做结，而后者以属于平声的第一声"君"做结。仄声字的铿锵顿挫感影响了人们对语义的感受。所以，唐代诗人中的"诗鬼"李贺的诗歌常常以仄声字来押韵，令读者充分感受到作者情感的激荡硬朗；南宋的豪放派词人留下了很多以《贺新郎》为词牌的词作，《贺新郎》的仄声韵规则正契合他们慷慨悲歌，抒发愤懑、提振信心。

除了平仄之外，其他声韵也都有自身对读者微妙的影响。

为什么人们读到李白的作品就常常生出汪洋恣肆的痛快？"明月出天山，苍茫云海间。长风几万里，吹度玉门关。"明明没有一个冷僻字，都是简简单单的小学所学词汇，却组合成了千古名句，而且让人一读就觉得美。

仔细分析一下，这 20 个字中的"天、山、苍、茫、海、间、长、万、关"中都蕴含着韵母"a"的因素。在汉语的 6 个单韵母中，"a"的开口程度最大，相应的，由"a"组成的各种双元音相对其他音也都是开口程度较大，听起来自然语音响亮。从音韵上说，开口程度大的音也是气息最无阻碍，因而发音最不费力的（痛苦、惊慌的时候我们情不自禁的发音都是"啊"），因而会给人带来顺畅自如、毫无阻碍的感受。李白在这20个字中连用9个开口度较大的音，占了45%，首先就在感官层面上感受到了语音上的响亮，读者也就自然地顺着这赫赫声威联想到了他要描绘的塞外宏伟景象。李白令人称颂的名篇，无论是"床前明月光，疑是地上霜"还是"君不见黄河之水天上来"都有相似的特点，使用大量大开口音能让读者从文字中感受到作者的开朗激昂、狂放欢畅。

这便是音义象征效应的典型体现。

与之相应，一些开口小的元音例如"ü"和"o"，因为发音时气息的迂缓，就容易让人产生忧郁不畅的感受。此外，汉语中的一些声母，如"b""p""k""q"音，要求气息短促激昂，这种音与开口小的韵母组合，更容易产生沉郁顿挫之感。例如，杜甫《哀江头》的"少陵野老吞声哭，春日潜行曲江曲"中的"哭"和"曲"都是这种音，顿挫感立生。而"z、c、s"等声母需要在齿缝间摩擦发音，气息被阻碍，声音被切碎，因而更有痛苦细碎之感。

中国诗歌创作一直善于利用这个规律，利用字形与声音的连觉作用，以文字背后的音韵魅力影响读者。这种字形与声音之间的连觉、音义同构现象是人类共有的心理基础，这种规律能够影响古人，也一样在影响当代人。

当代媒体人如果想让自己的文字更容易被人接受，就可以利用这一特点，通过文字营造音韵上的轻松感。例如，即使是要讨论复杂的学术话题，但如果多用平声字、大开口音，仍然会不知不觉给人带来顺畅的感受，以帮助人们更好地接受相关内容。而相反，如果要引起反省、思考或沉郁的情绪，则不妨多使用些小开口音和摩擦音的字词，从而可以影响人们下意识的情绪反应。

第二章
欧阳修轶事——新媒体的写作特征

当代媒体写作日趋短小甚至碎片化。碎片化的写作为媒体人留下的表达空间更小，也就更需要传媒人的表达直接、传神，这就要求当代媒体人的文字能力更精准、简练。

这是对传媒人文字能力的挑战。一个人的文学素养往往体现在他的写作能力上，而最考验人写作能力的恰恰不是写长篇、长句，而是写短篇、短句。新时代传媒环境要求传媒人写作的第一要务就是简练、直接。

这样的文字表达方式当然需要删减字数，但又不仅仅是删减字数。作者需要斟酌哪些字是可以减的，哪些是不可以减的。传媒写作与一般的文学写作不同，文学写作的关键词是"表达"，可以有很强的个性，可以朦胧隐晦地表达自己的情感、认知，此时作者心中甚至可以完全不考虑读者接受度的问题。而传媒写作的关键词却是"传播"，书写者必须保证能够把信息严谨地传播给受众，必须考虑到受众接受程度的问题。

考虑到受众，则首先要考虑受众对文字的理解。这就使得传媒人要警惕自身语言习惯与公众语言习惯之间的差异，力求精准，避免歧义。

有些语言习惯在日常生活中可以凭借语气等其他因素帮助受众理解，可是一旦文字被落实到媒介中，失去了传播者与受众在场交流时的辅助信息，那些语言习惯中的漏洞立刻就会显露出来。

例如，受众该如何理解"某人不会做这件事"这句话？是"某人不可能做这件事"，还是"某人不知道如何去做这件事"？

失去了日常对话环境中的表情、语气等辅助信息，人们感受到的是"不会"这个日常词汇的多义性。这样的词句如果出现在文字或其他形式的传媒报道中，公众该如何选择接受？

公众的选择一旦与作者的意图相左，就有可能引发受众的困惑甚至是误会。当前网络上的很多纠纷就源于一些存在歧义的表达。有些是词不达意，以至于读者不能在蜻蜓点水的阅读中迅速掌握传播者真实的写作目的，反而被碎片化的字词俘获注意力，误解了传媒人要表达的意愿；也有的是因为词句的使用本身不够严谨，为别有用心者提供了断章取义的机会，以至于酝酿出网络暴力事件。

由此可见，在当前的新媒体环境下，传媒人的文字需要精炼，但在精炼之上的应是精准。传媒语言要时刻注意避免对受众的误导，要真实、客观、简练、高效。

如何才能让语言简练、高效？这个问题可以有另一种问法：简练、高效的语言有何特征？

冯梦龙的《古今谭概》中有这样一段记载可以作为当代传媒人的借鉴：

欧阳公在翰林时，常与同院出游。有奔马毙犬，公曰："试书其事。"一曰："有犬卧于通衢，逸马蹄而杀之。"一曰："有马逸于街衢，卧犬遭之而毙。"公曰："使子修史，万卷未已也！"曰："内翰云何？"公曰："逸马杀犬于道。"相与一笑。

与那些同僚翰林相比，故事中欧阳修的写作能力最适合当代的碎片化传播。仔细分析关于同一事件的三段文字，能够从这则古代故事中窥伺到新媒体时代下的文字传播特征。

欧阳修为什么可以用 6 个字说清楚别人要用 12 个字才能说清楚的事？问题的关键不在于他的同僚能否写出"逸马杀犬于道"这样的句子。事实上，这个句子本身并不难，"逸马"一词由欧阳修的同僚率先使用，"杀犬于道"更接近当代口语，我们完全可以相信当时几乎每个读书人都能写出这样的句子来。可见，欧阳修对文字的精当把控并不是体现在这 6 个字本身上，而在于他的句子中体现出了同僚们欠缺的其他能力，即对事件主旨的把握能力和对受众心理的精准掌握。

第一个同僚先用"有犬卧于通衢"陈述一个状态，后以"逸马蹄而杀之"描述这个状态中发生的意外事件。同样，第二个同僚所说的"有马逸于街衢，卧犬遭之而毙"中，虽然叙事的视角转换了，但叙事的理念却没变，仍然是先描述一个状态"有马逸于街衢"，再陈述这个状态引发的意外结局"卧犬遭之而毙"。与第一位同僚相比，第二位报道的戏剧性增强了，先用"有马逸于街衢"突出了状态的不稳定感和紧张感，暗示了危机的发生，但是这种思路更适合戏剧写作，在当代的媒体环境中，这种戏剧性的背景烘托仍然有些多余。

欧阳修的写作理念与前两位截然不同。他的"逸马杀犬于道"6 字直接省略了原本的稳定状态。他的报道直接指向打破稳定状态的动作本身，只是以"逸马"的"逸"字来暗示出施动者所处的不稳定状态。

欧阳修忽略稳定状态，直接从意外入手，源于一种作者和读者共同接受的默认：稳定状态是日常的、正常的，是信息发送者和接收者的基础共识。在欧阳修看来，对这种基础共识的描述是可以省略的，信息的传播者只需直接把打破人们所熟悉的日常状态的动作报道出来即可。

可见，这则故事中，欧阳修比诸同僚高明的不是字词技巧，而是对受众心理的掌握，是对信息传播的本质的理解。由于省略基础共识，欧阳修的文字是简练的；由于精准地抓住了问题的本质，欧阳修的文字是高效的。他的文字没有套话，没有歧义，但是地点（"道"）、人物（"马"）、事件（"杀犬"）、起因（"逸"）、结果（"杀"暗示的死亡）全都包括在内了。

当代传媒人不妨以这个标准审视一下自己的文字，更不妨学习一下欧阳修的写作理念。

在新媒体时代下，媒体信息传播具有高度碎片化的特点，人类有限的注意力与海量信息已经形成了巨大的矛盾，处于这个角力场中的传媒人争夺的焦点是受众的注意力。明白这个道理的人很多，但是，媒体人要争夺的那个"注意力"到底是什么？什么样的文字才会吸引人的注意力？普通公众会对怎样的文字表达产生兴趣？

有人认为，要吸引受众的注意力就要在最短时间内让人迅速掌握资讯的主题、内容和观点，认为这样做就可以减少公众在信息上的滞留时间，让公众迅速得出自己的喜好判断，从而凝聚起注意力。而出于自我认同的需要，人们往往会对自己了解、感兴趣的主题倾注注意力。

但吸引人们注意力的并不仅仅是自我认同的需求，"非常规"更容易引起人们的注意力。通常情况下，"熟悉"会给人带来安全感，熟悉的事物、状态可以把人留在安全的舒适区。可是"非常规"却会打破人们所熟知的、习见的状态，一定程度上会把人从安全区中驱逐出来，为受众的内心增加一丝不稳定的危机感。这种危机感让人不舒适，因而会下意识地希望能够再次回到安全的舒适区，并为此而做出一定的努力。这种努力可能表现为好奇心、求知欲甚至是征服欲。无论是其中哪一种，都能够调动起受众的注意力。

举一个例子。学新闻的人都听过一句话："狗咬人不是新闻，人咬狗才是新闻。""狗咬人"之所以不是新闻，是因为这是公众习见的，虽然被狗咬令人同情，但仍然没有超越受众对外部世界运行规律的理解，因而整体上给受众的感受是安全的。但是，一旦事件变成"人咬狗"就不一样了。虽然"人咬狗"的受害者变成了狗，看上去反而不像前者那样可以引发公众的同情心理，但"人咬狗"现象却是反常规的，超出了人们对外部世界运行规律的理解，因而"人咬狗"会比"狗咬人"给受众带来更强的不安全感——人们下意识地觉察到自己身处其中的世界脱离了常规，这样的世界对每个人来说都是不安全的。正因如此，人们会更希望看到关于"人为什么咬狗"的报道，希望通过得知这反常规现象的原因，而重新把自己所处的世界拉回到自己所熟悉的逻辑轨道中来。

以"人咬狗"新闻为例，假设真有这样的事件存在，受众的内心从不平静到恢复平静的过程可能是这样的："人咬狗是真的"→"世界乱套了，不适应"→"这个人为什么会咬狗？"→"咬狗的人得了某种特殊的病症"→"人得特殊的病才会咬狗"→"只要人没得那种特殊的病就不会咬狗"→"大部分人没得那种特殊的病，生病的只是极个别的例子，因而大部分人不会咬狗"→"世界上的常理仍然是人不会咬狗"。到了最后一步，受众内心的安全感重新降临。

媒体在这个逻辑链条中，只要起到了推波助澜的作用，就可以收获受众的注意力。

首先，媒体展示"人咬狗是真的"就可以放大受众的不安全感。媒体不需要强调"世界乱套了"，这是每个受众自己会在内心得出的结论，是受众与媒体间的基础共识，可以像欧阳修那样省略它。

然后，媒体需要解释"这个人为什么会咬狗"，因为这是帮助受众重新建立世界稳定秩序的最重要环节，任何非常规的事件要想最终被重新纳入常规状态中，就一定要有符合逻辑的原因。媒体揭示原因，就是为受众指明世界恢复稳定的契机。

所以，几乎每一个带有负面性的社会热点新闻出现之后，紧跟着都需要解释其原因。以 2019 年轰动一时的"北大杀母学生落网"事件为例，人们通过新闻看到一个北大学生杀害亲生母亲的消息之后，第一反应一定不是"他怎么杀母亲的"，而是"他为什么杀害母亲"。只有解释清楚了"他为什么杀害母亲"，动机完整全面了，人们才能够重新确认世界的有序性。

可见，媒介吸引公众注意力的一个重要手段就是能够精准地找到信息所包含的会引起人们不安全感的内容，再明确地揭示其原因，以启动人们合理化这类不安全内容的内心机制。

以"北大杀母学生落网"一事为例，"北大"虽然具有话题性却不是引起人们不安全感的核心，真正引发人们不安全感的是"杀母"，而"落网"暗示着他杀母的动机有被探明的可能性。这两个核心词一个指向反常规，一个指向解决反常规的可能性，两个核心词并置既可以用反常规信息吸引人们的注意力，也可以暗示反常规秩序有被合理化的可能，从而成功吸引了人们的注意力。

虽然当代很多受众指责网络媒体上的许多消息是"标题党"，可仔细分析那些成功的"标题党"，恰恰是运用这个机制来吸引人们的关注与好奇的。

例如，娱乐圈的许多公关软文都会使用类似这样的标题："9 年前她给××做配角，9 年后××给她做配角""四大古装男神，××第三，×××第二，第一无人超越！"……

不得不说这些标题的套路很有效。为什么？就因为那些"××""×××"的热度往往很高，是很多人心目中的"第一""主角"，当人们看到这些自己内心认可的人物只是"第二""配角"时，自己内心的合理秩序被破坏，正因如此，人们往往想去看看到底是什么人破坏了自己的内心秩序。这种表现为好奇心的欲望，其本质就是把世界重新合理化的欲望。

2019 年，朋友圈里广泛传播着一篇文章：《耶鲁教授：中国学生的写作套路是国外大学最忌讳的》。这是一个成功的标题，抓住了受众的注意力，很多读者看到这个标题就想点进去看看内容。

点进去之后，正文前的第一段就是一段简明扼要的导语：

在美国上大学，写作很重要，几乎每门课程都需要写 essay。国内对于写作有一个偏见，那就是将辞藻华丽等同于文笔好，将文笔好等同于好文章。

这段导读直接点出了标题的问题，揭示出了"写作套路是什么"。如果读者不认可中国学生的写作中存在这个套路，基本上会放弃全文的阅读；如果认可这种套路的存在，或者不了解这种套路到底如何体现，就会继续往下进入正文阅读。

一段导语不仅迅速实现了对读者的分流，也满足了绝大多数阅读者的阅读目的。

很多人有一种误会，认为最重要的信息才是吸引人阅读的最大悬念，一定要延宕到最后才能解决。事实上，新媒体的受众大多心浮气躁，等不及悬念的最终揭晓，需要迫切地得到问题的答案。甚至于，因为人有寻求自我认同的冲动，往往只会阅读自己认同其主要观点的文章，而放弃自己反对或漠视的文章。因此，在新媒体时代，信息的传播需要徐徐展开。

例如，上面那篇文章是在其后的正文才点出了"写作套路"的具体表现（文章引述耶鲁大学教授本科生写作课的教师 Emily 的话）：

……中国学生很爱用长句，喜欢用各种复杂的术语来重复同一种意思，喜欢诗意的、华丽的辞藻和句子，但美式写作则会认为以上都是一种干扰，是在用"非常华丽的辞藻来干扰你的读者，使他们不能抓住文章的中心。……把那些所谓华丽的句子，全都删去，使得他们句子中最基本、最清晰的元素，立即可见"。

前面是关于"写作套路"的文学认识，后面是"写作套路"的具体形式表现。受众可以在文章的第一段自我检查是否认同这种套路，也可以在文章的中间部分检查自己的文章是不是犯了相同的错误，也就可以自我评价自己的文章是不是也存在着文章中所提到的"套路"，这种"套路"是不是我们经常可以在很多作品中看到的。

可是，在看文章之前，大多数人可能并没有意识到这种美国教授眼中"写作套路"的存在，就连这种套路具体是什么都是在阅读文章的进程中才逐层展示的，可是为什么那本来并不存在的危机却能够引起人们的注意力呢？

仔细分析一下，这标题是怎么抓住受众注意力的。

答案是：22 个字的标题制造了危机感。

标题暗示了某个严重后果（中国学生被国外大学忌讳，影响国外大学对中国学生的评判）、该后果产生的原因（中国学生的写作套路被忌讳）、增强后果严重性的相关证据（以耶鲁大学为背书，强调"耶鲁教授"这么认为），却偏偏留下了一个最关键的问题：中国学生的写作套路是什么？这些疑问引发了人们的好奇心。

但本标题的成功并不仅于此。在看文章之前，大多数人不仅没有意识到中国学生的写作套路是什么，甚至都没有意识到自己的写作也存在套路，因而，本来是不存在危机感的，为什么看了文章标题之后却轻易地产生了危机感呢？因为在"中国学生的写作套路是国外大学最忌讳的"句子中，"中国学生的写作套路"是作为句子的主语出现的。

句子的主语是一句话的起点，是写作者心目中毋庸置疑的存在，未给受众留思考、质疑的空间。

举一个例子。郭沫若在创作话剧《屈原》时，本来有一句台词是婵娟骂宋玉"你是没有骨气的文人"。排练时他觉得情感不够强烈，曾经想在台词上加上"无耻"二字，改为"你是没有骨气的无耻文人"，可最终的台词却没有"无耻"二字，而是变成了"你这没有骨气的文人"。观众都表示这句话的情感非常强烈，比"你是没有骨气的无耻文人"强烈得多。为什么？就因为从"你是"到"你这"的转变，将原本语气中的判断意味摘除干净，先验地承认了"没有骨气"这一事实的存在，语气也就跟着加强了。

与之相似，以"中国学生的写作套路"为主语也暗示了这是一个已经存在的现实，不容受众质疑，并以这个现实为所有套路的基础起点，其态度自然到仿佛读者已经默认了它的客观存在，这种态度在气势上就先压了受众一头，让受众不知不觉就处在被动接受的一方，从而忘了去思考是不是真的存在一种写作套路，反而是急于知道究竟是什么写作套路误人至深，由此危机感进一步增加。读者越是急切地想了解到底这个作者认为毋庸置疑的写作套路的基础起点是什么，自己是不是也犯了这个错误，越是会想点进去看看。

所以，新媒体时代的写作语言要精练、准确，更要能够暗示不安全、不稳定的危机，甚至还要懂得如何巧妙地制造危机。

第三章

《煮酒论英雄》——如何在平淡中表现人物

2015 年 3 月 7 日，新华社客户端和微信公众号推送了一篇记者手记《陈道明席地而坐 为我亲手改稿》，随即引发热议。写这篇报道的记者在 2015 年"两会"期间负责采访陈道明，陈道明看了她的采访报道之后"亲手"为她改稿，记者一时心情激动发表了这篇手记。

这篇记者手记几乎立刻在传媒业内外引发了两种截然相反的议论。一般公众大多为陈道明的态度点赞，赞赏他平易近人不摆明星架子；但媒体从业者却更多地表达了自己的质疑。媒体人大多认为，记者把自己的稿子交给采访对象去修改、审定，违背了媒体人的职业操守和专业素养，对此还喜不自禁，更是媒体人自我矮化的表现，暴露出媒体人价值观的倒错。他们认为，媒体人要尊重事实，应该对报道中的客观事实去反复求证，应该被视为媒体人独立的文章，应该有传媒人自己的立场和个性特点，不应该被他人左右。微博主"传媒老王"对此的评论很有代表性："唉！'陈道明席地而坐 亲手为我改稿'被记者当新闻发出来，这是对新闻专业主义的亵渎！记者采访，采访完了，稿子写好了，再给被采访者修改，全世界有多少记者这样做？"

在此先忽略新闻工作者的专业态度问题不谈，仅从这篇手记所引述的记者初稿文字上看，可以发现这次"改稿"还关乎新闻工作者的专业能力。细看此文会发现，"改文章"的缘起是媒体人稿件暴露了自身的文字素养问题。

每个媒体人都有自己的行文方式，被访者不应该干涉记者的行文个性。可是在这篇文章的争论中，很少有人谈及陈道明修改后的文章是不是比记者自己原本的文章更好，更符合专业标准——不评论不反对，往往意味着默认。

这篇文章也提到了关于陈道明修改文章的一些细节：

> 我发现他把我文中一些修饰的成分删掉了，比如"情绪有些激动地""语重心长地"。我问他为什么删掉有现场感的东西，他说："我又不是在表演，咱们就实实在在地、简单地用'说'就好了。"

稿子中被删掉的那些内容，是记者自认为"有现场感的东西"，同时也是"修饰的成分"。报道中的修饰成分到底要不要删，有现场感的东西怎么保留？这篇文章暴露出了很多媒体人的写作问题。记者写稿子的方式和陈道明改稿子的态度都比较典型：一个是把装饰词作为"文采"，一个则认为报道就应该平实无华。

这两种态度如果被延展到极致，都是有失偏颇的。装饰语固然不等同于文采，真实的报道也不一定尽是"简单"的。一直以来，传媒人的文字写作既要求真实客观，又要求生动优美。可是，很多人对二者的真正要求却难以把握，以至于经常觉得二者是矛盾的。

这种矛盾源于对"文采"的误解。

很多人把"文采"简单等同于"文字优美"，而"文字优美"又简单等同于大量运用成语典故、形容词等装饰词，因此就在文章中加入大量装饰词，或者运用大段排比句营造夸张的效果。而这些修辞手段又常常违背"真实客观"的标准，被认为不符合媒体人的行文规范。因此，很多传媒人不理解媒体行文的"文采"界限，对写作的"文学化"与"美文化"之间的细微差别无从辨别，长此以往也就失去警觉。作为一种反弹，有些人将所有文辞之美挤压殆尽，完全禁用形容词、成语，不用任何修辞手段，将报道写得浑如电报，仿佛这样就能够凸显传媒人语言的准确、干练，就能够符合媒体规范并能够准确传达信息。

但事实上，文辞精简到极致也并不能与准确传达信息画等号，如果丧失了对特点的描述，让精简的文辞丢失了有用的信息，那就得不偿失了。一般来说，媒体写作都推崇语言平实，不追求辞藻华丽。但是，并非所有有修饰性的语言都够得上"辞藻华丽"的标准，到底什么样的语言是既有修饰性又不至于"辞藻华丽"呢？

　　这个问题的关键不在于是不是所有"有装饰性"的语言都应该被删掉，而是那些被删掉的语言到底装饰了什么。以文中所举的例子来看，"情绪有些激动地"和"语重心长地"并没有起到什么装饰作用，这些词句更像是常规的套话，人们并不能从中看到主人公真实的个性、情感。

　　为什么？因为记者的语言没有准确地呈现出人物真实状态的任何细节。

　　因此，真正简练的语言首先就是要戒绝套话。因为套话的表现力不够强大，甚至可能妨碍人们深入思考。

　　相反，真正简练的语言也可以是生动、形象的。不必使用繁复的修饰语和复杂的修辞手段，简洁明快的语言也可以准确地表现人或事物的主要特征。

　　中国传统文学中的白描写作手法就是这样。仔细品读一段经典的中国传统文学作品中的白描段落，就可以深度理解简洁、生动的语言是什么样子的。

　　例如，《三国演义》中"煮酒论英雄"一节，就可以被看作白描写作手法的经典。原文是这样的：

　　随至小亭，已设樽俎：盘置青梅，一樽煮酒。二人对坐，开怀畅饮。酒至半酣，忽阴云漠漠，聚雨将至。从人遥指天外龙挂，操与玄德凭栏观之。操曰："使君知龙之变化否？"玄德曰："未知其详。"操曰："龙能大能小，能升能隐；大则兴云吐雾，小则隐介藏形；升则飞腾于宇宙之间，隐则潜伏于波涛之内。方今春深，龙乘时变化，犹人得志而纵横四海。龙之为物，可比世之英雄。玄德久历四方，必知当世英雄。请试指言之。"玄德曰："备肉眼安识英雄？"操曰："休得过谦。"玄德曰："备叨恩庇，得仕于朝。天下英雄，实有未知。"操曰："既不识其面，亦闻其名。"玄德曰："淮南袁术，兵粮足备，可为英雄？"操笑曰："冢中枯骨，吾早晚必擒之！"玄德曰："河北袁绍，四世三公，门多故吏；今虎踞冀州之地，部下能事者极多，可为英雄？"操笑曰："袁绍色厉胆薄，好谋无断；干大事而惜身，见小利而忘命：非英雄也。"玄德曰："有一人名称八俊，威镇九州：刘景升可为英雄？"操曰："刘表虚名无实，非英雄也。"玄德曰："有一人血气方刚，江东领袖——孙伯符乃英雄也？"操曰："孙策藉父之名，非英雄也。"玄德曰："益州刘季玉，可为英雄乎？"操曰："刘璋虽系宗室，乃守户之犬耳，何足为英雄！"玄德曰："如张绣、张鲁、韩遂等辈皆何如？"操鼓掌大笑曰："此等碌碌小人，何足挂齿！"玄德曰："舍此之外，备实不知。"操曰："夫英雄者，胸怀大志，腹有良谋，有包藏宇宙之机，吞吐天地之志者也。"玄德曰："谁能当之？"操以手指玄德，后自指，曰："今天下英雄，惟使君与操耳！"玄德闻言，吃了一惊，手中所执匙箸，不觉落于地下。时正值天雨将至，雷声大作。玄德乃从容俯首拾箸曰："一震之威，乃至于此。"操笑曰："丈夫亦畏雷乎？"玄德曰："圣人迅雷风烈必变，安得不畏？"将闻言失箸缘故，轻轻掩饰过了。操遂不疑玄德。

这段文字虽然不短，但其中几乎没有装饰词，也基本没有心理活动，可是，作者仅凭七百多个字就活灵活现地展现了曹操和刘备两人的性格特征。之所以能有这样的效果，就在于作者抓住了刘备和曹操两人最具有特点的一些表情、动作和语言特征。

例如，曹操不断说服刘备品评英雄人物时，曹操的动作都是"操曰"，一连4个"操曰"使人们仿佛看到了一个认真、执着的曹操。可是当刘备提到袁术、袁绍的名字时，作者对曹操的动作描述却都成了"操笑曰"，一连两个"操笑曰"与前面朴实的"操曰"形成对比，那个"笑"字就鲜明表现出了曹操对袁氏兄弟的不屑。可是当刘备提到刘表、孙策、刘璋的名字时，曹操的动作又恢复成了"操曰"。不管曹操是怎么评价这3个人的，光是从曹操收敛了笑容这里就可以看出，曹操对这3个人事实上是有一定忌惮的，与前面的袁氏兄弟完全不同。等刘备再提到张绣、张鲁、韩遂的名字时，文章对曹操的动作描写又成了"操鼓掌大笑曰"，这"鼓掌大笑"将曹操的自信甚至是自大表现得活灵活现。

这段《煮酒论英雄》的文字，虽然完全不涉及曹操的心理活动，甚至连曹操的其他表情都没有描写，可是，就凭曹操什么时候笑了、什么时候没笑以及什么时候鼓掌大笑，就能完全看出他对众人的态度。纵观《三国演义》后续情节的发展，袁绍、袁术都成了曹操的手下败将，而刘表、刘璋和孙策恰恰是曹操没能征服的3位霸主，可见，作者并不是轻易地给曹操安排笑或不笑的动作，而是深入曹操的内心，用其外在动作来传达曹操的真实心理。与之相对比，对刘备的描述从头到尾都是"玄德曰"，看似单调，却恰恰表现出了刘备的不急不躁，步步为营。不管曹操有什么样的表现，他都不为所动，保持自己的节奏与情绪，看似平静木讷，其实绵里藏针，文章语言虽然简练，却无比传神。

这种简练却传神的动作描写在文章的后半段几乎达到极致，曹操与刘备的对话是先"以手指玄德，后自指"，那么自负的人却先指向了刘备，是试探还是真心？一个"后"字，暗示出了两个动作之间小小的停顿，这小小的停顿又施加了怎样的精神压力？而刘备失落筷子之后，借着雷声"从容俯首拾箸"，读者可以想象，"俯首"是为了掩饰自己脸上的神情，那么"从容"要怎么解读呢？"从容"在这里可以理解为动作不急不缓，与平常人的动作节奏相同，但同时又暗含着一种心理状态。刘备刚刚还大惊，转眼就能"从容俯首"，这一小段文字表现的就不仅仅是刘备的急中生智，还有他强大的心理承受力。而面对刘备的这个动作，曹操又恢复为"操笑曰"，这时曹操的"笑"就更值得玩味，是放松的笑还是嘲讽的笑？因为曹操的这一笑，即使刘备没那么多解释的话，观众也能大致预判曹操对刘备不再怀疑的结果。

这种写作手法与当代的影视画面的表达手法非常相似。影视画面难以表达人物心理，需要捕捉人物或事件的外部特征来以形传神。就如同这段文字，不借助比喻等修辞手法，不借助辞藻的影响力，没有心理活动，只有看得见、摸得着的具体行为和语言，却能够以形传神，把双方的个性传神地表达出来。

把这段《煮酒论英雄》与前面提到的《陈道明席地而坐 为我亲手改稿》放在一起对比，恰恰可以看出二者的差别。记者提到陈道明删掉词句，包括"情绪有些激动地"等，记者自己觉得这样的语言是"有现场感"的，可是，那几个字真的有现场感、够传神吗？陈道明是如何"情绪有些激动地"？是提高了声音还是挥舞起了双手？或是其他让人感受到他情绪激动的表情、语气细节？如果被采访人真有这些表现，记者为什么不直接平平实实地写出"他提高了声音说"或"他挥舞起双手说"，让人们自行判断被采访人的情绪发生了怎样的转变？读者的自行判断还要结合当事人后面要说的话，来思考当事人为什么说到这些内容的时候会情绪激动。这样不是更能让采访稿在保证客观、公正的同时，传递出被采访人真实的精神面貌吗？

如果记者没有观察到这些暗示被采访人情绪激动的细节，记者又如何感受到被采访人"情绪有些激动"的呢？没有证据支撑的那个关于"情绪有些激动"的描写，是不是可以被怀疑为记者自己主观加上去的、不符合事实的呢？事实上，正是因为记者没有提供相应的细节支撑，而只有主观的判断，那句"情绪有些激动地"就成了无根之木，不能给受众的心理带来影响，反而容易被人理解为只是装饰用的套话，没有实质内涵，更没有表现力。如果真的只是不实的套话，也就难怪要被当事人删了。

要说成功、形象，这篇记者手记中却也有一个非常成功的地方，那就是标题中的"席地而坐"。"席地而坐"不是常见的生活场景，于陈道明这样的名人来说更是罕见，于是，"陈道明"与"席地而坐"4 个字叠加在一起时，明明好像只是简单描述一段真实的生活场景，却在读者心中形成了强烈的戏剧反差，增强了效果。当年这篇文章能够迅速在网络走红，估计这标题中的"席地而坐"也起到了很大作用。

第四章
"两岸猿声啼不住"——字里行间的情感倾向

不知道大家发现没有，前面列举的那段《煮酒论英雄》中暗藏了一个小细节：说话的两个人，一个姓曹名操字孟德，一个姓刘名备字玄德。在《三国演义》的这段文字里，描写两人说话时一个是"操曰"，一个却是"玄德曰"，也就是一个称其名，一个称其字。这个差别是有意的吗？或者说，这个细小的差别会不会有什么深刻的内涵？

如果熟悉中国传统文化，我们就会知道，在古代称呼一个人的名还是字，背后隐含着很多微妙的文化、情感色彩。按照正常的礼仪，长辈（或地位高的）可以称呼晚辈（或地位低的）的名，而同辈之间互相称呼对方的字才显得礼貌尊重。为了表示谦虚，人们在同辈面前一般会称自己的名，长辈如果称呼晚辈的字可以表示尊重，同辈如果称呼对方的名则表示侮辱。三国时期，马超全家被曹操所杀，可他在写给刘备的表章中仍然称呼曹操为"孟德"，显示出马超的家教修养。《三国演义》的作者罗贯中身处那个文化背景，一样熟谙相关的文化背景，带着这样的文化背景，他以刘备的字来称呼刘备，而以曹操的名来称呼曹操，又透露出什么文化意蕴呢？——当然就是我们经常说的"尊刘抑曹"。表面看起来，作者在这一段文字中没有说曹操一句坏话，也没有为刘备添加一句美言，可是就从这细小的称呼当中，却能看出作者隐藏在白描记叙之下的立场，也能够影响当时读者们的情感立场。

这种写作手法即"春秋笔法"。春秋笔法最初是记叙历史的手段，但前面我们详细地比较过,记录历史和传媒人记录现实有很多相似的地方,可以引为借鉴。古人的春秋笔法妙在哪里?看似不着一字而事实上暗含褒贬。这种褒贬不是靠长篇大论来完成的,而是靠字词背后的文化内涵实现的,所以它更隐蔽,也更巧妙。

作者为什么能做到这些?那是因为作者熟悉不同词语背后隐藏的文化价值、情感色彩,深谙这些微妙的差异能够对读者产生怎样的影响,这样才能巧妙地利用这些影响,不着痕迹地体现作者的情感立场。

一个人文学素养的高低,很大程度上体现在语感上,而这语感中最难把握的就是不同字、词、句里蕴含的情感色彩和文化习惯。

举一个例子。英文中的"red"一词,中文中有很多词汇可以与之对应。常用的有红、丹、朱、绯、赤、殷、绛……这些词的意思非常接近,有些甚至完全相同,但是,稍有一些中文语感的人都知道,它们背后的情感内涵完全不同。例如,形容少女可以用"朱颜"和"红颜",却决不能用"赤颜"和"绛颜",那可能会立刻让人联想起关羽的形象。同样,"一片丹心"的"丹"可以替换成"赤",却也有些微妙的不同;换成"红"也勉强可以成立,但若换成"朱"和"绯"却会立刻令闻者贻笑大方。这不仅仅是由于谐音的缘故,也由于这些近义词背后的情感内涵相差十万八千里。

也许这是一个比较极端的例子。但是中文中每一个字都有它的不可替代性,就是因为每个字词都有其特有的情感色彩或文化内涵。一篇文章也许正是因为选用了不同的近义词而显示出了不同的情感色彩,进而会给读者带来不同的感受,或喜悦,或振奋,或怨恨,或沮丧,就连平平无感也是一种情感体现。

在碎片化的文字信息中,作者可以采用的文字容量是有限的,这就更需要作者掌握每个字词背后的情感色彩,从而在最短的时间里打动读者。很明显,这对写作者的要求不是更低了,而是更高了。对文字情感色彩的选取,依赖于我们通常所说的"语感",也就是对中文词句的内涵、意蕴、情感色彩的精准理解与把握。

字词内部蕴含的丰富情感是积淀在文字内部的,古往今来的无数作品累积出了这种情感。在中国文学2000多年的发展史中,一些形象、事物被人反复书写,甚至反复用相似的程式书写,它们就会通过人们的海量阅读流入读者的心田,暗暗影响读者的意识,以至于当读者再遇到这些形象、事物时,会在不知不觉间受到传统文学的影响。那些过去的文字，就如同当代人所说的"大数据"，重新构筑人们对外在世界的理解，影响人们对自己内心的表达。这些"大数据"把一些客观的、无生命、无情感色彩的事物变成了文学中的意象，而这些意象又在此后的文学传统中稳定地传承下去。如果能够掌握这些"大数据"，我们不仅能够用最简捷的手法精确地把描绘的人与事物表现出来，还能够在叙述中暗暗透露出我们的情感与立场，甚至还能够用这些情感和立场来感染他人。

举一个例子。好莱坞有个大 IP 的电影①，中文翻译叫《猩球崛起》。从这个翻译看，威胁未来人类社会的应该是猩猩，不管是大猩猩还是黑猩猩，应该是猩猩类的。大猩猩对应的英文是 gorilla，黑猩猩是 chimpanzee，红棕猩猩是 orangutan，可是电影中的凯撒却自称为 "ape"，电影的英文原名也是 *Rise of the Planet of the Apes*，都指向了未来威胁人类的动物是 "ape"，而这个词的直接翻译是"猿"。

究竟那些未来社会的高智商生物是猩猩还是猿？这两个词毫无辨识难度，就算是个中学生稍微一翻字典也能察觉到两个词的差别，为什么却一而再、再而三地翻错了？或者说，问题的关键是《猩球崛起》和《猿球崛起》在中文上会给观众带来怎样的不同感受？

在中文中，"猩猩"和"猿"给人们带来的文化联想是完全不同的。中国传统诗文中有大量引用猿类的诗句，而很少有吟咏猩猩的。文化想象的差异会给人带来不同的情感：猩猩只能让人联想起凶猛的动物，而猿在中国文化中经常给人带来颇具情感色彩的联想。

在中国文化中，猿的意象与猿的叫声有很大关系。对待猿的叫声，使用不同的动词会带来完全不同的情韵差异。那么，该用什么动词来形容猿类的叫声？

从生物形态上看，猿是体型比较适中的动物，传统上把它归类为"走兽"，一般对这种体型的动物的声音，人们会简单地用"叫"这个词。事实上，中国古代诗词中也经常会出现"猿叫"。例如，白居易写过"任赖愁猿寒不叫，若闻猿叫更愁人"，李白也写过"峡里闻猿叫，山头见月时"。这个"叫"字似乎是比较合适的，吻合人们对动物类别、体型、性格的一般认识。

---

① IP 指知识产权，可以是一首歌、一部网络小说、一部广播剧、一台话剧等，将它们改编成电影的影视版权，就可称为 IP 电影。

可是在传统诗文中，真正用"猿叫"来表述的作品却很少，更多时候用的是"啼"。李白的"两岸猿声啼不住"大概是人们最熟悉的关于猿叫声的诗句，除此之外，高中课本中学到的李白的《梦游天姥吟留别》中有一句"渌水荡漾清猿啼"，也是用"啼"来形容猿的叫声。除了李白之外，使用"猿啼"的诗文还有很多，例如，"啼猿何必近孤舟，行客自多愁"和"寒猿闲鸟一时啼"。

仔细品味一下，"猿啼"的说法是不是有点奇怪呢？"啼"一般用于鸟类发出声音，"鸡啼"和"鸟啼"是我们常见的搭配，可是，猿类与鸟相差十万八千里，为什么也用"啼"来形容猿的叫声？而诗文中，除了"啼"之外，经常用于形容鸟叫声的"鸣"也经常被拿来描绘猿的声音。例如，白居易的《琵琶行》中有一句"杜鹃啼血猿哀鸣"，就是将平时用于形容鸟类的"鸣"字赋予了猿。这种说法也很常见，李白崇拜的偶像谢灵运曾经写过"猿鸣诚知曙，谷幽光未显"。唐朝诗人张说在《清远江峡山寺》中写道："猿鸣知谷静，鱼戏辨江空。"诗人朱使欣在《道峡似巫山》中写道："猿鸣孤月夜，再使泪沾裳。"

难道猿的叫声真的和鸟叫声很像吗？有没有诗文更精准地描绘一下猿的声音呢？屈原的《九歌·山鬼》中写道："雷填填兮雨冥冥，猿啾啾兮狖夜鸣。""啾啾"是象声词，主要用来形容许多鸟虫一起发出的声音，这种声音又尖又细，听来有凄切之感。从屈原的形容来看，猿的声音真有些像鸟的叫声。

随着这几个动词的变化，读诗文的人对猿的情感认同也发生了变化。猿不常见，生活中的鸟却常见，一句"猿鸣"，人们容易把鸟的形象、对鸟的情感映射到猿的身上，会让人觉得猿与人的关系比较亲近，同时也让猿声有了轻盈、清亮的形象。这种形象事实上是鸟类给人们留下的，但是，用鸟惯用的"鸣"能将这种形象挪至猿的身上。

而"啼"在生活中常与"哭"连用，这是一种接近哭的声音，情感色彩更为强烈。"杜鹃啼血猿哀鸣"与"两岸猿声啼不住"一样，都强化了猿声凄切哀婉的形象。在中国诗文中，猿与"断肠"典故相关，"猿啼"的说法更能够帮助人们建立其猿声凄苦的认知。是以"啼猿何必近孤舟，行客自多愁"的说法一气呵成，要衬托行客心中的愁苦，恰恰以带有凄苦意象的"啼"来表述猿的叫声。

除了这两个词之外，还有两个动词经常拿来表述猿的叫声：啸和吟。

使用过"猿啸"的诗句中，最有名的是杜甫《登高》的第一句"风急天高猿啸哀"。在这里，杜甫的情感虽然要落在"哀"上，可是却把"啸"字赋予了猿。除此之外，李白写过"谷鸟吟晴日，江猿啸晚风，平生不下泪，于此泣无穷""风悲猿啸苦"，刘长卿写过"静听关山闻一叫，三湘月色悲猿啸"，宋代潘阆在《酒泉子·长忆西山》中写过"白猿时见攀高树，长啸一声何处去"等，这些诗文都用啸、长啸来形容猿的叫声。

"啸"的释义之一是"吹口哨"，是人类的一种特殊发声技巧。如果从意义上说，这个词与"说""唱"一样是仅属于人类的行为。但"啸"的声音介于呼叫与歌唱之间，与一些动物的声音相似，因而人们也会将这个词用于一些动物身上。但是这个字的人类行为色彩更为强烈。不过，在中国文化中，"啸"和"吹口哨"虽然行为相同，可是文化色彩却相差很大。"啸"是魏晋时期士人惯做的行为，因此，"啸"字也沾染了魏晋名士特立独行、孑然傲世的情感色彩。"猿啸"中的猿给人的感觉就不仅仅是动物了，而是让这些猿类有了士人的狷介不羁。杜甫以一句"猿啸哀"作为开头，也奠定了全诗沉郁慷慨的情感基调。同样，其他用了"猿啸"的诗文大多也有些怀才不遇、遗失独立的孤高品格表现，也正是在这个意义上，"平生不下泪"的李白听到"猿啸"后居然也"泣无穷"了。

如果说"啸"的说法让猿有了士人诗酒放诞的文化意象，那么"吟"字更是让猿直接成了"诗人"。"吟"是文人、诗人的特殊行为，但很多作品也把这个词赋予了猿。三国时期的王粲在《七哀诗》中写到"流波激清响，猴猿临岸吟"，这里的猿就是在"吟"，此后更多的人也开始用"吟"。唐代诗人常建的诗词中屡屡出现"猿吟"的表达方式，如"望君杉松夜，山月清猿吟"和"怀古未忍还，猿吟彻空山"。另外，还有孟浩然的"去矣勿淹滞，巴东猿夜吟"，李商隐的"胡马嘶和榆塞笛，楚猿吟杂橘村砧"，杜牧的"渡江随鸟影，拥树隔猿吟"……猿的声音与诗人吟诗结合在一起，使猿的形象似乎转而为苦吟诗人。

猿原本只是走兽，通常用来描述走兽声音的是嘶、吼甚至是嚎，可是，诗文中表述猿的声音却常常与鸟类结合在一起，如果说"鸣"还比较中性的话，"啼"就带有强烈的情感色彩，此后的"吟、啸"更赋予了猿士人的性格和情怀。由此可见，写作时并不需要强用拟人，利用动词的固定搭配就能够实现拟人的效果。

这种情况在生活中很常见。大家经常吃水果，经常切西瓜、切橙子、切柚子，如果我们把这个惯用的"切"换成其他动词会有什么效果？把橙子宰了、把柚子剁了、把西瓜砍了，如果换这么几个杀气腾腾的动词，是不是连水果都有点变了滋味呢？

相信很多人都了解猿类和猩猩的区别，可即使如此，为什么我们还是要翻译成《猩球崛起》呢？我们来看看，首先"猩球"与汉语中习惯说的"星球"同音，人们在观看之前就容易建立起科幻背景的心理期待；相反，"猿球"的谐音是"圆球"，一下子就多了些天真的童趣，和电影作品的风格气质相差极大。更何况，前文讲过，中国文化中的"猿"有深厚的文化心理积淀，这些积淀会潜在影响很多人的心理。但是猩猩就不同了，猩猩几乎没有出现在中国传统诗文中，不具有"猿"给人们带来的文化联想。一个猩猩与人类争夺地球主动权的科幻故事也就更容易被中国人接受。

这就是漫长的文学传统为文字积累下的情感对当代文化的影响。此前的众多作品中的词语搭配，让一些情感可以借助人们的相关素材自动浮现在我们的记忆里，进而影响我们的情感判断。当代媒体人如果能够准确地把握受众内心对不同字词的情感反应，利用不同字词的情感色彩进行新的组合，就更容易成功地激起人们相应的联想，收获相应的情感。

相反，如果对文字背后的情感色彩完全无感，不能敏锐地把握到自己文字表述背后的文化、情感积累，就可能会出现相反效果。

前些年，我曾经接受过本校学生的一次访问。访问我的学生与我聊了几句之后，随口说了一句话："老师你看的书还挺多的嘛！"我当时看了他一眼，什么也没多说，继续聊相关的话题。几分钟后，随着话题的延展，我又提到了某些电影，这时学生又说了一句："你看的电影也挺多的嘛！"

听到这句话的时候，我不禁笑了。那一刻我在想："我该怎么夸夸面前的这个研究生，难道是……德艺双馨？"

这是一个真实的事件。我想，如果换一个被采访人，可能对方当场就会向这个学生发火，而那样的话，这个学生一定不知道自己做错了什么。

这位学生说错了什么？他说错了话。从字面上看，他什么也没说错，他在赞美自己的访问对象，难道他做错了吗？但是他确实是说错了话！

他的话乍一听说得没错，可是他没有注意到，自己所使用语言的情感色彩已经对被采访者构成了一种冒犯。他没有意识到，自己称赞长辈的话，用的却是长辈称赞晚辈的惯用语。"还挺多" 3 个字中的这个"还"字，有着轻微的否定色彩，包含着"出乎意料"的暗示，这种出乎意料的惊喜感背后隐含着一种地位的优越感。一般来说，这是见多识广的长辈对初学乍到晚辈的期许——正因为对方是初来乍到的晚辈，长辈本身没有很高的期望值，一旦发现对方的表现超出了自己的期待，喜不自禁，流露出"想不到居然还挺多"的意思来，才会说出那种"你看的书还挺多"的话。这就如同"德艺双馨"一般是用来形容德高望重的老艺术家，放在一个初出茅庐的年轻人身上就很不合适，就算对方艺术才能和个人品质都很值得称赞，也不能就其字面意义称颂对方"德艺双馨"，那样的话就有违这个词的文化习惯了。

面对面交流尚且如此，用文字与不见面的受众交流则更加需要警惕这些文字背后的文化习惯。

在《陈道明席地而坐 亲手为我改稿》这篇文章中，提到了陈道明删掉了原稿中"语重心长地"几个字。不知道记者是否感知到这几个字不仅暗示了人物说话的神态，更暗示了人物的身份地位？记者是否理解这几个字所暗示的被访者身份地位与他在一篇采访报道中应该居于的地位有什么差异？记者在"两会"期间采访会议代表，应该以一种平视的心态做对等的交流，可是"语重心长"这几个字已经不自觉地把对方放到了更高的师长位置上去，而且还把这种高高在上的位置暗示给了读者让读者去接受。这种暗示是否应该出现在记者的稿件中呢？

而后一个问题可能还指向了一个埋藏得更深的问题：记者的中文语感是否能够把握自己文字给读者传达的暗示？记者的文学素养是否足够意识到文字的影响力？

可见，媒体人要真正理解"平实客观"的写作要求，就必须要有深厚的文学素养。正因为媒体采访的写作需要滤去众多浮华的装饰，从平实客观的写作要求中传递价值，感染读者，媒体人所需要的文学功底也就更深厚。

媒体人如果文学素养不足，对语言中的情感色彩、文化积淀不敏感，不仅难以灵活利用文字工具迅速影响受众，还有可能激起受众内心潜在的对抗。因此，媒体人需要多进行深入的阅读来培养自己的文字语感。

什么是深入阅读？深入阅读意味着人们在阅读时经常有意识地向自己提出挑战：那些词句有没有可被替代的其他近义词？文章中的词句有没有隐含的文化

意蕴？换了词汇之后，我们对相同的词句会形成怎样不同的审美感受？这是一种很高效的写作练习途径，循其道阅读也是提升语感的有效途径。

在这种训练中，一般人们会比较重视动词的使用。可事实上，语感是渗透在几乎所有中文词类中的，不仅仅是动词，形容词、名词、量词、代词、副词一样蕴含着深厚的文化积淀。

以南唐皇帝元宗李璟的《山花子》为例：

菡萏香销翠叶残，西风愁起绿波间。还与韶光共憔悴，不堪看。

细雨梦回鸡塞远，小楼吹彻玉笙寒。多少泪珠何限恨，倚阑干。

词牌《山花子》别名《摊破浣溪沙》，敦煌曲子词中有很多这个词牌的作品被命名为《摊破浣溪沙》，一般人们也都觉得用哪个名字都行。但元宗李璟的这阕词却是个例外。仔细比较《山花子》和《摊破浣溪沙》这两个名字，后者有一种动感，不似"山花子"3个字幽淡缈远。而李璟的词句里弥漫着一种杳渺幽怨的意境。不得不说，古代的选词名家们都有着非常细腻的文字感受力，所以辑录这阕词的集子基本上都固执地以《山花子》来为它命名。

这阕《山花子》中最著名的是下阕头两句："细雨梦回鸡塞远，小楼吹彻玉笙寒。"这两句画面感很强，忧郁、思念之情弥漫在这组画面中，历来为人称赞，连李璟自己都颇为自得。但王国维在《人间词话》里却宣称自己独爱上阕的"菡萏香消翠叶残，西风愁起绿波间"，并说这一句"大有众芳芜秽，美人迟暮之感，乃古今独赏其'细雨梦回鸡塞远，小楼吹彻玉笙寒'，故知解人正不易得"。

那么，"菡萏香消翠叶残，西风愁起绿波间"一句有何妙处？暂时撇开意境不谈，单品字词的运用。翠叶的"翠"与绿波的"绿"虽然是一组同义词，但仍然有不同的情感色彩。"绿"的近义词虽不及"红"多，但仍有不少，常用的包括翠、青、碧、苍。一样是表示颜色的用语，但细品这些字，其情感色彩可以明显分为3组："翠"和"碧"具有青、绿不及的华贵感；而"青"和"绿"又有翠、碧所不及的自然、纤弱之美；"苍"与它们都不相同，情感更宏大开阔，甚至有一点凄怆之感。"翠"字常常组成"翠玉"，而"苍"却常常组成"苍穹""苍松"。

品鉴了这几个近义字的不同之后再来看这两句。上句的"翠叶"比之"绿叶"更有华贵艳丽之感，下句的"绿波"比之"翠波"更自然纤弱。这两个词组本身就引起了读者不同的情感想象。更何况，上句华贵富足的翠叶之后紧跟着的是"残"，下句自然朴素的"绿波"前是凛冽肃杀的"西风"，更增添了"绿波"的纤弱飘零之感。

为了与上句的华贵感相适应，李璟起句写荷花却不说荷花，而偏说"菡萏"。"菡萏"是荷花的别称。荷花的别称有很多，除了荷之外，还有莲、芙蓉、芙蕖，但是在这些别称中，"菡萏"是最古雅的。这样一来，"菡萏"的古雅气质就平衡了后面"翠叶"的华贵感，使得词句华贵而不艳俗。下句则用"西风"而不选"金风"，也与后面的"绿波"相协调，下句整体极朴素，正与上句的华贵美形成微妙的对比关系。这些手法都加深了这两句的情感影响力。繁华落幕、纤弱破碎，这种情感就在字词间被一点点渗透了出来，王国维所说的"众芳芜秽，美人迟暮"也正是这种情感的体现。

《红楼梦》的故事始终弥漫着一种无可奈何的悲剧感：美好的东西总是被时间无情地破坏，最终陨落。李璟的《山花子》表达的也正是这种情感基调。只不过，他不是用一个故事表达这种情绪，而是用字词的意象。王国维之所以感叹众人不解词句之美，是因为人们更容易受"细雨梦回鸡塞远，小楼吹彻玉笙寒"这类形象鲜明、戏剧性强的句子中的浓厚情感影响，而"菡萏香销翠叶残，西风愁起绿波间"的情韵却深藏在看似平淡的名词、形容词之间，要细细品味方能参悟。

可见，灵活运用近义词的细微情感差别，就能够获得出乎意料的成功。

如果表述狼，我们该用什么量词？估计当代很多人可能会自然地回答"匹"。但事实上，这个问题要视乎我们准备给狼营造一种怎样的形象，要让它发挥怎样的功能。随着它在全篇中的功能不同，我们有很多选择的余地。因为不同的量词联系着自然生物中"狼"的不同意象。

狼最初的意象是凶残、邪恶的，在古希腊人的《伊索寓言》里，它是蛮不讲理吃小羊的恶霸；在中世纪意大利人但丁的《神曲》里，它是贪婪的拦路者；在童话《三只小猪》和《小红帽》里，它更是欺负弱小的奸邪之辈；在中国文学里，中山狼除了凶狠残暴更兼具忘恩负义的无情无耻。可是，在当代的流行文学里，狼是随时可以变形为超能英雄的强者狼人，是《冰与火之歌》中王子们最忠诚的伴随者，甚至是他们高贵身份的证明，它的形象也变为高贵、冷傲、孤独，仿如游走在世界边缘的自我放逐者。这些文学作品都堆叠起狼的不同意象，而为狼用上什么样的量词,就可以直通人们心目中狼的不同意象。

自从 20 世纪 80 年代,一句"我是一匹来自北方的狼"唱遍中国以后,人们日益习惯将"狼"与"匹"进行搭配,甚至已经成为一种约定俗成的写作手法,直到现在广为人们熟知的"七匹狼"品牌也是这么用的。可是,在著名歌手齐秦的这首《狼》传入之前呢?如果我们翻一翻 20 世纪 80 年代之前人们的文章、报纸杂志,就会发现,在那之前人们不会用量词"匹",而是用量词"头""条"或"只"。这些量词中,"只"相对中性些,"一只狼""两只狼"的说法情感色彩比较弱,似乎只是单纯地陈述现实,而"头"与"条"却带有明显的贬义。"条"经常与恶狗连用,有不堪的意象;"头"经常与大型动物连用,"一头狼"会给人带来更凶猛的感觉。邪恶、凶猛是人们对狼的情感图式,甚至于"条"这个量词隐含着一些道德评判,经常用在"一条白眼狼"的说法中。

当年,一句"我是一匹来自北方的狼"之所以能够唱遍大江南北,就在于突然改变了人们惯常的量词搭配,而这个改变带来了全新的情感想象。仅仅是量词的改变,就通过量词自身积累的情感色彩改变了人们对狼的情感认同。"一头狼"和"一条狼"给人带来的情感暗示都是负面的,而"一匹狼"却给人带来了高贵、孤独的情感想象。这是因为,"匹"是一个原先只用于形容马的量词。这句歌词把原本用于形容马的量词用到了狼的身上,就把原先人们对马的情感记忆挪至了狼的身上。马所具有的与人的亲近感,甚至于马的高大、英武也被这个量词挪至到了狼的身上。"我是一匹来自北方的狼"中,强化的"北方"意象有粗犷的情感色彩,"一匹狼"通过人类的亲近感暗示出了孤独,甚至两相对比产生了一种高贵的文化想象。正因如此,此后人们再将狼用在正面形象时,都会选用"匹"这个量词。相应的,一个量词的改变,也改变了人们对一种动物的文化情感。

不信的话可以试着感受一下"一匹白眼狼"和"我是一条来自北方的狼"——人们立刻能够感受到同样是与狼搭配的量词,但其背后的情感色彩却是完全不同的。

由此可知,男装品牌"七匹狼"为什么选用了这 3 个字,尤其是为什么选用了中间的"匹"字。我们想象一下,男装品牌"七条狼""七头狼""七只狼",这会给我们带来什么样的感觉?估计不会有人把它穿在身上吧!"七匹狼"3 个字延续了齐秦歌声中给人们带来的高贵感,而"匹"字的高贵中又含着荒原狼的粗犷奔放，"七匹狼"相对于齐秦的歌词而言又少了孤独感，多了一点温暖感。现在我们把这3个字加在一起看，属于"七"的团队温暖感＋属于"匹"的高贵感＋属于"狼"的旷野奔放感，就不难理解作为男装品牌的名称它是成功的。

一句歌词、一个服装品牌，在具体选择词句时因为突破了量词原有的情感色彩、嫁接上其他情感色彩的想象，而获得了突出的成功，这充分证明了中文形象的内涵特点。同理，一篇好的传媒报道，不管是标题还是其中的行文，如果能综合这些文字因素，也就同样能取得好的效果。

第五章
《游园惊梦》——如何正确使用文学积淀

仔细品读文学作品可以提升人们的语感，更可以丰富人们的文学积淀。但接下来会出现一个新的问题：如何正确使用文学积淀？

如果要问为什么传媒人需要一定的文学素养，可能很多人第一反应就是主持人的文学素养。而人们判断主持人有没有文学素养，又常常用主持人是否能出口成章、是否经常在主持的话语中引用古诗文、名家名言，也就是人们是否"说话文绉绉的"来评判。

这是一个误区，因为文学素养并不是以简单的背诵就能够衡量的。

长久以来，国人形成了以说话是否引经据典为衡量人的文学素养的标准，但这种情况能衡量的，其实只是人的记忆能力。对文学作品的记忆和真正的文学素养之间有很大差异，如果被引用的诗句不能和环境自然结合，引用再多诗句也只是生硬的罗列。

琼瑶早期小说里很喜欢让陌生的男女主人公念一两句唐诗宋词，然后两人惺惺相惜，进而展开一场"山无棱天地合"的爱情，念这两句的紫薇与尔康也是在诗词唱和中相爱的。这是中国传统的"才子佳人"主题在当代文学作品中的再现。在明清时期的很多言情小说中，诗歌是男女主角相恋的重要理由与推动因素。所以，一说到诗歌在当代文学中的运用，可能很多人首先就会想到这种直接引用的方式。可是，如果作品的引用不是恰到好处，或者不能与上下文的文风水乳交融，或者不是文气所致必须如此，而是硬性插入引用的词句，那就反而会影响文章的整体效果，给人以卖弄之嫌。

有一种对文学素养的误解是，文字越艰深晦涩，引用的诗词古句越多，越能体现作者的文学素养和文字能力，仿佛不如此就不能显示出作者的文学积淀。但是，传媒人的写作目的不同于学者写论文，不是以同行专家为潜在交流对象，更多情况下传媒人的潜在受众是普通大众，因而写作的第一要务是可以让人看懂，是表达清楚自己的观点，因此尤其要忌绝卖弄文采的私心。

当代一些以国学知识为内容的节目，为了与节目相匹配，有意让主持人对着屏幕说很多佶屈聱牙且令人费解的语言。观众别说能否听懂这些话的意思，就连对着字幕都未必能看懂那些词句，这就是卖弄，而非对文学素养的正常展现了。

好的引用不能是卖弄，而必须与内涵、情境完美契合。例如，中央电视台体育频道解说员陈滢一直被人们视为"央视女诗人"，但她的文学素养并不是大段地背诵诗句。平昌奥运会的花样滑冰比赛中，她妙语频出，却又非常贴切。比如说，她在加拿大老将陈伟群完成比赛时感慨："名将如美人，自古怕白头，曾经惊鸿的容颜，又怎敌岁月的侵蚀。"她在中国选手金博洋获得第四无缘奖牌后说出"以梦为马，不负韶华"；用"云想衣裳花想容"来形容俄罗斯选手科尔亚达的造型；在冠军羽生结弦完美完成比赛后，脱口而出"命运对勇士低语：你无法抵御风暴；勇士低声回应：我就是风暴"。她在此前羽生结弦的其他比赛中还曾经说过"幸得识卿桃花面，从此阡陌多暖春"。

这些被人大呼过瘾的点评词句涉及唐诗、现代诗、欧美诗作，甚至大学里的横幅标语，体现了主持人的文学素养，但她的点评真正能够征服观众的不仅于此，而在于每一次使用的机会、注解、改动都非常贴切。例如，"名将如美人，自古怕白头"，虽然化用了清代诗人的名句"美人自古如名将，不许人间见白头"。但原诗的立足点是"美人"，而在这里却成了"名将"，正与陈伟群花滑老将的身份契合；她在称赞羽生结弦"幸得识卿桃花面，从此阡陌多暖春"之后还有一句"我们非常庆幸能够在羽生结弦最美好的年纪遇到了他"，这句话的背景是此前花滑界一段时间的青黄不接，在这种大背景下，那句"幸得识卿桃花面，从此阡陌多暖春"才别有力度。同样，"我就是风暴"这段话的真正魅力在于此前没有任何铺垫地脱口而出。当时音乐刚刚结束，观众还沉浸在对运动员完美表现的狂喜之中，这时候做冷静的技术评论会影响人们的情感抒发，而继续表达个人强烈情感又会显得特别多余，相反，看似冷静的一段"命运对勇士低语"却蕴含着千斤的力量。

所以，真正体现主持人文学素养的不是能背诵多少诗词名句，而是能够将既有文学积累的情感、内涵完美化用到适合的语境中去。

除了引用之外，对文学素材还有一种使用手法，即化用相关意境或意蕴，自然唤起受众的相关联想。化用是指什么？不是展示作者背诵了多少唐诗宋词，而是看作者在自己的遣词造句中如何自然流露出自己的文学积淀。

白先勇的《游园惊梦》开头，当钱夫人走进窦夫人公馆时，小说中有这样一段描述：

> 窦公馆的花园十分阔绰，钱夫人打量一下，满园里影绰绰的，都是些树木花，围墙周遭却密密地栽了一圈椰子树，一片秋后的清月，已经升过了高大的椰子树干子来了。

这一段话看似只是平凡的白描，以一段亚热带秋夜景致的描写来渲染故事发生的背景。这段文字中没有引用一句古典诗文，可是古典意境却自然而然地渗透了出来。为什么？因为这段话里积淀着深刻的古代诗文的意境。

这部小说讲述了一个发生在二十世纪五六十年代台北的故事。从大陆溃逃到台湾地区的钱将军夫人，从台南赶到台北，参加自己旧日好姐妹窦夫人举办的宴会。文章中将台北宴会上宾客们昆曲的唱词与钱夫人的回忆交织在一起，两场宴会、几段生平形成了微妙的呼应。因此这篇作品常被拿来作为意识流短篇小说的代表。

开篇这一小段文字，如果不仔细看很容易被忽略过去，可是如果读者具备一定的传统文学积淀，认真品读就会发现，这段文字有点"眼熟"。

最眼熟的是这四个字"围墙周遭"。"周遭"指的是周围，这个词在当代白话文中并不常用，上述的文字风格完全不是白话文，按照白话文的表达习惯，"围墙周围却密密地栽了一圈椰子树"更符合，也不会引起人的特别关注。但是，"周遭"两个字却不同。也许作者不用"周围"这个词只是不想和"围墙"的"围"重复，可是"周遭"却远比"周围"有历史、有内涵。"周遭"和"围墙"结合在一起，会不会让大家立刻联想起一句很相似的唐诗——"山围故国周遭在"？

这句唐诗中有 3 个字出现在 "围墙周遭" 里，那么，这 4 个字是不是从这句诗里脱化而来的呢？让我们继续分析。

"山围故国周遭在" 的出处大家很熟悉，刘禹锡的《金陵五题·石头城》的原诗是："山围故国周遭在，潮打空城寂寞回。淮水东边旧时月，夜深还过女墙来。" 看上去作者只是描写了一片凄清的夜月场景，但很多诗文鉴赏书籍会告诉大家，作者其实是借六朝兴亡感叹晚唐衰颓的国势。

作者咏怀的是南京，这里从东晋到南朝，都是风物繁华之地，六朝金粉，曾经经历过三百年的繁华，可是现在已经失去了原有的地位，不再是国家的政治中心，不再是繁华古国。刘禹锡在晚唐怀吊一个过去的古都，其实是在暗暗抒发自己故国不再的凄凉感。所以他的第一句就是 "山围故国周遭在"，山像围墙一样环绕南京城，围墙里的故国南京城依旧，可是现在城市已经空了，因为城市里的王朝已经倾覆，已经是 "潮打空城寂寞回"。山河依旧，人世皆非，在这句给了人无限凄凉的诗句中，刘禹锡用的就是 "周遭" 二字。接下来的诗句 "淮水东边旧时月，夜深还过女墙来"，就是要强调烟月不知人世改，用无情的月进一步衬托人间的凄凉。

从《诗经》中的《黍离》开始，用外界景物的变化来抒发对历史沧桑的感喟，这个传统在中国历代诗歌中一再被强化，形成了很突出的 "怀古" 诗传统，刘禹锡的《金陵五题·石头城》就是这种怀古诗的代表作。作者看似什么都没说，没有直接抒发当年的帝王将相功业不再的悲哀，但是在描绘景物时，以空城对故国，让人产生故国变空城的联想，再以不变的明月来反衬变迁的人世，这也成了怀古诗的经典写作手法之一。

回忆完刘禹锡这首诗，我们再来重新审视一下白先勇的作品，立刻便能发现我们前面所引述的白先勇的《游园惊梦》开头这整个一小段文字，都是在化用刘禹锡的《金陵五题·石头城》。

刘禹锡用具体的山、潮、河水、月、围墙这一组意象指向了故国、空城，而白先勇的这一段文字中一样出现了月、围墙。"围墙周遭" 4 个字强烈地暗示着作者与刘禹锡诗作的联系，而且还用 "一片秋后的清月，已经升过了高大的椰子树干子来了" 仿写了 "淮水东边旧时月，夜深还过女墙来"，这些都是月亮升高超越围墙的景象，但是作者却又强调明月升过的不是城墙，而是椰子树，点出了这一次的怀古之地是热带海岛，作品中即使想象刘禹锡那样去故国古都凭吊都已不可能。好在唐朝的月亮照着的还是六朝的女墙，而现在这篇传统诗词中常见的清月照的却是诗词中不常见的椰子树。刘禹锡的怀古如果是"物是人非"的话，这一轮的怀古连"物"都已经非了。这看似简单的一句话，如果和刘禹锡的作品联系在一起思考的话，其浸透了人物的多少悲凉。小说中，钱夫人人生最辉煌的时代是在南京，南京的得月台、梅园新村记录着她的青春、美丽、权势、荣耀，可是现在她迁到了台湾地区，钱夫人也随之失去了青春、美丽、权势、荣耀。其实，就算是小说中风生水起的窦夫人又何尝不是如此，就算窦夫人的生活表面上像椰子树那样繁华高大，可她也与其他所有溃逃到台湾地区的普通人一样失去了自己所熟悉的故土。

这句子看似信手拈来，不露痕迹，但是读者却能够感受到其中的古典文化印记。这种写作手法比以往当代作品中硬贴几首诗词进去的写作手法不知高明多少。贴进去的诗文内容、情韵与正片作品可能并没有深厚的关联，可是，在白先勇这一小段内容中，我们看不到任何唐诗宋词的引用，却与刘禹锡诗句的意境、情感、内涵都有着深厚的牵连，而这种牵连又通过第一句与刘禹锡原作相似的文字本身巧妙地暗示出来。可以说，这是将刘禹锡的诗作、中国唐诗宋词的美学传统及当代白话文写作融为了一体。

这就是古典文学素养的真正体现：化用却不卖弄。

可以拿来化用的，不仅仅是诗文。

网络小说《步步惊心》中有这样一句表现康熙帝内心的孤独寂寞："那个龙椅就如王母娘娘的玉簪，随随便便地已经把他和二十几个儿子划在了河的两端。"没有华丽的辞藻，没有炫耀式的排比，也没有直接引用，但读者却都能读出其中的韵味。

为什么？因为这句子背后有潜文本。潜文本是词句在表面意义之后的意蕴，它往往有一个在前的文本作为互文。以刚才的句子为例，牛郎织女故事就是这句话背后的前文本。众所周知，在牛郎织女故事中，王母娘娘划玉簪为天河，将原本相亲相爱的一家四口划在了银河两端。作者将这个前文本化用在自己的词句中，圆融无间。这种对材料的信手拈来与无痕转化，才是文学素养的真正体现。

在当代传媒活动中，传媒人的一些语言也有类似的对前文本的化用。央视主持人康辉在一次新闻点评中直接说"听说国泰航空有些人听到普通话就装听不懂"，这句话就存在一个前文本：很多受众在此之前看到的关于国泰航空空乘声称听不懂普通话，对说普通话的乘客服务懈怠的种种消息，以此为前文本，受众在熟悉的信息中会对那个"装听不懂"更加敏感，从而理解传媒人对这个现象的讽刺与愤慨。在这里，主持人的点评虽然只是一句普通的话，但却灵活利用了前文本，选择了最准确的词句与观众内心的前文本互文，表露了自己的态度，这类新闻点评就是很好的新闻点评。

第六章
《庄子》——故事比道理更贴切

对于在内心一直想"偷懒"的受众来说，形象认知是接受新知识、新观念的最佳途径。要讲明谦让的意义不如说一个《孔融让梨》的故事更让人明辨事理，要阐明善良也可能招致苦难的结局不如讲一个《农夫与蛇》更让人理解深刻。统观中国古代的哲学经典，会发现许多哲学家为了说明自己的思想而编创的寓言故事。《庄子》中的"庖丁解牛"是故事也是哲思，《孟子》中的"生于忧患，死于安乐"是哲思也是故事。守株待兔、自相矛盾、滥竽充数、老马识途等著名的寓言故事都出自《韩非子》……中国古代的思想家特别善于用小故事或者类似故事的生活场景来阐述自己的思想。说完这些故事之后，作者不需要再进行严密的逻辑推演，读者自然而然地就能从故事中领悟其道理。

在电视领域里，访谈类节目尤其需要帮助公众建立起形象认知。我曾经参加过一些访谈类节目，当事人做了许多好事，可是对着镜头却大谈自己所做事情的意义、支撑自己的精神，仿如在宣读获奖理由；同样，一些专题片里也喜欢大段地谈一个人物或事件的贡献、意义，却都忽略了具体谈那些人物、事件的细节，仿佛这些细节是可有可无的，而那些表明意义、贡献的话语却至关重要。

传媒人需要学会讲故事，也就需要学会在生活中寻找故事。

在文学作品中，叙事类作品是最为公众所熟悉和喜爱的。"听故事"几乎是所有人的爱好，对于中国人来说尤其如此。女作家张爱玲曾经在她的剧本《太太万岁》的题记中这样写道："中国观众最难应付的一点并不是低级趣味或是理解力差，而是他们太习惯于传奇。"她所说的传奇，是指旧式小说里那种跌宕起伏的人生、可歌可泣的英雄壮举。直到现在，许多大众文学与影视剧中的故事依旧是这种具有"传奇"性的故事。可是，生活中绝大多数的人却不具备那些不平凡的身世，也没有做出什么惊天动地的丰功伟绩，就连人生经历也常常是波澜不惊的。媒体记者、电视专题编导们不是小说作者，不能任意更改他人的生活，只能尊重生活的自然流程。正因如此，一些传媒人会觉得自己的创作受到诸多限制，甚至可能暗暗抱怨自然的生活流不能给自己的作品带来心目中的意外效果，抱怨自己的作品之所以不够吸引人是因为素材中的人物或事件本身过于平淡，以至于平淡得无法产生引人入胜的悬念。归根结底，有些传媒人暗暗期待自己能够有编剧或小说作者一样的能力去干预自己的素材，但又囿于新闻伦理不能这么做，因而会把自己作品的一些问题归结到素材本身上。

这其实是一种推诿。正是因为认清了观众喜欢传奇的现实，张爱玲才能独辟蹊径地开创了"在传奇中寻找普通人，在普通人中寻找传奇"的写作理念。这也是一种可以被传媒人引为借鉴的创作理念。只要建立了故事思维，就会发现生活中处处都有传奇。

2012 年推出的伦敦申奥片就巧妙地利用了这种故事的思维。四分多钟的宣传片，只有一首歌的长度，可是导演却在这个时间容量里装入十几个"小故事"。一个跑步的少女犹如报幕员，跑过一个个街头场景，却又让观众看到她跑过的每一处所发生的那些小故事。在这个宣传片里，等红灯的空姐们在看到这个少女之后，忽然在绿灯亮起后用竞走的姿势过马路；酒店的门童在少女跑过之后，忽然在顾客的行李箱上熟练地做起了鞍马动作；过马路的白领在少女跑过后，以手中的雨伞为武器进行击剑比赛；也是在这个少女跑过之后，做不出填字游戏的贝克汉姆想出了答案，写不出剧本的"莎士比亚"突然有了灵感……看完这些镜头之后，观众会得出怎样的结论？

正如在故事里，一千个读者会有一千个哈姆雷特，一千个观众也会有一千个结论。有人说"运动改变生活"，有人说"运动使人快乐"，有人说"体育运动无处不在"……相同的是，每个人看完这么多"故事"之后，都会得出一个结论，而这个结论也就是作品的主题。

如果作品的主题由传媒人自己说出来，受众只能得到一个主题，而当主题被包含在故事里的时候，受众却能得到"很多"主题。一直以来，传媒人都追求主题的深刻性，什么是真正的深刻？能被一两句话说破的通常不是真正的深刻，真正的深刻感悟通常需要经过深入的思考，而深入的思考又需要从不同角度、不同层面对同一个议题反复思辨。故事的丰富性恰恰能够传递出主题的复杂性，而复杂的主题可以刺激人们做出更深入的思考。

伦敦申奥片为传媒人做了一个很好的示范，它向传媒人展示了故事能够起到什么样的效果。很多传媒人努力用语言或单纯的形象想向观众传达而不得的，被这些几秒、十几秒的小故事轻易做到了。为什么？因为故事与公众的需求更契合。公众从各种媒体获取信息的时候，大多都处在业余、休闲状态，人们对信息的接受状态与课堂上接受知识时完全不同，不可能像上课时那样调动起全部注意力去认真学习，尽力理解。相反，人们处在放松状态下，更愿意选择自己容易理解的内容。但受众也并没有因为处于休闲状态而彻底放弃了所有思考。长久以来，人们形成了一个习惯：在故事中寻找意义。人们总是更喜欢自己主动探索得来的道理，而非被动接受的教训。

叙事的最大特征就是叙事总是要给事件赋予一定的意义。受众长久以来习惯于从叙事中寻找意义，如果叙事作品没有言明意义，受众就会自行总结那些故事的意义，如果一时总结不出来，人们还会深入探讨其意义。从叙事中自行探索得到的意义与直接被作品告知的意义不同，后者是他人的总结，诉诸受众的理性，要求受众理解辞藻背后的意义；而前者却是通过故事诉诸人们的感性，受众对意义的接受是从感性走向理性，因此，在得到意义的同时还得到了自我认同的满足感，因而更容易为人所接受。

故事思维不仅可以用来叙事，还可以用来帮助进行作品构思。

在伦敦申奥片中，每个小故事都只有几个镜头，短则七八秒，长则十几秒，却为什么能够完成叙事？因为这些镜头虽然短，却都包含了完整的转变过程。

故事的核心是转变。几乎所有的故事都有一个"A—A'"的共同公式：最初状态 A—转变—转变后的状态 A'。在民间传说中，"很久很久以前，有一个……"是最初状态 A，"从此，他们过上了幸福的生活"是转变后的状态 A'，中间的所有磨难都是转变过程。

伦敦申奥片中有两个故事类型：第一个类型中，最初的状态 A 是人们处于平凡状态，转变的因素都是少女从他们身边跑过，转变后的状态 A'是人们忽然把日常生活状态和奥运会的某种竞技项目结合了起来；第二个类型中，最初的状态 A 是人们处于某种小麻烦之中，转变的因素都是少女从他们身边跑过，转变后的状态 A'是人们高兴地解决了那些小麻烦。十几个故事都可以被归结到这两个类型中。

　　这两个故事类型也有相似的地方，它们的转变因素都是少女从他们身边跑过，它们转变后的状态都比原先的状态更好（更有趣或更顺利）。观众在短短的 4 分钟里连续看了十几个变得更好的故事，自然就会把促成转变的跑步少女和转变之后的状态联系在一起，完成对整个故事的最终理解。这就是用故事思维来制作传媒节目的作品，不论作品的容量有多小，都紧紧抓住"转变"这个核心概念不放。

　　传媒作品也是如此。在新闻中，传媒人和公众有一个默认的最初状态，就是那些生活中平凡却正常的状态。故事是什么？自然就是对这个状态的突破。正如"狗咬人"是 A，而"人咬狗"却是 A'。观众看到"人咬狗"新闻时，虽然看到的是 A'，但仍然能够将其整理到自己内心中的"A—A'"公式中，进而好奇这个公式中最重要的部分——转变环节。人们在看到 A'的"人咬狗"状态之后，内心的好奇之处是："为什么会有这种现象出现？"这个好奇意味着人们想知道 A 为什么会转变为 A'，其核心正是"转变"。

　　在传媒实践中，有些访谈节目主题或者专题片看似很有趣，但是呈现出来的结果却很平淡，往往问题就出在缺乏"转变"上。有时候，那些题材看似反常、有趣，能够吸引人，但那些可能仅仅是一个状态，而缺乏转变的过程。广东广播电视台有一档《珠江纪事》节目，曾经播出过一期节目叫《天天穿汉服的神秘穿越男》。主人公是一个 20 岁的广州男大学生，他在生活、学习中总是穿汉服出行，这个题材听起来有足够的吸引力，"时尚都市广州""大学生""20 岁的小伙子"这些关键词能够为公众提供一个带有习见特性的原始状态想象，而这个想象与"穿汉服出行"的现实状态形成了强烈反差，这种反差足以吸引观众的好奇，足可以成为专题片的素材。

　　但是，这个作品真正在荧屏上呈现时，效果却不如人意。作品一开始就展示了这个大学生的日常学习、生活状态，同学们对他的穿着习以为常，见怪不怪。

节目组跟在他的身后展示了他一段时间的行程，但是观众却不能从节目中找到这些展示的意义何在。六七分钟过去了，原本的好奇被消磨殆尽，所以节目并没有出现原本期待的收视效果。

为什么会出现这样的情况？因为节目整体结构缺乏故事思维。这个节目在策划之初就太依赖素材本身的反差，似乎认为只要把这些反差在节目中呈现出来即可。可事实上，一张图片、一条短消息就足以呈现状态。但是，访谈节目、专题节目都有一定的时长容量，这样的容量需要不能仅靠状态反常来吸引观众，而要通过展现转变的过程来作为节目的推动力，这样才能完成状态"A—A'"的转变过程。在这个节目中，人们看到这个男生身穿汉服出现在画面之中时，就已经完成了对 A'的好奇，人们真正的好奇是他为什么从习见的 A 状态——穿当下通行的时装而转化成了天天穿汉服的 A'状态。可是节目却没有抓住这一点来推动叙事，而是反复展现他穿汉服的 A'状态，这就相当于放弃了节目真正的叙事推动力。

在对整个节目进行策划时，需要把整个节目当作一个故事来判断，判断素材中是否包含关键点——"转变"因素，这个因素才是真正把整个节目转变为一个故事的要素。

很多作品非常关注"反差"。但是，作品的容量决定不同类型的作品天然具有不同的关注重点。如果作品时间段容量小，的确应该关注反差，展示一些对受众有吸引力的反常状态。可是，不管状态再反常，也是静态的，难以形成持续的吸引力，所以对于容量较大的传媒作品就不能只注重"反差"，而需要揭示推动反差的"转变过程"。也就是打破对静态现象的描述，转而用动态的过程去吸引受众。

很多时间长、容量大的作品之所以没能在好题材上取得成功，就是因为忽略了题材自身的特点，过于追求状态而失去了对"转变"的关注。

就如同上述那个栏目中，看起来状态只有两种：穿汉服或不穿汉服。呈现了穿汉服的状态之后，作品就已经进入了一个静态的状态，如果没有动态的、不稳定的因素作为内驱力，作品就失去了发展的动力，也就失去了吸引受众的因素。

从表面看来，穿汉服与不穿汉服都是状态，只要呈现了一个穿汉服的大学生就完成了报道，无法找到推进节目的动力了。事实上并非如此。"转变"并不仅仅是体现在外部形态，也发生在人物主体的内部。内部动机的转变也是一种转变，而它一般是与非常规的状态相伴随的。

有些状态之所以被公认为非常规，本身就意味着人们一般默认每个人正常情况下应该按照常规习惯行事，因此，所有的非常规行为、状态背后都应该有促使这些行为偏离常规的原因。事件的主体从常规状态滑入了非常规状态本身就是一种转变，且这种转变是已经完成了的。人们对非常规现象本能地怀有一种好奇——为什么事情会发展到这种非常规的状态？是什么原因促使状态发生了转变？如果不能满足人们的这种好奇，人们就会觉得事件甚至是事件背后的整个世界是无逻辑、无法解释的，因而也是让人不安的。只有让事件的发展是可解释的、合乎逻辑的，受众才能获得安全感，确认世界是有序的，所有的非常规仅仅是因为一些特殊理由而发生的偏离。正因如此，人们才能从中得到借鉴、规劝或引导，满足人们对意义的追求。

在《天天穿汉服的神秘穿越男》节目中，观众期待的是作品解释"这个男生为什么痴迷穿汉服"，默认正常情况下都市青年不至于痴迷汉服到总是在生活中穿汉服的地步，发现他的反常规之后便自然期待能够从人物过去的经历中看到他"A—A'"之间的"转变"环节，也就是节目对受众内心"为什么会有A'"这个问题的回答。

这个环节想要真正抓住受众，首先就要问出对的问题。有的问题答案是简单明快的，有的问题答案是多元复杂的，而适合成为传媒作品中"转变"的是后者。

在《天天穿汉服的神秘穿越男》节目中，真正的叙事动力是什么？有人认为，是"他为什么喜欢穿汉服"。如果把叙事的重点放在这里，那依旧会走入死胡同。因为这是一个很好回答的问题，事实上，节目也用一句话回答了这个问题："他喜欢动漫里的古代服饰。"然而这样的答案是封闭的，没有过程、只有结果，也就难以向人们呈现转变的过程。真正的问题是"他是怎么痴迷上汉服的"，这样的问题强调过程，它会暗示节目要展现从最初接触，到喜欢，到很喜欢，再到痴迷的全过程，这样的叙事动力才足够强烈。而要讲好这个故事，节目必须要有足够多的细节来充分体现这一转变的全过程。

用故事思维来进行构思的作品，也必然要有许多细节作为支撑。前面提到的张爱玲之所以能够在普通人中发现传奇，也在于她始终着眼于细节。她认为："相对那些如改良和革命等较宏大的'见解'，细节描述就是那些感性、烦琐而又冗长的章节；两者的关系暧昧，前者企图置后者于其股掌之下，但却出其不意地给后者取代。"（《太太万岁》序）所以，她的作品中不仅没有与家国相关的宏大叙事，连那些小人物都鲜少是带大背景的代表，她只是冷静地展现小人物的小善或微恶，但仍然能被读者读出许多人生的感悟与哲理。之所以有这样的结果，就是细节的魅力。

新加坡前总理李光耀在千禧年演讲时说，希望未来本国的"每一家公共厕所都有厕纸"。这句话不仅能给人带来极其深刻的印象，还能让所有人立刻领悟到他要表达的是什么：不仅仅是厕纸的问题，还是社会公共服务和公民素质的问题。李光耀的讲话是一个细节，可以让人们理解李光耀如何运用形象认知帮助公众建立相关意识，而他讲话中的"每一家公共厕所都有厕纸"更是一个细节，这个细节是一个可以想象到的具体场景，而这个场景本身又带有丰富的内涵。因此，这段话和这段话提到的"厕纸"都作用于人们的形象认知，比说众多抽象概念或逻辑原理更易于被公众接受。

细节就是这样，可以作用于人们的形象认知，让人对事件或道理产生直观认识，能够把时间还原成场景，让人理解背后蕴含的深意。

第二部分

文学技巧与视听形象

- 第七章　比喻——文学与科学的桥梁
- 第八章　"当时只道是寻常"——对比的魅力
- 第九章　"枯藤老树昏鸦"——空镜头的魅力
- 第十章　"唯见长江天际流"——景语即情语
- 第十一章　"微雨燕双飞"——停顿的魅力
- 第十二章　"不愁明月尽，自有夜珠来"——
　　　　　空白的魅力
- 第十三章　《包法利夫人》——当事人的话
- 第十四章　《罗生门》——重新审视当事人
- 第十五章　秦可卿的名字——谁的话最可信
- 第十六章　《窦娥冤》冤不冤？——理解受众
- 第十七章　《双城记》——绝处逢生的"让谁说"
- 第十八章　"抄检大观园"——转移重心

第七章
比喻——文学与科学的桥梁

王国维在《人间词话》中提出过"隔"与"不隔"的两种分类法，来区分人们在文学阅读活动中经常会遇到的两种不同情况。

文学中，有些作品人们一读就觉得它很美，甚至哪怕并不理解它的深刻内涵。比如李商隐的《锦瑟》，连当年的国学大师梁启超也说："义山（李商隐）的《锦瑟》《碧城》《圣女祠》等诗，讲的什么事，我理会不着。拆开来一句一句叫我解释，我连文义也解不出来。但我觉得它美，读起来令我精神上得一种新鲜的愉快。"①之所以会出现这种情况，是因为这些作品在形式层面非常成功，让人立刻就能获得感性的美感。

可是反过来，也有些作品我们在理性上理解其重要价值，却难以阅读下去。就像很多人说的，明明知道某些名著非常好，可就是读不下去。尤其是那些翻译过来的外国名著更是如此。为什么会这样？除了我们自身的原因外，也因为这些作品的一些语言、形象、叙事方式、文化观念与很多读者相去甚远，人们难以在欣赏作品的一开始就从感性上契合这些作品。

所谓"隔"就是这种不能在阅读之初顺利获得感性上的审美快感的作品，在文学上，"隔"与"不隔"各有其审美韵味，可是对于信息传播来说，"不隔"的作品清晰、直观，能够让人瞬间理解作者的情感与主题，这也正是传媒人需要努力探索的境界。

---

① 梁启超. 中国韵文里头所表现的情感[A]. 饮冰室文集：卷三十七[C]. 北京：中华书局，1989.

文学阅读中发生这种"隔"的情况，与读者和作者的文化背景等很多因素相关，尤其是译作更加如此，中外的文化差异、时代差异都是把一些读者阻隔在作品之外的重要原因，可以说这是不得已的结果。作为文学读者，人们往往通过反复阅读、延展阅读来解决这种"隔"的问题，就像中国古话说的"书读百遍，其义自见"。

但是，读者接受传媒作品的方式却与接受文学作品完全不同。大多数传媒作品在受众面前只是一次过的，很难期待受众反复阅读。所以，传媒作品最终需要让受众进入理解层，要让自己的语言文字破除专业壁垒隔膜，能够迅速被人理解。如果受众连文字的内容都不理解，还怎么想象、联想、领悟？

也许有人说，中国人现在的识字率这么高，要做到这点并不难啊！但我们放眼看看身边的文字，经常会发现，一旦涉及那些专业、艰深的内容，很多媒体人写出来的文章立刻就让人看不懂了。很多人有类似的经验：每个字我都懂，合在一起我却不明白它在说什么。不仅仅是专业数据、专业词汇让人看不懂，有时候连语言也变得让人看不懂了。

有时候，"隔"的境界甚至是传媒人的主动追求。很多电视纪录片、专题片追求主题的深刻性，可是怎么理解这"深刻性"呢？有些传媒机构、传媒人误认为，用"深刻"的语言就能够实现整个作品的深刻性，就会要求解说词"深刻"。而对"深刻"的评判标准也很简单，通常是在解说词中加入大量书面用语，不管是与专业相关的语言，或是介绍与内容相关的主题、性质、意义的寓意。这种做法源于一种认知的习惯，即下意识地觉得书面语正式，而正式的内容都是深刻的。甚至于，有的时候为了追求心目中"大气、国际化"的效果，故意在解说词中加入大量复杂的长句——因为在人们的阅读习惯中，译作大多有很多复杂的、包含定语从句或状语从句等一大堆的长句，这就成为很多人心目中"大气、国际化"的标准。殊不知，这些做法未必让作品"深刻"，却肯定和受众"隔"开了。

书面化的语言是为阅读文字的人准备的，而不是为"听"文字的人准备的。阅读文字时，人们的注意力更集中，不仅可以放慢速度仔细揣摩，还可以停下来认真思考。可是在电视剧里，观众却没有这样的时间去充分理解文字的内涵。以至于，那些"深刻"的文字只能给人带来一个"深刻"的模糊印象，却很难真正传达那些深刻的思想，在传媒领域中只能算得上是"伪深刻"。因为那样做，整个作品就与受众"隔"绝了。对于那些艰深晦涩的文字，人们甚至连明白都难以做到，更何况理解。如果不能理解，深刻性又如何真正实现？

传媒的伪深刻常常是掩盖自己不够深刻的手段，真正的深刻是能够清清楚楚地把状态、道理表达给受众，而且让受众能够立刻理解。越是生僻的、复杂的、抽象的东西，越需要平白晓畅地被展现出来。对于传媒作品来说，与读者之间的关系更不能"隔"，而是要"不隔"。

传媒人要做到"不隔"，比古代诗人更难。古代诗人表达的情感大多是相似的：怀古、惜别、思人、自省、伤时、刺世……题材相似，各自表达手法不同。有的人表达感情明白晓畅，后人读起来就"不隔"；而另一些人表达的情感和主题相似，文多情少，表达曲折晦涩，自然就"隔"了。而传媒人则不同，传媒人面前的素材本身就千差万别，涉及生活的方方面面，甚至有的内容远离公众视野。在这种情况下，传媒人想做到"不隔"则要更难一些。

那么，传媒人该怎么做到"不隔"呢？对于文学作品而言，"不隔"的标准是语言通俗易懂、韵律明快流畅、形象鲜明突出。传媒人要做到"不隔"，那就需要用语言文字或声音影像深入浅出地把公众陌生的事物、理念呈现清楚。

但是，传媒人可能面对一个客观的问题：需要传达的事件、概念离公众较远，很难用浅近的语言将它们传达清楚。那些事件、原理、观念，即使用通俗易懂的语言明快流畅地表达出来也还是很难被人理解。

因为传媒人经常要面对一些远离公众生活的内容，再感性的表达有时也无力破除那阻隔在感性愉悦与理性理解通道上的障碍。

如何用平白晓畅的语言说清楚一个科学发现的意义？如何说清楚经济金融的风云变幻？如何说清楚国际外交的博弈？……

传统的媒体人常常以深度报道的形式，用专业的语言、数据向公众传递信息，直到现在，公众也会通过相关的深度报道、深度资讯来了解更专业的内容。但是，对于更广大的普通受众来说，深度报道的语言过于专业化，很难在第一时间迅速掌握陌生领域的知识，专业语言形成了高高的准入壁垒，会让普通人望而生畏，难以走近。

专业报道有深度，而有深度的内容往往只能吸引已经具备了一定相关专业基础，已经对相关题材产生兴趣的受众，即只能吸引人群中的"内行"与"爱好者"。

可是新时代的传媒面对的是全体受众，于是，如何把人群中的"路人"转变为"爱好者"，如何让"外行"迅速看懂"内行"的门道，就成为当代媒体人的重要职责。

用网络的语言来说，新媒体人需要有让人迅速"路转粉"的能力。

怎么才能做到？不能再用高深的专业语言去碾压人们原本就没有多少的好奇心，而应该适应受众的特点，用路人的语言面对路人，其信息的传播方式不能让公众产生隔膜。

此时，可以借鉴文学是如何做到的。

难以表达清楚的不仅仅是远离人们日常生活经验的专业原理，生活中的许多复杂、微妙的情感，事实上也是难以被语言明明白白说清楚的。但优秀的作家大多有这种能力——能够把"人人心中皆有，个个笔下全无"的情感形象地表达出来。纳兰性德一句"人生若只如初见"之所以引得无数人赞赏，也就是一句话、一个简单而传神的场景把人们心中复杂的情感给说破了。

在张爱玲的小说《色戒》中有这么一句："一种失败的预感，像丝袜上一道裂痕，阴凉地在腿肚子上悄悄往上爬。"这句话传神地把"不安"这种抽象的情绪用具体的形象表达了出来。

这句精彩的话，其本质是运用了比喻中的类比手法，把两种完全不同的事物之间相似的道理解释了出来，让观众能够通过对 B（喻体）的联想来加深对 A（本体）的理解。

类比并不是一种很复杂的修辞手段，中学生也能熟练掌握。但是，选择什么样的喻体、如何发现喻体与本体之间的关联却是成败的关键。

《色戒》中的这种表达之所以成功，首先是因为喻体的选择非常合适：有破洞的长筒袜。这是很多人在日常生活中接触过的事物。张爱玲选择了这个场景，可以让人们迅速回想起自己的日常生活经验，联想到长筒袜的破洞不断在腿上延展的形象记忆，从而在抽象的"恐惧在心里延展"与形象的"破洞在腿上延展"之间建立了联系，从而让读者能够迅速理解本来很微妙的、没有任何形象感的本体——"心里不安"。

可见，这个类比之所以成功，首先，就在于它没有增加人们的理解障碍，而是用人们最易于理解的内容去帮助人们理解不易理解的内容。其次，这个类比给了人们充分的自行想象空间。生活中，长筒丝袜的裂痕是在人们不经意间一点点扩大的，因此，这个形象又可以联通人们的想象力，自行构想平常看不见的那个裂痕扩大的过程，从而进一步理解不安情绪如何悄悄地扩散。最后，这个比喻带有强烈的情感色彩。生活中，长筒袜有破洞且破洞还在不断延展，这样的场景会给人带来不舒服、不安宁的感受。文字中的现实场景联通了人们的相关情绪感受，让读者能够身临其境地感受到主人公内心的不安、不适。

仔细分析一下，张爱玲的比喻能力之所以惊人，是因为她总是能用生活中常见的具体事物来形容那些说不清道不明的抽象情感。就如同丝袜的破洞是生活中常见的事物，而不安也是人们虽然明白却看不见摸不着的情感，当张爱玲用生活中常见的事物来形容抽象的情感时，抽象的内容被具体化了，而且也与每个人的生活贴近了，人们立刻可以通过这熟悉的形象，由感性理解层进入理性理解层。

可见，比喻、类比是一种将复杂事物说清楚的有效手法。其运用的关键首先是选择的喻体是否生动形象，是否为人们熟知。越是人们熟悉的事物，越是能够拉近与公众的距离，帮助人们理解。

奥运会有一个比赛项目——10米气步枪，由于赛程安排的原因，中国奥运会的首金几乎都由射击项目产生。里约奥运会上，张梦雪就是在10米气步枪比赛中为中国获得了首金。可是，媒体如何向公众介绍这次比赛的难度呢？射击比赛与其他比赛不同，既没有球类比赛中激烈的对抗，也没有体操、跳水比赛里华丽的技巧，甚至于连游泳、田径比赛中清楚的竞争关系都看不到。射击运动远离一般公众的生活经验，人们很难去判断这个比赛项目的难度。但是，如果公众对比赛的难度没有基本了解的话，又很难真正去理解运动员胜利的意义。因此，传媒或多或少地需要向公众普及10米气步枪的比赛规则和难度。可是这一普及问题就来了：如何让观众真切地感受到这些比赛规则的意义和难度？

很多媒体只是机械地介绍这个比赛的一般规则。例如，比赛中运动员使用的气步枪重量不超过5.5千克，子弹是177口径子弹，直径是4.5毫米，比赛用靶的直径是45.5毫米，其中9环的直径是5.5毫米。这些数据真实、准确，可是对于观众来说，这些数据仍然远离生活。177口径子弹是什么概念？9环的直径是什么概念？真实的数据反而因其专业性而远离公众的生活，对于公众来说，这就是"隔"。

中央电视台体育频道播出过一个《奥运 ABC》栏目来介绍奥运会各种比赛的特点。在介绍 10 米气步枪运动的时候，却一下子把上面的问题向公众说清楚了："这就如同站在 10 米外用一颗绿豆去打一颗黄豆。"

仅凭这句话，受众立刻便能倒吸一口气，瞬间感受到了这个比赛的难度。为什么？因为节目找到了两个生活中常见的形象来做类比：子弹直径是 4.5 毫米，恰好是一颗绿豆的大小；9 环的直径是 5.5 毫米，恰好是一颗黄豆——还是小黄豆的大小。绿豆与黄豆都是生活中常见的事物，绝大多数的观众都对这两种事物熟悉、亲切，如此一来，"绿豆打黄豆"就能够让人们想象出相应的具体画面，一下子就联通了人们的生活经验，变得生动起来。甚至于"绿豆"和"黄豆"有节奏的音韵美，让人们的感性理解更加顺利。

用"绿豆打黄豆"来解释 10 米气步枪比赛难度的成功，充分验证了形象性对传媒的重要性。这种形象性大多运用了比喻的思维方式。所以，如果传媒人要做到自己的作品既通俗又深刻，就需要有很强的文学修辞功底，能够对比喻、类比、比兴信手拈来，清楚地将自己的意思表达出来。

这种比喻思维的核心在于选择喻体的能力，在中国传统文论中，这个过程被称为"取象"。中国美学素来注重观物取象：观察外在世界，找寻能够比拟或激发自己内在情感的事物。但对于传媒人来说，在当代传媒中的取象不仅仅是寻找纯客观事物，还要有设计场景的能力。为什么一些公众号能够获得庞大的粉丝团体？很重要的原因之一就是那些公众号常常能用举例子、打比方的方式三言两语地说清楚一些问题。

例如，2016 年夏天世界媒体全都聚焦在英国的"脱欧"公投上。当公投的结果一出炉，世界哗然，一时成为社会的热点话题，就连平时对国际时政并不很了解的人也愿意谈上一两句。可是，公众是否真的清楚"脱欧"意味着什么？很多人连欧盟是如何建立的、组建欧盟对成员国有何好处都茫然无知，又怎么能了解清楚英国"脱欧"的意义呢？

在此期间，自媒体平台上却有新媒体人用图文并茂的方式解释了英国的"脱欧"的始末：其把欧盟比作了一个淘宝卖家群，将法国、德国、比利时等国与国之间的贸易类比成了淘宝交易，欧盟内部的一些关税优惠被类比为"群规则"，费用和补贴成了"发红包"，英国对欧盟的不满被解释为对收的红包与发的红包之间的大小差异不满意，英国的"脱欧"最后被解释为"退群"。

没有太多的解释性语言，新媒体人只是在展示一张张群聊天记录，但是却可以让公众基本了解欧盟的发展历程和它的基础运行规律，进而理解英国"脱欧"的主要动机。也许相对于专业分析来说，这样的报道是粗糙的，可是对于公众来说，这样的表达是浅显、清楚的。

为什么这样说？因为一个"淘宝卖家群"的喻体不仅是人们熟悉的，而且有非常广阔的拓展空间，可以延展出"建群""入群""群规则""发红包""退群"等相应的下一级行为作为新的喻体，而且这些喻体又能够不断地与本体中其他环节形成契合关系，让受众的思路始终沿着一条路径延展，不用时时刻刻另起炉灶接受新的事物，从而降低了人们的接受难度，让人觉得更加明白晓畅，而且还能够在不断遇到新的次级喻体时感受到新奇的"发现"乐趣，从而增加对喻体的好感。此外，"入群""退群""发红包"都是人们熟悉的日常生活行为，甚至于"退群"也是绝大多数人有过的经历，可以引起人们的情感记忆。这种情感记忆可以被顺延到人们对英国"脱欧"一事的态度上。重大的国际事务被日常化，重大的国际选择也被轻松地消解成了普通人的社交选择，人们与国际事务之间的心理距离、专业距离都被拉近，以至于到近两年来美国总统特朗普的许多声明都被人调侃地解释为"又要退群"。

喻体不仅仅是选择出来的，媒体人只要建立起了比喻的思维方式，就可以根据自己的需要自行设计喻体，用这种方式来帮助自己完成信息的传达。

美国 Nova 公司的纪录片《优雅的宇宙》把这种方式发挥到了极致，甚至成了构筑全片的重要线索。这部作品的主要内容是介绍物理学中"统一场"理论的发展。为了帮助普通观众理解这深奥、前沿的理论，作品设计了很多形象的场景来阐释理论的发展，尤其是形象地用大提琴这种"弦乐"来帮助观众理解"弦理论"。观众先是看到画面中5位身穿相同颜色衣裙的少女在拉大提琴，镜头一转，发现事实上只有1位少女在拉琴，而那5位少女的形象都是她一个人在面前的5面镜子中的镜像，最终，镜子里的5位少女一一消失，只留下那个真实的演奏者演奏华彩乐章。

这是一段形象而具体的画面，生动地帮助了纪录片的叙事。学术界曾经提出了5种不同版本的弦理论，但一位天才的物理学家思考这5种理论之间的关系，发现可以用一种理论把它们统一起来，使弦理论有可能成为大一统理论。

很明显，如果纪录片只是按照上面的叙事方式简单地陈述这个过程，普通人很难理解"一种理论包裹全部理论"这样的理念，但是在形象的画面辅助下，即使一个对量子力学完全一窍不通的观众，也能通过这部科教片对这一科学前沿问题有了些大致的了解与认识，科教片也因此能够实现自己的教育目的，更何况，那样的画面还具备形式上的美感，能够给人们带来更多审美愉悦。

在互联网的影响下，人们习惯于形象化的阅读，在匆忙的网络浏览中很难停下来自己去深入思考复杂、深刻的理论问题，因此，有一定知识门槛或逻辑难度的问题，都需要被化为简单、直接、形象的文字表达出来。但是，正如很多人熟悉的一句话：第一个把女人比作花的人是天才，第二个是庸才，第三个是蠢材。用比喻的方式讲道理是最有原创性的，也就是最忌讳陈词套语的。当前的很多传媒作品充斥着陈词套语，一说到长度就使用"能够绕地球N圈"，以至于这样的比喻早已失去了原本的冲击力。所以说，文学作者总是要在作品中不断推陈出新，找到更新颖、巧妙的表达方法，传媒人也一样，无论是文字还是图像，都需要不断激励自己找到合适的、个性化的表达方式。

第八章
"当时只道是寻常"——对比的魅力

张爱玲曾经有一句话广为流传:"生命是一袭华美的长袍,上面爬满了虱子。"这句话用华美的长袍来形容看似风光无限的人生,用虱子跳蚤来形容生活中不断出现的各种烦恼困苦,两个比喻都很形象、精妙。但更让人心灵震撼的是,作者将这两个形象并置在一起的狠绝。生活中又有多少人真的见到过爬满了虱子跳蚤的华美长袍呢?但一个极美好的形象与一个极丑恶的形象放在一起,就在同一个句子间形成对比,以此道出生活的复杂性,与人们对生活中微妙复杂的感受形成了呼应。

真正让这个句子广为流传的原因,不仅仅在于它的比喻,更在于它的对比。

中国古代诗词虽然字句极其简练,但却经常让并置的形象产生对比关系,不动声色地表达作者的褒贬之意,杜甫的名句"朱门酒肉臭,路有冻死骨"即是如此。唐诗"战士军前半生死,美人帐下犹歌舞"与宋词"谁在玉关劳苦,谁在玉楼歌舞"同样如此,都是将一线军人的劳苦与后方统帅的歌舞并置,让人们在看似纯客观的两段记录中充分看出诗人的态度。

同理,传媒人也可以通过排列事实,将不同的客观事实并置,在不直接表达自己主观立场的同时,含蓄却鲜明地亮明自己的观点。

电视台曾经播出过一个访谈节目,一位八旬老人有3个子女却无人供养,孤苦无依。记者一一走访老人和她的子女,调查事情的真相。其中,老人的一个女儿声称自己经济也很拮据,养不起老母亲。电视记者静静地让她对着镜头陈述这些"苦衷"，并没有提出质疑，可是，摄像机捕捉到的却是这个中年女人闲适地在家中抱着宠物狗。看上去记者并没有戳破她的谎言，没有对她直接进行道德谴责，可是，有一定生活经验的人都从中看出了端倪：中产特征浓厚的住宅环境和她抱着宠物狗的画面显然戳破了她关于自己经济拮据的说法。尤其是，人们看到这个不肯赡养母亲的女儿充满爱心地抚弄爱狗，更能引发观众的评判。这种处理手法就是让当事人的语言与画面语言产生对比，在对比中让观众看到事情的真相。

这种手法就相当于"战士军前半生死，美人帐下犹歌舞"所采用的对比手法。当然，对比的手段不仅仅是形象并置，还是结构上的并置。即对比不仅仅是在上下句之间产生、在句子的内部产生，还有在整体的结构布局上刻意构成的对比。例如，传唱不休的《题都城南庄》（唐·崔护）："去年今日此门中，人面桃花相映红。人面不知何处去，桃花依旧笑春风。"前半阕是过去，后半阕是现在。在过去与现在的对比中，即使叙事人没有直抒胸臆，读者们也能感受到叙事人的怅惘。如果没有前面"人面桃花相映红"作对比，"桃花笑春风"会是一个很美的意象，可只能为人带来欢愉，绝对与惆怅不相干。可是，因为前面有了对比的场面，"桃花笑春风"的场面在人们心目中才突然变得不再完整，这才惹人遗憾。

纳兰性德的《浣溪沙·谁念西风独自凉》同样也是全篇采用对比，却是反其道而行。"谁念西风独自凉？萧萧黄叶闭疏窗。沉思往事立残阳。"词的上阕是指现在，却以西风、凉、黄叶、疏窗这几个意象一同铺设了一个惆怅的情感基调，在这个情感基调中烘托出了一个惆怅的人物。叙事人究竟为什么惆怅？这是一个悬念，在上阕中并未解答。下阕开头却没有铺垫，直接是一组幸福的生活场景："被酒莫惊春睡重，赌书消得泼茶香。"这组夫妻间琴瑟和鸣、志同道合的幸福与上阕形成了强烈的对比，让刚刚铺设的惆怅显得有头无尾，莫名其妙，进一步引发了悬念。直到最后一句"当时只道是寻常"才真相大白，原来前面的"被酒莫惊春睡重，赌书消得泼茶香"都只是对过去的回忆，而这过去已经永远逝去，再难重现。从结构上看，全词以"现在—过去—现在"的两度时空转折，两次让过去与现在形成对比，两次的对比又两次构成悬念，使得悬念最终解开时恰恰是读者的情感惆怅到极点之刻。这首词能够被传诵数百年，还一直能够感动读者，可见作者在短短 42 个字中所使用的两度对比结构厥功至伟。

可见，对比不仅仅是一种修饰手法，还是一种结构意识上的手法。在对比中制造悬念可以让平淡的事件立刻多姿多彩起来。这对于专题片、纪录片编导来说是一个重要的借鉴。

很多人物专题节目习惯于在节目的开头部分就交代人物的背景资料，认为这样做便于受众对人物有全局性的了解。但是，节目刚开始时往往矛盾尚未出现，观众未建立起观看的目的，也就尚未了解那些信息的意义。这些信息对于观众来说也就并不重要，很容易被人忽略。

可是，如果在节目的矛盾已经展开之后再来交代人物的背景信息就不一样了，观众已经建立起了观看目的，人物的背景信息就可以作为现在展开的矛盾中的一种对比资料，从而出现新的主题。

例如，河北台曾经播出的节目《90后草鱼达人》，节目一开始就介绍："这个小伙子叫庞某，他的爷爷是村里唯一的老中医，一辈子德高望重。"当节目给观众"这个小伙子的爷爷是老中医"的信息时，观众尚未了解主人公要干什么，"爷爷是老中医"这个信息对于观众来说没有任何指向性，也就失去了意义，容易被人忽视。

相反，央视的《看见·教练李永波》却不是在一开始就介绍李永波的生平。节目一上来先说当时最有时效性的话题：李永波怎么看2012伦敦奥运会时国际羽联对中国羽毛球队的处罚。直到节目进行到三分之一左右，李永波在节目中说出了"竞技场上，金牌是唯一的标准"这句话之后，节目才开始回溯李永波的个人生平。节目用资料画面与画外音的形式，向观众介绍李永波曾经作为双打运动员的经历，主持人询问他作为运动员最后一次参加比赛时的心路历程，然后继续回溯他刚刚成为国家队总教练时面对的艰难困苦，以及在获得奥运会金牌之前所遭遇的一切外在、内在压力，进而再回溯他此前为了获得金牌而让高水平选手退赛、让球的经历，从而建构起李永波在消极比赛风波之前的人生历程。

与节目《90后草鱼达人》不同，这个栏目中人物的人生历程不再是作为可有可无的背景资料出现，其出现的位置已经使得通常意义上的背景资料成为与人物今日的行为、环境形成对比的素材。这种对比仿佛是在向人们展示他那"竞技场上金牌是唯一的标准"的观念究竟是从何而来。观众看他的人生履历时，就会关注到他成功时与不够成功时所遭遇的一切，也就能意识到他的"金牌至上论"

不是凭空而来的，而是外界整体环境塑造的。在这种对比中，节目的主题被深化了。节目不是轻飘飘地站在道德制高点上指责他人，而是深入到他人观念的深处，拷问这种观点的形成由来，虽然一句相应的话都没有说，可是观众能够从素材的对比中自己得到答案。

当然，传媒节目经常在节目的开头使用对比的手法，利用反差最大化的方式吸引观众的注意。

专题片、纪录片为了吸引观众，总是会在节目的一开始设置一个结构性的悬念，用来吸引大家去关注事情的结果。通常的结构是"开端—发展—高潮—结果"。很多作品为了提高受众的兴趣，会把最具有冲击力的高潮段落放在开头，以倒叙的方式徐徐展开，直到结果。这是一种引人入胜的叙事模式，但它仍然有一个前提：公众对结果的期待。如果报道的题材是一些有待调查、有待发展的社会焦点事件，传媒报道可以用这种方式增强自己的叙事效果，因为公众对这些事件的结果怀有强烈期待。

可是很多传媒在实际报道中会遇到另一个问题：公众已经了解了事情的结果，对事件的结果已不再好奇。这时候，传媒人精心设置的结构性悬念对于公众来说可能根本就构成不了悬念，这怎么办？

举一个例子。河北卫视在2014年的五一劳动节期间推出专题片《我的创业故事》。如果按照一般传统的叙事方式，顺着创业者创业的时间线进行报道，一般会有开始创业—遭遇困难—战胜困难—创业成功这4个阶段。

如果要增强报道的吸引力，很多作品会选择倒叙，使作品呈现遭遇困难—开始创业—战胜困难—创业成功的叙事线索。

可这种倒叙模式仍然是以"当事人是否能创业成功"为最大的悬念。即使观众一开始看到他遭遇困难，也并不真的会为此着急而产生"是否能够克服困难"的悬念，因为观众心底明白，如果主人公创业失败了就不会作为报道的主人公出现在观众面前了。观众在了解了题材选择的规则后，也就对那"能否创业成功"的结构性悬念并不真的在意了。

传统传媒的很多报道是后发的，并不与人物、事件的发生、发展同步，这些后发型的传媒节目都会面临类似的问题。传媒在进行报道之前已经完成了题材选择，而传媒的选择标准恰恰能暗示结构性悬念的答案。所以，熟悉这套规则的观众很难真正因为传媒人设置的悬念兴奋起来。这个时候怎么办？

前面列举的节目《90后草鱼达人》就通过结构上的对比巧妙地解决了这个问题。这个创业人物的经历中同样经历了开始创业—遭遇困难—克服困难—创业成功的阶段，可是节目的结构性悬念却不再是"他是否能创业成功"。节目一开始，主持人在演播室就抛出了一个事实：一个90后的大学生声称要创业，却在三年内败完了百万家产。紧接着，记者深入到这个小伙子的家乡，来到他出生的村庄采访，一连两个村民都对镜头笑着说"败完了"，以此呼应主持人所说的"败完家产"。

然后，节目再开始按照正常的时间逻辑一点点讲述小伙子创业的全过程。虽然公众在内心中仍然毫不怀疑小伙子最终一定会创业成功，可是，另一个悬念却挥之不去：他是怎么败完百万家产的？

这就是编导在结构意识上设置的一次巧妙对比，节目一开始将人们心中所笃定的"创业成功"与节目中强调的"败完百万家产"放在一起进行对比，调动起人们对成功人士"败家"经历的兴趣，作品的结构性悬念因此发生了转移。成功与败家相比，成功是几乎已知的，败家却是充满未知的，因此，转移之后的结构性悬念就成为能够吸引观众看下去的最主要动力。

这种手法就如前面提到的纳兰性德的词作：现在与过去进行对比，结果与原因形成对比，不断吸引人们往下看。

第九章
"枯藤老树昏鸦"——空镜头的魅力

通常我们会认为，文字不如画面形象。用 300 字描绘一套瓷器不如直接上一幅瓷器的照片更形象准确，当代世界早已进入了"读图时代"，"与其花力气锻造语言的形象性，不如学会简笔画"。这种观点不能说全错，但也是偏颇、不完整的。

歌德曾经说："造型艺术对眼睛提出形象，诗对想象力提出形象。"图片、影视的特点都是用直观的视觉符号提供形象，这些都是直接的形象，文字却做不到这一点。但是，人们在生活中却普遍感受到过文学形象的魅力，我们经常称颂一些文学作品把人物、场景、事件描述得"如在目前"。这又是怎么做到的呢？这都是因为文学作品用文字符号为人们提供了间接形象，这种形象虽然缺乏直观性，但是可以被人领悟。简单来说，图形是可以被人感知的形象，而文字是可以被人领悟的形象。

这是二者各自的优势，也是二者各自的劣势。文字符号难以被感知，图形符号难以被领悟。所以，图像在展现具体事物时有直接、精准的特点，一旦面对抽象的概念、原理时，其弱点立刻就能显现出来。正因如此，著名的"蒙太奇派"电影家爱森斯坦曾经想把马克思的《资本论》拍成电影，但直到去世都未能成功。这个例子经常被人拿来论证抽象理论与形象的声画符号之间那条巨大的鸿沟。

文字符号难以被感知的特点，既是弱点，又是长项。难以被直接感知的文字符号如何产生作用？符号学认为，语言是实在事物的符号（"燕子"这个词语与

"燕子"这个动物之间的关系），文字是语言的符号（"燕子"这两个字与"燕子"这个词之间的关系），是符号的符号。人类首先在文化上接受了文字符号与实物之间的关联，用一系列内心的心理机制理解了文字符号背后的意义。正因为在这个接受的过程中一直有人们的内心意识在主动积极参与，所以人们阅读文字时，总是不可避免地将自己的想象、联想、感悟等各种心理能力运用其中，因此，文字阅读始终伴随着丰富的心理活动。

同一个文化环境下，一些人们共同的心理、情感被相同的符号反复积淀。在文学中，这种情形就呈现为同一个主题或同一种情感被反复用同一组相似的符号来书写、表达。时间长了，被同一个文化区域内的人共同认同，那些原本不具备特殊意义的符号，就成了具有公认意义的意象。后世的文学作品就能够利用这些意象，有意识地唤起那些沉淀在符号中的意义，再度唤起人们的联想、想象等各种心理能力，让受众获得特殊的感受。

例如，元代戏曲家马致远的《天净沙·秋思》就是以文学意象为背景才获得成功的：

枯藤老树昏鸦，小桥流水人家，古道西风瘦马。夕阳西下，断肠人在天涯。

这支小令可谓千古绝唱，给读者带来了无尽的萧索、惆怅。它是怎么做到的？看起来它几乎无繁华的修饰，像是通篇白描，可又不仅仅是白描。这部作品的魅力就在于藤、树、鸦、桥、水、家、古道、西风、瘦马、夕阳都是中国传统诗文中最常出现的意象，每个意象后面都有无数诗文甚至民歌可为它作笺注。所有的意象都与亲人分离、时光逝去、孤独惆怅等情感联系在一起，这才共同奠定了这部作品的情感基调和艺术魅力。也许，把这部作品翻译成其他语言，换到一个完全没有相似意象基础的地方去，就难以在人们心底激荡出这样的效果。

例如，在中国文化中，"西风"暗示秋天的到来，立刻能给人带来万物萧索、一片肃杀的凄凉之意；可是在欧洲文化里，"西风"却暗示着春天的到来。文艺复兴之初的名画《春》赫然以西风之神开启画卷，英国诗人雪莱的《西风颂》也是把西风作为生命、变革的力量来讴歌。之所以"西风"这同一个自然现象成就了不同的意象，是因为东西方文化各自的文学传统不同，它们在不同的文化下都是意象，却具有不同的象征寓意、不同情感内涵。

　　传媒人如果具备较高的文学素养,能够熟悉这些意象,就可以利用这些意象,像马致远那样,用具体可感的形象来进行情感甚至是思想的传达。

　　例如,《新闻调查》曾经有一期节目叫作《最后的民办教师》。在节目里,当事人讲述自己转为公办教师身份的许多周折,而在艰难的过程中疼爱他的老奶奶去世了。当事人伤感地在镜头前回忆起老人家临终前还惦记着自己公办教师身份的事,说着说着,他低下头无法继续了。此时,观众看到了两个"空镜头":一个是一只鸟从高处直线下落,另一个是一片芦苇在风中摇曳。

　　一般来说,电视专题中的空镜头主要起着交代环境、帮助转场等功能,功能性与表意性比较明显,但是抒情性却不强。可是在这里,空镜头却"不空"了。

　　首先,为什么芦苇在风中摇摆就能给人带来忧伤的情感基调呢?这就是意象的作用了,在一代代人积累的文学意象里,芦苇已经不再是简单的纯客观植物了,文学为它累积了特定的情感含义。因此,观众在电视画面上看到芦苇在风中摇曳,很容易就能感受到电视片所要传递的情感。

　　除此之外,鸟儿从高空中急速坠落也让人产生了无尽的联想,人们能够从画面中感受到作品内容所提到的奶奶的最终去世。为什么会有这样的联想呢?这其实利用了画面与语言的相关性。画面中,鸟儿的动作是坠落,而生命的逝去在文学中常常被人称作"陨落、下世",二者都有"下""落"的意象,因此画面与这种文学化的表达就有了一种异质同构关系。落、下也都给人带来压抑、沮丧等负面感受,如此一来,观众也就能从中感受到画面所暗示的含义,同时,也在这种领悟中被一种悲伤的情绪所感染。

　　这里举的例子对于观众来说都不难领悟,人们可能觉得自己不需要太深厚的文学素养也一样能够感受到这些画面的内涵。这是我们作为观众经常有的感受。可是对于传媒人来说,重要的不是能够从既定的画面中感受到什么,而是能够在自己的作品中加入怎样的适当画面。欣赏相对于创作来说总是更容易一些,就如同要向别人讲解习题之前自己必须非常清楚地领悟了解题步骤一样。传媒人的文学素养不是体现在能不能领悟他人的作品,而在于能不能为自己的作品设计最适合的空镜头。

　　很多电视专题片会面临这样的问题:几乎所有的镜头都是在跟踪人物或事件发生的过程,以传递信息为主要目的,而忽略了真正优秀的作品不仅仅需要有叙事的部分，还需要有抒情的部分。有些作品直到编辑时才发现缺少相应的抒情内容，只好用主持人的语言或音乐来渲染情绪。这时候，如果有合适的空镜头出现，既能够产生一定的象征、表意的作用，又能够引起人们情感上的震动，达到事半功倍的效果。

刚才的例子中，如果鸟儿下落、芦苇摇曳的镜头被放在当事人开始讲述之前，对于观众来说，那只是交代当事人所生活的环境，没有更多表意功能。但是放在了合适的位置，观众就会产生不同的想法。这个效果就是传媒人精心设计的，传媒人利用自己对意象的理解，突出了常规画面意象的含义，引导观众去领悟其情感内涵。可见，这种"不空"的空镜头不仅仅是精心编辑出来的，有时候还是精心设计出来的。

《看见·教练李永波》中对李永波的采访是在羽毛球馆进行的，当事人的时间非常紧，甚至于在采访中就直接对记者一边说着抱歉，一边起身离开，他解释自己要去赶飞机，需要立刻结束采访。由此可见，这种采访很难把人物放到更丰富的环境、场景中。所以，节目的画面几乎全是人物采访＋比赛资料。这其实也为编导提出了难题：如何利用那么单调的镜头表现丰富的情感？全部节目只有一个采访对象，而且全部采访都是在一个单一且单调的场景中完成的，这个例子与上述的例子相比，设计空镜头的难度显然要大得多。当然，本节目即使没有空镜头，仅凭其题材和当事人强势的性格特征也足以吸引观众，但节目仍然在画面编排上做了精心设计：当画外音回溯李永波过去的经历时，讲到他1993年刚刚当上国家羽毛球队总教练，队里的经费十分紧张，他连想在冬天为运动员宿舍换上铝合金门窗抵御寒风的钱都没有。通常情况下，很多专题片此时会在画外音中配上诸如羽毛球队宿舍、木质门窗之类的画面，以示当时条件的艰苦，好让人们感受到当时队员们生活环境的简陋。可是这个作品却未进行效仿。在谈到没钱更换铝合金门窗时，配合的画面却是用慢镜头表现一只洁白的羽毛球缓缓落下，和地上的另外两只羽毛球躺在一起。这是一个"因地制宜"的空镜头设计。慢镜头本身所含的抒情成分与画外音中的铝合金门窗事件结合在一起，烘托出怅惘的情绪，而羽毛球的颜色、下落，以及与另外两只羽毛球的关系，也能够对人的情绪、领悟产生一定的影响。很显然，这个镜头不是随手拍摄的，是有意识地设计出来的。

　　事实上，在电视领域里，设计空镜头是编导意识的一个重要体现。怎样的空镜头最适合表达情感或寓意？创作者设计的空镜头是否能够被公众广泛接受？文学素养丰厚的人，可以从漫长、悠久的文学传统中汲取意象，设计意象，找到形象—意象的门径，从而设计出优美、传神的空镜头，用具体可感的画面传递更深的情感或哲思。

第十章
"唯见长江天际流"——景语即情语

在文学中，意象与意象的组合能够营造出一种特殊的美感：意境。

意境是一个深具中国文化特点的审美范畴，是我国诗学、画论、书论的中心范畴，中国古代文学中无论是诗词、小说，还是散文、戏曲，都在追求意境之美。那么，怎样的作品才算有意境呢？当代人的研究认为，作品的意境主要体现为两个特征：情景交融、虚实相生。

情景交融主要是指作品所呈现的形象与要表达的情感融为一体，眼中景即心中情，情与景不分彼此，人们能够从所呈现的景物沉浮中感受到作者的情感变化。例如，大家所熟悉的李白的《黄鹤楼送孟浩然之广陵》的最后两句"孤帆远影碧空尽，唯见长江天际流"。从表面看，这两句完全是在写景：一片船帆慢慢驶入天际线，没入滔滔江水中再也看不见。这是生活中常见的场景，作者甚至没有写一句自己的依依惜别之情，没有表达对友人离去的怅惘和思念，可是那些情感全体现在这两句景色描写中了。

为什么这样讲？

当代媒体人可能很容易回答这个问题，不仅仅因为"孤"字所蕴含的情感、船帆和流水的意象，还因为这两句描写实际上是李白自己的主观镜头。在这两句诗中我们仿佛看到了李白在孟浩然登船离去之后还站在楼上眺望他远去的船帆，直到船帆再也看不见，还凝望着江水许久许久。在这个主观视角背后，人们感受到了一个对友人恋恋不舍的作者的情感。

在中国传统文学中，除极少量叙事诗外，古典诗词大多以抒情为主，特别讲究意境的营造。优秀的中国诗词中构筑的艺术空间是四维的——在现实的三维空间之外，还有一个为人们提供情感与想象的心灵空间。虽然当时没有照片和影视，但众多文学作品常有意识地运用叙述者的主观视角来描绘世界，让那些自然界里纯客观的景物渲染上浓厚的个人感情色彩，再用这种具有主观情感的景物描写与读者进行心灵的互动。

王国维将这种景物称为"有我之境"，当代传媒人细品那些"有我之境"可以得到许多启迪。在影视作品中，每个镜头背后都隐藏着一个观察者，或隐或现，可以说每一个展现场景的镜头实际上都是"有我之境"。传媒人可以利用不同镜头语言对人心灵的影响，将创作者的感情与客观画面相结合，与观众的心灵进行互动。

举一个例子。如果要拍一个老人久久地坐在医院走廊里的镜头，我们会用什么样的平摄手法？

最简单的手法是，只要老人出现在摄像机的画面里，就可以完成这个叙事。

可是，如果这是一个长长的推镜头呢？如果镜头以水平角度从远处一点点推近到老人的脸上，甚至是老人的双眼上，观众会从这个镜头中看到什么？可以想象，观众会觉得这个老人一定满腹心事，会形成对老人故事的强烈期待。这样的镜头适合放在专题片、纪录片、人物报道的开头。

换一个方案。如果是一个长长的拉镜头呢？如果是从老人的面部特写缓缓拉出，直到形成一个略略俯视的大特写，人们又会从中得到什么？会与刚才的推镜头得出一样的结论吗？一定不会。在这样的拉镜头中，人们会逐渐感受到一种孤独、压抑，会注意到老人与周边环境的反差关系。这样的镜头特别适合在讲述老人的某件痛苦经历之后出现。

同样是一个人坐在医院的走廊里，为什么不同的镜头会形成不同的效果？那是因为第一个镜头是没有设计的，只是一个没有情感流动、没有心灵空间的纯三维镜头，可是后两个镜头就不一样了，这两个镜头仿佛那句"孤帆远影碧空尽"，将景语化为了情语，用镜头语言的特点让人们强烈地感受到镜头后的观察者。在前一个推镜头中，人们仿佛看到观察者越走越近，逐渐逼近人物的内心，让人们忍不住去探寻人物的内心故事。而拉镜头却不仅给了观察者越走越远的暗示，还能够感受到观察者故意将人物主体与周边环境进行比较，人们便会在这样的引导下注意到在客观大背景中人物的渺小，这种渺小会化为孤独感、无力感、压抑感，引发人们的同情心理。

正因如此，对同一个人物、场景的不同镜头语言设计，能够让人们充分感受到不同的情感。熟悉镜头语言之后，传媒人如果还能够建立起"景语即情语"的意识，就能够通过镜头设计巧妙地渲染情感，或者表达自己的思想。

"景语即情语"中的"景语"不仅仅是客观的外在环境，也不仅表现为主观镜头暗示的那个观察者的形象，画面中的任何信息都会给受众强烈的情感暗示。因此，画面中的每一个细节其实都能够表情达意。媒体人用影像进行信息传播时，就应该综合考虑各种影像符号可能对受众产生的影响，以帮助自己进行情感传递。

文字作者强调的是文字的情感力量，影视画面一样有自己的情感力量。同样是对人的采访，如果让被采访人坐在精心设计的三角布光下接受采访，会给观众带来平和稳定的情感暗示，可是如果把人物放在接近顶光或角光的侧光下接受采访呢？用长焦镜头拍摄被采访人能够给人带来柔和、优美的亲切感，但是如果把人物放在广角镜头下接受采访呢？

在曾经获得奥斯卡纪录片奖的纪录片《九月的某一天》中，导演给受访者布置了3种不同的背景。

第一种采访：一个当年的恐怖分子以亲历者的立场讲述当年事件的经过。为了保护当事人，导演让他坐在阴影中，脸部几乎全隐没在阴影里。一方面，这让人看不清他的面容；另一方面，这种布光方式也给人带来了阴森、恐怖的感觉。

第二种采访：被害人的亲属讲述当年的情感经历。导演让他们坐在暖色的背景前，以常规的三角布光法为他们打光。暖色的背景让他们更具人情味与温馨感，以此让观众感受到那些被害人曾经拥有的普通人的幸福。

除此之外，纪录片中还有第三种布光方式，专门用于一个特别类型的被访者。他们坐在冷色调的背景前，冷硬的光从侧面打来，在他们的脸上投下明确的阴影。他们四分之一的脸庞半隐没在阴影中，而随着他们接受采访的过程中一些下意识的肢体动作，阴影会在他们的脸上不断变换，让他们的脸显得更加斑驳。不仅如此，他们面前的镜头也是轻微的广角镜头，每当他们在讲述中身子轻微往前探，脸部都会有一点点变形，让他们的脸显得更扭曲。这是事件发生时的各部门官员，他们在纪录片中为自己辩解，推卸本部门责任，甚至相互推诿。他们的语言都表示自己问心无愧，纪录片的记者也没有当面责难他们，可是那种采访的镜头设计，却给观众带来非常明显的负面情感暗示。

这是纪录片导演在利用镜头语言的情感色彩不动声色地影响观众，含蓄地表达自己的立场。这是长期浸润在人们文学经验中的表达方式，当代传媒人证明这种文学经验是可以被转移为其他经验的，因为其中的原理是相通的。文字有情感色彩，镜头也有情感色彩。甚至于，一篇公众号文字报道中使用的字体、文字颜色也有情感色彩。文学素养能够提醒人们符号的情感色彩能够起到什么样的作用，接下来，传媒人可以利用更多的学科知识，来灵活运用各种符号的情感色彩，来帮助自己实现目的。

第十一章
"微雨燕双飞"——停顿的魅力

除了"孤帆远影碧空尽"式的情景交融，中国传统诗文追寻的意境还有第二种特征：虚实相生。

例如，宋代词人晏几道有一首代表作《临江仙》：

> 梦后楼台高锁，酒醒帘幕低垂。去年春恨却来时。落花人独立，微雨燕双飞。
> 记得小苹初见，两重心字罗衣，琵琶弦上说相思。当时明月在，曾照彩云归。

这支小令是晏几道公认的代表作，宋词中的精品，尤其是上阕最后两句"落花人独立，微雨燕双飞"最为人称道。但若仔细思考一下，这两句到底好在哪里呢？仿佛又说不出。只是觉得莫名地觉得很含蓄、很隽永、很深情。

为什么会有这样的感触？

中国传统诗文中塑造的是四维空间，在三维空间之外还有个心理空间，可这种心理空间与客观可感的三维空间不一样，它不能直接被感觉器官准确把握，具有模糊性的特点，若即若离，似断似续，朦胧不清又飘忽不定。但也正因如此，它反而具有了开放性，和开放性带来的无限性，可以让人们自己用想象去填补那些朦胧与断续之间的空白。

具体来看，这首小令就有这样的特点——作者前面着力描述了一组意象：深锁的高楼，低垂的帘幕，一幅人去楼空的景象。而那个怀念恋人的人，则孤独地站在落花前怀念。他怀念着与当年身穿"两重心字罗衣"的恋人初见面时的景象。

这里面没有复杂的故事，但人们仍然会被作者的情绪所感染。除了因为用了一系列词句来渲染意象之外，作者在表示思念之情的"落花人独立"之后，突然插入了一句"微雨燕双飞"。这与此前一直所谈的思念，以及后文中被思念的具体场景都不相关，仿佛很突兀地插在那些思念的行为之中，但是效果却惊人得好，为什么？因为这一句用"双燕"与孤独的个人形成了巧妙的对照，更因为这一句的出现中断了原本一气呵成的回忆。试想，这首小令前面写人去楼空的惆怅，然后是诗人在落花前的思念，如果紧接着就写思念的内容会是怎样的效果？因此在这里，作者看似硬生生地在"落花人独立"之后中断了整个思念的过程，忽然让人们关注起看似无关的周边环境来。从效果上看这是中断，可是恰恰由于这中断阻隔了人们对内容的关注，反而让人们更关注起人物内心的孤独感。从这个效果上看，这一句造成了中断又没有断——中断的只是小令的内容，却将上、下阕的情感联系得更紧密，这怎么能叫中断？

这就是中国诗文中一直追寻的"虚实相生"。有时候，看上去内容是中断了，但是中断的内容却吸引人们用自己的理解、想象去填补空白，反而让作品与受众之间的情感联结更紧密了。又或者，看上去作品是结束了，可就如"当时明月在，曾照彩云归"一样，故事虽然结束了，情感、思考或者是情绪氛围却依然萦绕，让人久久不能忘怀。人们联系自己的生活经验、知识或情感经历，自觉地调动起自己的联想与想象，结合作者提供的那些意象，自行去补充甚至重构了一个更多元、更丰满的心灵世界。

对于传媒人来说这说明了什么？说明传媒人在作品中要敢于断，更要善于断。

所谓"敢于断"是指虽然核心事件是传媒报道的重点，但好的作品不仅仅有核心事件，还可以有催化事件和环境。在这里，核心事件是指那些影响整个事件、故事发展的事件，而催化事件却是那些核心事件之间的润滑。在很多电视专题片、纪录片中，编导为了突出主题，会把所有的注意力都放在核心事件上，希望以此营造紧凑的节奏感，甚至都不敢稍微停下来关注一下事件对当事人和旁人的影响。这就是典型的"不敢断"。

事实上，观众看到传媒报道中人物做出每一个重要反应时，都会在内心不由自主地掂量一番，甚至是感慨一下。如果观众在内心尚未完成对某一个重要事件的反馈，画面就立刻转向了下一个重要事件的叙述，观众将没有时间在内心沉淀看法，积蓄情绪，相应的，人们对所看报道的内心参与度也就会十分有限。这个时候，如果能够给观众一点点小喘息、小空白，就能够给观众足够的心理空间，让他们更好地品味作品的情绪。

例如，在河北卫视曾经播出的节目《家庭故事会·拾荒拾出三女婴》中，电视片一开始是主持人在演播室讲述一个名叫杜春秀的拾荒人在垃圾堆里捡到 3个刚出生的女婴的经过，中间穿插了杜春秀自己的回忆。作品呈现的叙事经过是这样的：

杜春秀（现场同期声）：我们几个人一起在捡垃圾，他们问是什么叫。

主持人（演播室）：在推土机巨大的作业声的间歇，杜春秀和同伴们听到一丝微弱的声音。

杜春秀：他说是猫叫、狗叫，我说都不像。

主持人：再仔细一听，杜春秀这后背啊，不禁阵阵发凉。

杜春秀：好像就是人叫。

仔细分析一下这段讲述，无论从语义还是语气来看，杜春秀的这 3 段话其实就是一段话。原话是："我们几个人一起在捡垃圾，他问是什么叫。他说是猫叫、狗叫，我说都不像，好像就是人叫。"

如果一次性把当事人这段话完整地呈现出来，意思和后来的呈现没有区别，但是编导却在编辑中设计主持人两次发言，人为地中断了当事人一气呵成的讲述。

主持人第一次中断当事人的回忆所插入的话，补充了"推土机巨大的作业声"这个环境背景，这是当事人没有提到的信息。更值得讨论的，是主持人的第二次中断。主持人插入的话是"再仔细一听，杜春秀这后背啊，不禁阵阵发凉"，这句话与第一次中断不同，并没有为事件的发展增补任何实际有效的信息，相反，主持人这句话反而暂时中断了当事人讲述的过程。

可见，编导在这一小段话中两次中断当事人的话，效果有细微的差异。第一次的中断增补了一些环境信息，第二次中断却似乎看不出目的，仅仅是为了中断过程。

事实上，这两次中断所形成的效果是一致的，都是为了暂时中断"发现婴儿"

这个核心事件的推进，以事件的"断"来推进观众的情绪。第一次中断时所提供的环境信息对于核心事件的进程来说实际上是可有可无的，即使没有这个信息，对观众理解事件也不会造成困扰，可是这个补入的信息却让"推土机巨大的作业声"和婴儿微弱的哭声形成了反差，对观众来说，这样的环境也就让"发现婴儿"这件事显得更为惊险、意外，从而让人们对孩子获救更感到庆幸。第二次中断的效果就更单纯了，主持人没有提供任何新信息，也依然中断了当事人的采访过程，这次中断的是观众的好奇与紧张，主持人用渲染情绪的语言进一步放大这种情绪，使得最后那揭晓真相的一句话能够在观众心中产生更为强烈的影响力。

如果编导让当事人在镜头前完整讲述完事件的经过，观众虽然能够明白事情发生的始末，但一气呵成的讲述缺乏情绪上生动的起伏。对于观众来说，每一次对讲述的中断都是一次心理势能的积聚，都能让观众更期待后面会发生什么。如此一来，看似主持人的中断让事件的发展速度变慢下来，但实际呈现的情感效果却要好得多——与"微雨燕双飞"的效果有异曲同工之妙。

在电视片的编辑中，剪辑的原则不仅仅是让事件更清晰、有序地进行下去，还应该包括让观众深度参与到叙事中来，给观众一定的心理空间来积淀情感、抒发情绪。这些空间可能会短暂地中断核心事件，但是表面的中断却唤起了人们丰富的内心情感，人们心中的联想、情感震荡充分补足了事件的进程。这就是"虚实相生"的原理。甚至于，如果观众情感激动需要沉淀或宣泄，而电视片没有给观众这样的机会，人们反而会产生一定的不适感。也就是说，如果实处太多妨碍了虚的发挥，人们反而会受挫。

所以，优秀的传媒作品会很注意空白的运用，也许是空镜头等画面的空白，也许是声音的空白，甚至可能是更多其他手段。前面提到的奥斯卡获奖纪录片《九月的某一天》就运用了这种手段。在这部讲述 1972 年慕尼黑奥运会上一队巴勒斯坦恐怖分子闯入奥运村，劫持以色列运动员并最终杀害他们的事件始末的作品中，当时电视台记者在电视机录播出 11 名以色列运动员全部被杀身亡后，紧跟着是 6 秒的静音画面。然后，在一段音乐中展示了一组包括被害者在内的现场照片，没有任何解说，只是纯粹的展示。最初是所有的声音被中断，其后是解说元素都被中断了，这种中断给得悉噩耗之后观众内心的震撼、伤感留足了空间。同样，看似事件的讲述是中断的，但对于观众来说，这正恍如得到了所有被劫持运动员遇难的消息之后的情绪震荡的一瞬间空白，这种中断就是必须要有的。

　　同样，前面提到的《看见·教练李永波》也是如此，当节目讲述到李永波带领的中国羽毛球队终于获得金牌之后，也出现了数秒的声音空白，然后是一段旋律激昂的音乐配以一组队员夺冠时激动人心的场景画面。那一组镜头的情绪是昂扬激奋的，但是在昂扬激奋之前，却由几秒的声音空白形成了小小的停顿，点缀在前后两段重点事件之间，形成了恰到好处的阻隔。

第十二章
"不愁明月尽，自有夜珠来"——空白的魅力

意境的第三个特点，被人们总结为"兴味无穷"。这是一种特殊的审美效果，指读者超越了作品提供的感性材料层面，主动运用理性思维去思考形象的深层含义，得到一种融合了感性之美的理性之美。

在文学史上有一个很著名的上官婉儿评诗的故事。据《唐诗纪事》记载，唐中宗有一次与群臣游览长安昆明湖时，上官婉儿负责品评群臣所做的诗的优劣。最后的较量在唐代两位知名诗人沈佺期、宋之问之间展开，最后获胜的是宋之问。这两位的诗作在前半段不分轩轾，可是最后两句却拉开了差距。落选的沈佺期写的是一句客气话"微臣雕朽质，羞睹豫章材"。而宋之问写的是"不愁明月尽，自有夜珠来"。正是二人各自的结尾为他们拉开了差距。为什么？用上官婉儿的话说，沈佺期的诗"词气已尽"，而宋之问的诗"余韵悠长"。

词气已尽，就是诗作的结尾就是读者审美的结尾；余韵悠长，就是诗作结尾了，读者的审美却未随之结束，还能继续驰骋在想象世界中感受艺术的魅力。这种"言有尽而意无穷"的魅力是怎么实现的呢？因为宋之问在诗作的结束处给了一个开放式的结尾，犹如当代影视画面中最后一个拉镜头，向人们暗示虽然观察者逐渐退去，可是被观察的那个客体仍然生机勃勃地活动着，如此一来，人们就能够继续在内心留念那个没有进入观察的世界，而世界的勃勃生机也就停留在人们心中，每一回味仍兴味无穷。

中国的传统文学十分推崇这种兴味无穷的美，总是要把无尽的情绪或思考留

给读者，提醒读者穿越感觉层次，去反复理解、鉴定形象背后的意义，理解作者的写作意图，理解作品要表达的内涵。如果传媒人能够广泛、深入阅读传统文学作品，我们便会潜移默化地受此影响，形成穿越具体形象充分展开联想与思考的习惯。如此一来，当我们自己成为形象的创造者时，就能更好地调动起读者的想象与思考，能够为受众带来兴味无穷的美。

这种美尤其可以被电视行业借鉴。电视领域中，受众最初总是被优美的画面吸引，但是优美的画面只作用于观众的感觉层次，这种感觉层次的审美是人们在进入欣赏之初的一刹那就能获得的，只是审美的第一步。而有深度的审美是会自然向理性的理解层次延伸的。如果人们在优美的画面背后什么都没有看到，那些令人耳目愉悦的声画形象就会被人很快忽略。因此，作品应该尽力为人们营造有深度的美，这可以延长人们沉浸在审美愉悦中的时间，从而强化人们的审美感受。

《红楼梦》的前八十回里，几乎没有描写重要人物去世的真实场景：秦可卿之死是贾宝玉从梦中惊醒时听说的，金钏之死也是听说的，晴雯之死还是宝玉听小丫头报告的。在前八十回出现的重要人物中，直接描写其死亡的只有尤三姐，可那也仅仅是简单的一个白描："一面泪如雨下，左手将剑并鞘送与湘莲，右手回肘只往项上一横"，之后就立刻接上了充满诗意的两句话"揉碎桃花红满地，玉山倾倒难再扶"。试想一下，如果当年曹雪芹用洋洋三千字来描写此时尤三姐凄惨的状态，或者用更多的字来活灵活现地表现晴雯最后在家里孤零零大叫了一夜死去的场景，会是什么样的效果？也许会吸引更多猎奇的人，可是猎奇之余呢？鲁迅小说中，祥林嫂、孔乙己之死都被隐到背景里，成为他人口中的一段新闻；曹雪芹的小说里，那些正面人物的死也是如此。不加渲染的处理，反而充分体现出了小人物无声无息死去的悲怆，也保全了秦可卿、晴雯、尤三姐的美感，读者看了可以反思、可以叹息，由此在心灵上反复掂量，却不会立刻引起生理上的不适。

这种做法不仅是中国文学作品，世界其他国家的作品也深谙其道。日本著名古典长篇小说《源氏物语》中，主人公光源氏之死甚至连一些"传闻"都没用到，作者紫式部只是留了一个回目"云隐"。这个回目里空无一字。但是，在这一回之前，这位主人公活着，这一回之后，这位主人公已经死去。一个空无一字的回目，保留了这位主人公传奇式的美感，也为读者留下了更多想象的空间。

　　同样，对观众的尊重也能够激发观众的想象。我曾经看过一些欧美的纪录片。当记者采访到当事人的一些痛苦回忆时，就在被访人热泪盈眶之际，镜头不是硬生生推近逼着观众去看他人的痛苦，相反，镜头悄悄转移开，挪到被访人身旁的植物花卉或其他背景。观众完全可以从被访人的语调中感知他们的真实心态，可是，画面却回避了被访人的痛苦表情，给了被访人足够的尊重。甚至于，这还使得原本非常客观的镜头变得带了被访人的主观情感。当镜头缓慢地沿着被访人视线的方向运动，直到被访人出画时，人们仿佛是跟着被访人一同思考、回忆、感受着被访人的内心。这效果远远超过了让观众直接去数被访人的泪珠，不仅更人性，也能够在延展中激发人们的思考与想象，以臻"兴味无穷"之境。

第十三章
《包法利夫人》——当事人的话

有一个文学小故事广为流传：一天，朋友去福楼拜家中做客，福楼拜却不管客人，把自己关在书房里忙碌。吃午饭的时候，朋友好奇地问福楼拜在书房里干什么，福楼拜回答自己一直在写作。朋友充满期待地问："那你一上午写了多少？"福楼拜答："我写了一个逗号。"吃完饭之后，福楼拜又把自己关进了书房，直到吃晚饭的时候才出来。朋友问："你一下午又写了多少？"福楼拜答："我把那个逗号抹去了。"

据记载，福楼拜常常把写好的文稿毁掉重写。他写《包法利夫人》时原稿有1800 页，可是最后的成稿却只有 500 页。之所以如此，不仅因为他素来以文字精练著称，更在于他在西方率先推崇"零度写作"[①]的创作理念。

当时，大部分作家习惯在文章的开头交代人物的身份、背景。例如，莫泊桑的《项链》开头第一句话就是"世上的漂亮动人的女子，每每像是由于命运的差错似地，出生在一个小职员的家庭。我们现在要说的这一个正是这样。她没有陪嫁的资产，没有希望，没有任何方法使得一个既有钱又有地位的人认识她，了解她，爱她，娶她；到末了，她将将就就和教育部的一个小科员结了婚。"这段话劈空就先落下作者对世态人情的判断总结，然后像是为自己做证明似的，三言两语地介绍了女主人公卢瓦泽尔夫人的前半生经历。这段话中出现了一个"我们"，

---

① 零度写作是指以"零度"的感情投入到写作行为中去的状态，是将澎湃饱满的感情降至冰点，让理性之花升华，作者从而得以客观、冷静、从容地抒写。

可是读者很明确地感受到这个"我们"并不包括读者自己,所谓的"我们"只是作者一个人而已。"我们现在要说的这一个正是这样"就是指作者要说的"正是这样一个人"。这段话人们不仅强势地感受到了作者的存在,还感受到了作者的强势。

《包法利夫人》开头第一句话也有一个"我们",它是这样写的:

> 我们正上自习,校长进来了,后面跟着一个没有穿制服的新生和一个端着一张大书桌的校工。

很明显,这个"我们"并不是作者自己。虽然作者并没有直接交代"我们"是谁,但是读者能够感受到应该是故事中的一个学生。读者不知道这个学生是谁,正如读者不知道校长、新生是谁一样,大家都是陌生的。作者只是建立起了一个视角,让读者用故事中的"我们"的眼睛一起同步观察事情的发展。

这是媒体作品中经常出现的两种开场方式。大部分媒体作品是《项链》式的开场,强势地宣示自己讲述人的地位,甚至把自己的观点事先向公众传达,在公众尚未了解事件之前就先了解传媒人的观点立场。这种先声夺人的态度比较容易获得受众的认同。

但是,这种做法也有缺陷。如果传媒人的观点是毫无瑕疵、毫无争议的,受众会在这种传播方式中感受到传播者的自信。但如果传播的内容是有争议空间的,或者传媒人想更多地获得受众的同情而非认同时,这种态度就有生硬之嫌。那种坚定、明确、无所不知的语调暗含着传播人凌驾于受众之上的态度,容易被人从心理上拒斥。

这种时候,《包法利夫人》式的讲述就可以润物细无声地将受众带到事件之中。福楼拜将读者的视角被故事中的那个自称"我们"的叙述者同化,让读者完全没有阻碍地进入了故事当中。当读者的眼睛和叙述人同步的时候,读者的内心、情感也不免跟着同步起来,作品的开端也就轻易地获得了读者的情感认同。

受众的价值认同总是不免受到情感认同的影响。

同样,福楼拜在《包法利夫人》中也没有像莫泊桑那样直接跳出来总结、评判,而是把自己作为讲述人的全知的叙事视角限制了起来,不再站在无所不知的立场上说话,而是通过间接地描述人物的意识活动,把自己的意图隐晦地传达给读者。

例如，《包法利夫人》中有这样一段话来表现主人公艾玛婚后的内心痛苦：

她放弃了音乐：为什么要演奏？给谁听呀？既然她没有机会穿一件短袖丝绒长袍，在音乐会上，用灵巧的手指弹一架埃拉钢琴的象牙键盘，感到听众心醉神迷的赞赏，像一阵微风似的在她周围缭绕不绝，那么，她又何苦自寻烦恼，去学什么音乐呢！她的画夹和刺绣，也都丢在衣橱里了。有什么用？有什么用？针线活也惹她生气。

这段话乍看上去像是对艾玛婚后生活的客观描述：她放弃了音乐，放弃了绘画和刺绣。可看上去又很像是艾玛的内心独白："有什么用？有什么用！"像是艾玛自己的内心告白，可又像是作者对她的内心痛苦的猜测与评价。"有什么用"这句没有双引号，不是艾玛自己说出来的直接引语，那么，它到底是间接引语还是作者的感叹？在此，福楼拜故意模糊了间接引语与陈述句之间的界限，从而模糊了叙述者语言和人物语言的界限，使得作者的话可以被理解为人物自己的语言，让叙事显得客观真实。这种不是来源于有据可考的人物信息，而是来源于作者的写作态度：不随时从叙事中现身对作品的人物、主题展开评述，不再将自己的思想和倾向强加给读者，而是把这一切隐没到大量间接引语中，通过间接地描述人物的意识活动，而把自己的意图隐晦地传达给读者。这种做法让人难以意识到创作者的主观介入，也就更容易获得受众的情感认同。

例如，在曾获中国新闻奖的新闻《祖国大陆首次实现大宗粮食对台直接贸易》中，主持人说"河北是全球最适合玉米生长的地域之一"，而玉米的品质究竟如何，却是紧接着由同期声从客户（台湾中华食物网首席行销长）的角度来说的（客户说"河北玉米在品质上非常接近我们过去使用的美国2号玉米"）。

这则新闻如果一开始就由主持人说"河北是全球最适合玉米生长的地域之一，河北玉米在品质上非常接近客户过去使用的美国2号玉米"。那就是典型的"莫泊桑"式做法，受众能够鲜明地感受到主持人在直接输出自己的观点立场。但这则新闻事实上的做法却是"福楼拜"式的，记者只陈述必要的客观现实背景，不做价值评判，体现了新闻的公正原则。但是新闻编辑又巧妙地采用了被采访者的语言，借客户之口讲出了新闻记者自己想做出的评判，不仅体现了新闻的导向，更增加了相关信息的可信度。

第十四章
《罗生门》——重新审视当事人

我曾经好几次面对一些电视业内的传媒人发问："在专题片中，主持人的现场讲述、当事人的自述和画外音旁白相比，哪个更有信服力？"

很多媒体人不假思索地回答："当事人。"

但实际上并不一定如此。

北京电视台《好人故事》栏目中曾经播出过一集《救命的司机》，新闻故事一开始，一个少女落入路面塌陷的坑中。很明显，少女生命的安危首先就取决于这个坑有多深。节目完全可以渲染"这坑有多深"的问题，提醒电视机前的观众意识到这个问题的重要性，同时也可以为观众制造悬念和紧张感，增强节目的叙事效果。

这期节目中，关于"坑有多深"也的确做了些强调，分别由主持人、旁白和目击者各自表述了一遍"坑有多深"的问题。

首先是主持人。就在节目播放完少女摔落的监控画面之后，镜头立刻切换到了演播室中主持人那里，主持人面对镜头时说了这样一段话：

主持人：听到喊声，有很多人都围到坑前，往下一看，简直吓了一跳，里面是漆黑一片，深不可测，少说有五米深。

紧接着，节目讲述一个出租车司机主动跳到坑中去救助女孩的故事。在一段目击人的同期声之后，旁白再次开始描述这个坑的深度：

旁白：就当时的情况看，这个坑口只有一米宽，但是深不可测……再加上，至少五六米的深度，至少三层楼那么高。

这段旁白之后，节目又加上了一位目击者的话：

目击者：感觉特别特别的危险，坑，七八米深的坑，上头全是黄土。

至此，主持人、旁白、目击者都逐一介绍了这个坑的深度。但现在的编辑方式却制造了两个问题：一是目击者说坑有七八米，主持人说坑有五米，旁白说有五六米，三个数字不尽相同，观众该信哪一个？二是观众对坑有多深这个问题形成危机感了吗？

每当我把这个节目的前几分钟播放给观众看的时候，我都会问大家一个问题："这坑有多深？"

几乎所有人都会回答：五米。

五米是主持人给出的数字，观众都相信了主持人的话。

很多传媒人出于理性，会习惯地认为对于观众来说当事人的话最可信，所以会在我前面提问的时候回答"当事人"。出于这个目的，很多传媒编导倾向于在作品中大量展示当事人的口述。我们会认为当事人的口述与主持人或旁白相比，更生动也更可信。同时，也有很多人基于这样的认识，会毫不犹豫地信任当事人的讲述，不去做交叉比对的调查。

可每次我播放这个例子给大家看的时候，大家都会发现，自己其实并不一定完全信任当事人。当事人、目击者可能提供错误信息吗？文学总是告诉我们：当然会！

关于当事人的话可信度有多高，日本作家芥川龙之介有一部著名的短篇小说《筱竹林中》就提供了有力的证明。在这个故事里，几个当事人分别对一桩杀人案做了不同的描述。江洋大盗供认是自己杀死了武士，可武士的妻子却说强盗没有杀死武士就走了，武士的鬼魂则通过女巫之口声称自己是自杀身亡。一个并不是很复杂的案件，却因为几个当事人各执一词显得扑朔迷离。作品让人们看到，每个人都会在事件讲述中加入主观部分。有些人为了塑造自己的特定形象，还会故意歪曲事实。这部小说就是要表现人的语言的不可信，尤其是与自己相关联的事，更加不可能不加掩饰实话实说，这才是人的本性。

这部小说后来被日本导演黑泽明改编成了电影《罗生门》。有趣的是，黑泽明最初决定投拍剧本的时候，有一个出品公司的经理一直在反对这部电影，甚至将主持拍摄这部电影的董事和制片人都降了职。可是等电影拍出来并先后获得威尼斯电影节金狮奖和奥斯卡最佳外语片奖后，这位经理却理直气壮地对记者们说这部电影的出品完全是出于自己的推动。黑泽明说："这才是真正的《罗生门》。"这句话充分证明了原作所揭示的"人的本性"。

传媒人应该深度理解小说《筱竹林中》或电影《罗生门》里所揭示出来的内涵。新闻事件的目击者都或多或少地参与事件之中，因此，传媒从业者不可不加分辨地就完全信任目击者、当事人全部的表述，而应该在得到目击者、当事人的材料之后再去做一些交叉比对工作，来保证自己提供的信息准确可靠。

当事人的话不可全信，还有另一个可能，那就是当事人自己获取信息的渠道受限，不能够得到全部的信息，只能得到部分信息，而这部分信息本身就可能不正确。遗憾的是，人们对这后一种可能的警觉性，远不如对前一种可能的警觉性强。多数情况下，观众会不加怀疑地相信目击者的说法。人们之所以对目击者的叙事可信度不够警觉，很大程度上源于人们默认目击者与事件没有利害关系，因此没有扭曲事实的目的，提供的信息因为客观而可靠，却忽略可能有很多因素会影响他们从而给出错误信息，放松了应有的警惕。

这种放松警惕的情况在人们面对文学作品时表现得特别明显。例如，《红楼梦》的前八十回中，基本完成了迎春人生悲剧的塑造，关于她最终的悲剧命运，人们基本没有异议。可是，谈到迎春人生悲剧的原因时，很多人，包括很多评论书籍，常会解释为她是被父亲贾赦用五千两银子变相地"卖"到了孙家，在夫家倍受羞辱，直到最后被虐待致死。

但事情真的是这样吗？

读《红楼梦》的读者在接受这个信息的时候，也许忘了问自己一声"贾赦欠孙绍祖五千两银子，把迎春卖给孙绍祖"这一说法的信息源是谁。

仔细读原文，我们不难发现，对读者来说，这信息源是迎春本人——不是作者而是当事人，不是作者曹雪芹以叙事人的姿态陈述的，而是当事人迎春回娘家时向娘家人哭诉的。

再把问题延展一步，迎春的信息源是谁？这一追问，我们立刻又能发现，迎春的信息源是那个折磨她的丈夫孙绍祖。

上面那个说法的出现，是迎春回娘家向娘家人袒露自己婚后不幸生活时，哭着转述孙绍祖的话时说出的。

因此，关于这条信息的准确性，首先就要经历一次考验：迎春有没有说谎？

读者根据小说中此前对迎春性格特征的描写，很容易得出结论：迎春是诚实而怯懦的，她的性格使她不会、也不敢编造谎话污蔑自己的丈夫孙绍祖。因此，对于信息的接受者——包括故事中贾府众人和书外的读者来说，孙绍祖提到过"欠五千两银子"的说法是可信的。

可问题是，很多人因此不仅相信了孙绍祖说过这句话，而且相信了孙绍祖说的这句话本身，而常常忘了问自己一声："孙绍祖有没有说谎？"

关于贾赦欠钱的说法，仅见于孙绍祖的话，贾赦自己没有承认，贾府中其他人也没有提及，因此不能验证这种说法的准确性。根据小说中迎春对孙绍祖人品的描述，孙绍祖人品恶劣，因而不能排除孙绍祖说谎的可能性。所以，关于迎春婚事的这个说法是可能存疑的。但是，很多人显然完全接受了小说中孙绍祖"五千两银子"的说法，而忽略了对这个信息的质疑。究其原因，人们相信了迎春的话，却忽略了迎春的信息来源可能有偏差，不够真实。正是由于这样的忽略，我们容易把讲述人所讲的话当作事实。

《红楼梦》中，关于"五千两银子"的说法，如果是由全知全能的第三人称叙事者以交代客观事实的方式叙述出来，那基本就是可信的，就如同迎春确确实实嫁到孙家一样可信。可当这个信息是由作品中性格懦弱的迎春转述暴虐的孙绍祖的话而来，虽然同样见诸纸面，读者对信息的信任就应该大打折扣了。但直到现在还有很多评论文章一谈到迎春的命运，就大谈她被父亲以五千两银子变相卖掉的说法，而忽略了这个说法本身并不可靠这一问题。

即使不是出于主观目的，当事人的话仍然不能尽信。因为当事人讲述的内容不仅与他们自己的立场相关，还与他们在事件中所处的位置相关。不是所有的当事人都能清晰地看清事件的全貌，他们只是在各自条件、位置、立场下的表达。而实际上，人们对"可信赖"的当事人提供的信息缺少必要的警觉。

正因如此，如果能够利用普通人的这种认知习惯，就可以为作品赢得很好的叙事效果。

仍然以《救命的司机》为例。在这则新闻专题中，观众之所以立刻就认定了坑有 5 米深，除了因为提供信息的是主持人之外，也与主持人最先提供这个信息有关。我们把这种现象称为"先入为主"，心理学上称之为"首因效应"，因此，人们很自然地接受了关于坑有 5 米深的说法。更何况，此后旁白说的"至少五六米的深度"也加强了人们关于 5 米深的认识。这个时候人们会如何理解目击者所说的"七八米"深？每当我问及观众这个问题时，大家都很宽容，自然地解释为："目击者看错了。"这说明，观众对主持人传递信息的信任，一部分也来自于生活常识，人们其实是知道目击者有可能会犯错的。观众能够从自己的生活经验出发，意识到很多人对深度的精确判断超过一定范围之后就会不准确，也就是说，对于没有亲自跳下去的旁观者而言，坑到底是五米、六米还是七八米是很难做出精准判断的，更何况节目中一再提到坑很黑，观众更能够理解坑外人的判断有可能失误。对于目击者判断力的有限性和因此提供信息的不准确性，观众是能够理解、体谅的。

正因观众在这种编辑顺序下可以轻易区分不同信息的可靠程度，才会形成一个问题：等到作品第三次提出"坑有多深"的问题时，观众有危机感吗？当观众听到目击者回答"七八米深"的时候，对这个答案有危机感吗？

几乎所有人的回答都是：没有。

当观众因为早已通过主持人之口得知了坑有多深，并且对这个信息深信不疑时，人们便不再对这个问题有未知的紧张感与探索的期待感，对于观众来说，这是一个早已解决了的问题，不需要反复拿出来说。

可是，如果全片只有"七八米"深的说法呢？人们是不是会相信呢？以观众对当事人提供信息的警觉度看，人们是会相信的。

那么，换一种情况，如果专题片先让目击者声称这坑有七八米深，再让主持人或旁白来说这坑有五米深，观众会信任谁呢？

这个设想就有意思了。一方面，观众信任目击者的话，也有首因效应的影响，可是另一方面，观众更信任主持人与旁白的话。如果这两个信息的先后顺序颠倒一下，会对作品产生什么样的影响？

可以想见的是，这能够构成一个小小的悬念。

在现在的编辑方式下，受众由于主持人的可信度和首因效应，早早地接受了坑有五米深的最终认识，带着这个认识来看目击者的话，人们不但不会因为目击者给出了更危险的数字而产生紧张感，反而会很快意识到目击者话语的不可靠性。但是如果反过来，人们先认可了目击者更危险的数字，再以主持人的权威力量来打破目击者不可靠的讲述呢？人们仍然能够理解目击者给出错误数字的客观理由，但同时也会对坑"浅"了两三米而暗暗舒一口气。

数字仍然是那些数字，坑仍然是那个坑，可是不同讲述人的讲述顺序变一变，对观众心理就会产生不同的影响。而观众的每一次紧张和松弛，都能为节目带来更好的收视效果。

这不正是新闻专题需要的效果吗？

第十五章
秦可卿的名字——谁的话最可信

在新闻《救命的司机》中，因为观众早已在心中认定了主持人所说的那个"五米深"的数字，再听到目击者提供的数字时，会在第一时间排斥这个答案，并立刻用生活经验意识到目击者的错误。

这个实验揭示出了一个问题：处于不同叙事层级的叙事者，对受众有不同的影响。

叙事层级是一个文学中普遍存在的问题，每一部文学作品中都有一个叙事人。无论古今中外，大部分传统的文学写作都是由第三人称的全知全能视角展开。就如同我们熟悉的那个故事：

从前有座山，山上有座庙，庙里有两个和尚。有一天，小和尚要老和尚讲故事，老和尚就说：

从前有座山，山上有座庙，庙里有两个和尚。有一天，小和尚要老和尚讲故事，老和尚就说：

从前有座山，山上有座庙……

……

连孩子都知道，这个故事是可以无限循环下去的。它之所以能无限循环，就是利用了故事的叙事层级可以无限下延的特点。第一句"从前有座山，山上有座庙，庙里有两个和尚。有一天，小和尚要老和尚讲故事，老和尚就说"是叙事人在说话，是最高的叙事层级；可是第二次出现的"庙里有两个和尚。有一天，小和尚要老和尚讲故事，老和尚就说"却不是叙事人的话了，它可以被理解为第一层叙事中那个老和尚所说的话，讲故事的人只不过是在模拟故事中老和尚的口吻在诉说故事，实际上的叙事人变了，也就是说，第二段"从前有座山，山上有座庙"和第一段"从前有座山，山上有座庙"不在同一个叙事层级上。有意思的是，这第二段的"从前有座山，山上有座庙"的叙事人同时又可以成为第三层故事的叙事人，第三层故事可以被理解为第二层故事中主人公的话，比之第一次出现的"从前有座山，山上有座庙"，它又往下延展了一个叙事层级。如此一来，叙事层级可以不断往下延展，这个故事也就可以无限循环了。

如果深入到故事中去问一问那两个和尚，他们是否知道自己处于叙事层级的第几层，他们一定会惘然无知地摇头，他们处在自己的叙事层级里，不知道还有叙事层级这回事。如果没有听故事的人，他们不知道自己身处在一个无限循环的故事中。

可是，故事是有听客的。当故事讲给听客时，不同层级的叙事对受众产生的影响是不同的。人们可以不相信故事里的叙事人，故事里叙事人的讲述行为会受到他们自己人格品性、视野立场等各种元素的干扰，可读者们都信任第一层叙事人，第一层叙事人讲述的态度是认真的，只有最高层的叙事人说的是真的，讲述的所有内容才成立，否则，整个讲述便都是坍塌的。

叙事层级的最大特点是，下一个叙事层级的内容不会影响到上一个叙事层级的可靠性。

在电视专题片中，主持人与旁白实际上就是作品的最高层叙事人。受众默认他们传递的信息都是真实的、准确的，甚至于，由于专题内容不是新闻的实况直播，都是事情发生之后编辑而成的，人们也相信第一层叙事人传递的内容是经过了事后考证的，因而也是最权威的。相反，当事人却都是第二层叙事人，他们是和尚所讲的故事里的那个和尚，虽然他们也在讲故事，可是他们所获得的信息的准确性却受到了主观或客观的影响。所以，传媒人在进行报道时，需要能够区分不同叙事人所述的内容可信度如何，什么样的内容该由什么样的叙事人来进行讲述。

也正因如此，如果善于利用叙事层级，电视新闻或专题就可以在保持客观、公正的同时传递出自己的价值取向。

在新闻节目中，旁白是新闻叙事的第一层级，其声音立场是新闻机构声音立场的代表，正因如此，这层叙事应该以客观公正为主，尽量只陈述事实，少出现有明显倾向性的语言。可是，新闻却又常常要出现倾向性。这个矛盾如何解决？把那些有倾向性的话交给下一个叙事层级去做。具体来说，就是交给当事人、目击者去做，新闻只是还原他们的声音。

从理论意义上来看，两个叙事层级之间的信息如果不统一，下一个叙事层级的信息内容不会影响到上一个叙事层级内容的可靠性。

用一个熟悉的例子来说明叙事层级的关系。

如果要问《红楼梦》中"十二钗"有哪些人，很多人会在这些名字中报出"秦可卿"。这是大多数读者都很熟悉的名字。可事实上，这个名字对于贾府中的人来说却是极其陌生的，因为这个名字只出现在第一层级中，从未出现在第二层级中。也就是说，在《红楼梦》的故事里，除了"秦可卿"自己，贾府中没有一个人知道"秦可卿"这三个字的存在。贾府的重要人物还有王夫人、邢夫人、薛姨妈、尤氏等，她们的名字是什么？小说统统不予交代。读者似乎也从来没想过去问一下。对于这些人来说，第一层级的叙事和第二层级是重合的。例如，在第二层级中，宝玉、黛玉等人喊薛姨妈为"姨妈"或"薛姨妈"，在第一层级的叙事中同样如此，小说每次涉及这个人物时都是写作"薛姨妈道"之类。可见，"薛姨妈"也是这个人物在第一叙事层级中的名字，这个人物的名字在第一叙事层级与第二叙事层级中是统一的。

也有很多人不完全统一。例如尤氏，在第二叙事层级中没有人直接喊她"尤氏"，而是根据第二层级中不同的人物身份，分别喊她"珍哥媳妇""珍大嫂子"或"东府大奶奶"等。但是在第一叙事层级中，她的名字是"尤氏"。小说中不会出现"东府大奶奶道"之类的说法，而是说"尤氏道"。但是，虽然这个人物的名字在两个叙事层级中并不完全重合，但第一叙事层级提供的信息并没有比第二叙事层级中的人物知道得更多，所以读者们也不会有什么困惑，更不会觉得这个人物的身上有什么秘密。

可是，到了秦可卿那里，情况就完全不一样了。《红楼梦》在第一叙事层级中提供了秦可卿这个人物很多身世背景信息，包括她其实并非其父亲的亲生女儿，而是从养婴堂抱来的孩子，以及她的小名叫可儿。可是，这些内容仅仅是第一叙事层级提供的，第二叙事层级里的人物完全不知道。正因如此，第五回中宝玉在梦中遇险，大喊了一声"可卿救我！"恰被贾蓉的妻子秦氏听见了。书中交代，秦氏听到这句话后非常奇怪，内心活动是："我这名字两府中无人得知，他怎么叫了出来？"很明显，通过第二叙事层级中秦氏自己的话来强调，这些信息在第二叙事层级中，也就是在故事中无人知道，只是第一叙事层级的叙事者提供给读者的。

当代读者也许很难想象亲人之间相互不知道小名，可是在明清时期却很常见。王安忆的小说《天香》可资旁证。这部小说以明代中晚期的上海书香门第家族为背景。小说中，女主人公"小绸"的名字是她丈夫好不容易才问出来的，她与妯娌生死之交的友谊，也是从交换闺名确立下来的。对于读者来说，"小绸"是一个不断在作品第一层级中频繁出现的名字，可是小说也反复强调，小绸这个名字是第二层级中的秘密，以至于小绸与丈夫交恶之后最气恼的事情就是把自己的闺名告诉了他。

两部小说都强调了不同叙事层级之间的信息差别，只是写于清代的《红楼梦》没有像小说《天香》一样强调秦氏的乳名在第二层级中是个无人知晓的秘密，读者也就容易忽视两个叙事层级提供的信息不对等的问题。

由于两个叙事层级提供的信息不对等，两个层级对公众注意力的争夺也就开始了。读者带着信息量更丰富的优势来俯视第二层级里的故事内容，自然就会觉得有很多疑云。例如，对于《红楼梦》有人质疑作为贵族世家的贾府怎么会迎娶来历不明的秦可卿为长房媳妇。这个时候，读者忽略了这个信息从未出现在第二叙事层级中，不管是直接引语还是间接引语中都没有人表示过了解这个信息。这是第一叙事层级中的作者用全知全能的视角讲出来的，而是不出于小说中任何人物之口。由此可以推想，秦可卿的真实身世很有可能连秦可卿自己都不知道，更别提贾府中人了。如此一想，秦可卿以抱养女儿的身份却成为贾府长房媳妇，也就不奇怪了。

但是，人们的困惑恰恰可以证明，普通读者对叙事层级的问题并不敏感，人们以信息的全貌来接受信息，而不在意信息从何而来。虽然第二层级的信息似乎与第一层级提供的信息有矛盾，但人们都不质疑第一层级的可靠性，而是怀疑第二层级的可靠性。这也是普通读者对第一叙事层级更信任的表现。

事实上，围绕秦可卿这个人物的问题在于，她除了第一叙事层级、第二叙事层级之外，还有另一个更高的叙事层级提供了新的信息。"秦可卿"这个名字从未出现在第二叙事层级中，在第二层级中对她的称呼与对尤氏的很像，人们一般是根据不同的身份喊她"蓉哥媳妇"等，这符合小说创作时代中的具体情境，贾府众人不需要也没有立场来称呼她"秦可卿"。但是，"秦可卿"三个字事实上也没有出现在第一叙事层级的正文小说中，每每作者以第三人称叙事提到她时，都是简单地称她为"秦氏"，仍然与处理尤氏的情况相似，并不引导人们去注意第一、第二两个叙事层级之间的信息差异，从而保持了两个叙事层级之间关系的和谐。

可是，全书却在回目中出现了"秦可卿"三个字。在明清章回小说中，回目是一个很奇特的存在。它接近第一叙事层级，但是回目文字常常有总结、预言的特点，可以独立于第一叙事层级出现，自由表达作者的主观情感态度与立场，被视为超越叙事层级的存在。当代人所熟悉的"秦可卿"三个字，在《红楼梦》前八十回中只出现在第十三回的回目里"秦可卿死封龙禁卫　王熙凤协理宁国府"。可是现在最代表这个人物的名字，既不是出现在第二层级中的"蓉哥媳妇"，也不是出现在第一层级中的"秦氏"，而是那个出现在超越叙事层级的回目中的"秦可卿"。作者在回目中毫无顾忌地超越了两个叙事层级中的信息，直接给出了新信息，这个信息被读者们广泛接受。

由此可以看出，不同叙事层级之间的信息如果不完全统一，人们更容易接受高叙事层级的信息。因此，下一层叙事层级的信息即使有些错漏，人们也只会把责任归于下一个叙事层级，但不会影响上一个叙事层级的权威性。这就是传统小说中全知全能视角对读者的内在影响。在文学的传统叙事模式中，绝大多数信息都以第三人称的叙事人叙述出来，叙事者用自己叙事的权威性来保证所叙信息的准确性，人们在这种传统下，往往会习惯性地认同所有小说中给出的信息，罕有提出质疑的。

如果传媒人善于利用叙事层级的特点，新闻节目就可以在客观、公平与立场、倾向之间寻找到艺术的平衡手法。在新闻或专题中，主持人与旁白的声音都属于第一叙事层级，当事人的话则属于第二叙事层级。正因如此，在新闻专题中，如果目击者、当事人在同期声采访中给出错误信息，观众更倾向于把责任归于他们个人，因为他们属于整个节目的第二叙事层级，这个叙事层级里的错漏不影响第一叙事层级的权威性。所以，在上面的例子中，即使目击者说坑有七八米深，人们也只认为是目击者搞错了，而不会怀疑是主持人说了谎。

以前文提到的新闻《祖国大陆首次实现大宗粮食对台直接贸易》为例，"河北玉米在品质上非常接近美国2号玉米"这一信息之所以能够被人接受，不仅在于新闻利用了大多数观众对同期声的信任，也在于主持人的话与同期声这两个叙事层级之间的信息没有冲突。在这种情况下，公众会忽略叙事层级间的关系，像信任第一层级一样信任第二层级，使得媒体能够完成自己所想要的信息传达，而且，第二层级中的叙事人是客户，具有买方身份，而第一叙事层级中的主持人隐含着卖方的身份立场，作品让客户在第二叙事层级中来品评品质，媒体不需要为第二叙事层级信息的可信度负全责，信息的责任以客户的买方身份为背书，会让观众觉得与生活经验更贴近，也就更可靠。

但是，如果第二层级的声音上升到第一叙事层级中来时，节目就必须为那些信息负责了。假设，上面的新闻中不是客户对着镜头以同期声的方式把"河北玉米在品质上非常接近我们过去使用的美国2号玉米"这句话说出来，而是由主持人或旁白转述，哪怕旁白说的是"客户说河北玉米在品质上非常接近他们过去使用的美国2号玉米"，相关的责任、效果就都会发生变化。虽然是同样的内容，一旦由主持人转述，事实上就从第二叙事层级上升到了第一叙事层级，第一叙事层级就需要为它负责了。

就如同前文所提到的《救命的司机》，关于坑有多深的问题，第一次提到的时候虽然是主持人说出来的，但却是以模拟目击者的语气来说的。主持人的原话是："听到喊声，有很多人都围到坑前，往下一看，简直吓了一跳，里面是漆黑一片，深不可测，少说有五米深。"整个句子的主语是"很多人"，往下看的是"很多人"，吓了一跳的是"很多人"，发现里面漆黑一片深不可测的是"很多人"，认为少说有五米深的也是"很多人"。这"很多人"指的围观群众，是事件中的目击者，所以这"少说有五米深"是一些目击者的判断。可是，"五米深"是目击者的判断，"七八米深"也是目击者的判断，观众为什么那么信任主持人转述的信息？因为这判断由主持人转述，相当于主持人用自己第一层级叙事人的身份为它的确定性做了背书。

　　这个例子也给传媒人带来了一个警醒：第一叙事层级如果要转述下一叙事层级的信息，需要有明确的提醒，否则公众容易混淆叙事层级之间的信息差异。

　　生活中有很多这样的例子出现。一些人在广播电视等传媒机构上看到一些商品的广告，确信传媒机构本身的公信力，结果在受骗上当之后找到传媒机构来问责。对于这类事件，传媒机构经常会辩称那只是广告的言辞，自己不需要负责。其原理实际上就是两者处于不同的叙事层级，第一叙事层级不愿意为第二叙事层级的内容负全责。可是一些公众并没有注意到这两个叙事层级之间的差异，他们认为只要是广播电视播出的，就都被认作是受过相同标准审查的，都是可以确信无疑的。许多与媒体相关的纠纷事件便由此产生。传媒机构对于这些教训，一方面要警醒自己的审查责任，另一方面也要警醒到，很多公众对叙事层级之间的差异不敏感，因而不能轻易放任自己的社会公信力成为第二叙事层级的背书。

　　当代人为什么提到迎春的命运就会认为那是贾赦欠了五千两银子的缘故？那是由于当事人的话，我们信任了第二叙事层级的内容所致。

　　为什么提到秦可卿的身份就会奇怪贾府为什么以身世堪疑的女子为媳妇？那是由于旁白的话，我们信任了第一叙事层级的内容的缘故。

　　为什么提到"秦氏"就首先想到"秦可卿"？那是回目的话。在文学作品中回目是超越叙事层级的。

　　那么，在影像传媒中，有没有超越叙事层级的角色？

　　有的！那就是主持人的话。从整体上说，主持人的话属于第一叙事层级，所以，主持人在演播室说出的话，看似不经意，却可以给观众留下深刻的印象。

　　当代传媒大战是一种对受众注意力的争抢，在行业间如此，在节目间如此，在同一个节目内部亦如此。人的时间和注意力都是有限的、不可再生的，正因如此，它们都成了稀缺资源。传统媒体与移动新媒体抢夺受众的时间，在这样的抢夺中，移动新媒体因为挖掘了碎片时间资源而获得胜利。在新兴媒体中，诸多有声平台因为在注意力争夺中调动了受众的视觉注意力而崛起，同样，在节目内部，不同元素也在争夺受众的注意力和信心。

　　从生理上说，人类获取的外界信息85%以上来源于视觉，其次是听觉，这也就造成了绝大多数正常人的注意力主要集中在视觉上，对视觉形象特别敏感，也特别容易被视觉调动起注意力。如果视觉与听觉在表述着同一种信息，两种注意力重叠，人们比较容易记住这个信息；相反，如果视觉和听觉分别表述不同的信息，人们的注意力容易被视觉牵引，而听觉的注意力则会衰退。

主持人在演播室中播报某些信息时，视觉信息与听觉信息是重合的。这个时候，主持人的话就如同中国古代章回小说中的回目一样，特别容易吸引人们的注意力。人们习惯于从章回小说的标题中获得详细内容的概括，其中，任何对正文内容有一点点暗示意味的文字都很容易被人发现，进而被人反复咀嚼、牢记。就如同《红楼梦》前八十回中全篇只出现过一次"秦可卿"这三个字，反而会被人牢记。

唯其如此，主持人在演播室的话语应该简短精练，旗帜鲜明。

但主持人的话语又不全是第一层级的，很多时候，主持人的语言会与第二层级的合二为一。例如，每到台风肆虐的时候，我们都能看到记者、主持人亲自站在风雨里进行现场报道，很多人还被风雨吹得东倒西歪，即使如此也在坚持报道。有没有人想过，记者、主持人为什么要进行这种"自虐式"的报道？

如果说，他们这么做只是为了证明新闻的可靠性，实际上完全无此必要。主持人、记者仅仅凭借第一叙事层级的权威性，坐在演播室里告诉大家雨量有多大、风力有多强，人们完全不会质疑这些信息的权威度，不需要记者、主持人用自己的身体来实地测量。

如果记者、主持人这么做是为了拍出风雨的形象感，让报道更生动具体，那么也无此必要。电视台完全可以出动摄像甚至是无人机拍摄风雨中的实际场景作为播报的佐证，不需要记者、主持人亲身"自虐"。

那么，让主持人、记者亲自展现自己东倒西歪地报道台风新闻的意义何在呢？为什么这样的新闻更能够感染受众，比拍到一般路人被吹得东倒西歪更让观众震撼？

这个原理也与叙事层级相关。正常情况下，主持人与记者是属于第一层级的，相对于第二叙事层级具有一定的信息优势，可当记者、主持人亲自站在风雨里的那一刻，他们主动下降到了第二叙事层级，而且是带着第一叙事层级的所有优势，这样他们的身份就同时兼具了第一叙事层级和第二叙事层级的特点。如此一来，记者、主持人的报道在他们所报道的内容之外还附加上了一层信息，那就是"我没有退却、我在场"的强烈暗示，记者、主持人向受众展示的实际上是第一叙事层级所代表的媒体的勇气。这种展示也许无助于信息本身,但是却能够感动受众。

宏观经济学的理论基础预设是:每一个人都是理性的,所有行为都是合乎经济逻辑的,而这个理论却逐渐被打破,人们越来越意识到,人不完全是理性的动物,人对感性的需求有时候超越实际的物质利益。所以,观众看新闻的目的也不仅仅是接受信息。当观众看到记者、主持人在风雨中飘摇时,内心受到的震动有助于进一步密切与第一层叙事者之间的关系,也就是说,有助于增加受众对媒体的好感。这就是在当代技术条件下,依然有很多传媒人愿意冒着危险亲临第一线的原因。传媒人这么做,可以巩固人们对第一叙事层级的信心。

在某些时刻,主持人也超越了叙事者的身份。主持人经常可以在演播室里点评新闻,这是主持人超叙事层特点的体现。但是,即使主持人有这些游离的或超越的身份存在,他们仍然是新闻或专题的一个叙事者,而且是属于第一层级的叙事人。同时,主持人与旁白不同,旁白的角色接近文学中的隐含作者,而主持人的角色接近文学中的叙事者。

在文学中,隐含作者是永远存在的,但叙事者却不一定。对于很多以第三人称全知全能叙事视角来叙事的作品来说,隐含作者与叙事人是合一的。但是也有一些作品却在隐含作者之外还有一个叙事者。例如,《水浒传》的隐含作者就是叙事者,而《红楼梦》的叙事者却是那块记录了所有故事的石头。

隐含作者虽然不可避免地会在作品中流露出自己的价值观和意识形态,但不会活跃地跳出来明确表达自己的观点。可是叙事者就不同了,叙事者可以旗帜鲜明地亮明自己的看法。中国古代小说中常有"看官且道为何"之类的语句出现,就是在提醒读者们叙事者会跳出来表达自己的态度。这样一来,叙事者就可以营造出自己鲜明的个性形象。

我们在新闻等传媒作品中,也能够看到不同的记者、主持人呈现出鲜明的个性特征,包括他们点评新闻事件的语言、肢体动作、细微表情等,记者、主持人可以以这些个性色彩为自己的节目增添吸引力,而且,他们的表现大多能够得到观众的认同。哪怕其表达方式有些激烈,人们也不会将它立刻与其背后的新闻机构的公正、客观要求联系在一起。所以,近年来经常能够在新闻节目中看到主持人的激烈表达,甚至有人在评论新闻时拍桌子。虽然他们属于第一叙事层级,但这个时候他们都在凸显自己作为叙事者的个性色彩。

这个时候的叙事者与隐藏作者的关系是怎样的？如果主持人这个时候是叙事者的话，隐藏作者就是他们背后的媒体机构。叙事者的表达方式，其实就是媒体机构审美观、价值观的一种折射。

2006年，央视的黄健翔在一场足球比赛的解说中情绪过于激动，出现了"叫喊式"的解说，随后，黄健翔很快离开了央视。但是，此后黄健翔又频频出现在湖南卫视、凤凰卫视等其他媒体中。这就是叙事者和隐含作者关系的一种体现。叙事者的表达方式受到隐含作者的制约，但隐含作者又需要有特点的叙事者来表达其审美、文化判断。

所以，在传媒领域里的主持人是一种很微妙的特殊存在，他们是亮了相的叙事者，把自己放在高光区备受关注。就算他们在事件现场提供信息，观众也不会把主持人视作事件中的一员、一个目击者或当事人。目击者与当事人都可以由于各种原因释放错误信息，可是在场的主持人却不可以，在场的主持人仍然是讲述人、叙事者。

并非只有主持人是叙事者。如果新闻或新闻专题跟随着某个当事人的视角展开，这个当事人就是叙事者。20世纪90年代，新纪录片运动时期的一些纪录片主动减少旁白甚至干脆不用旁白，就让摄像机跟随当事人的视角，使当事人成为叙事者，将第一叙事层级与第二叙事层级融合在了一起。

此外，旁白也可以成为叙事者。有些旁白采取第三人称全知全能视角进行叙事，这容易让人们忽视叙事者的存在，且更能体现隐含作者的特性。如果在撰写旁白文稿时主动加入些角色意识、交流意识，旁白也能成为叙事者。这样一来，旁白就能够引导人们以叙事者的眼光观察事物，从而让作品展现出不同的交流效果。

第十六章
《窦娥冤》冤不冤？——理解受众

在文学作品中，如果明确提出了叙事者，也就意味着出现了明确的叙事视角。叙事视角不仅仅是"我、你、他（她）"的结构，还包括不同的聚焦方式。一般来说分为全知视角和限知视角。全知视角最常见，也被称为"非聚焦"方式视角。这种叙事视角以第三人称行文，可是又不固定任何一个人物作为观察者，而是可以高高在上地俯视所有人物的外部行为特征和内部心理活动。在很多小说中，读者既可以看到人物怎么做，也可以看到人物怎么想，此外，还能看到人物的对手、朋友如何做、如何想，仿如有一个全知全能的神俯视小说中的芸芸众生——这个神即是作者，也是读者。这种叙事视角的优点是全面且几乎让人感觉不出叙事者的存在。

但限知视角就不同了。限知视角是明确指定了一个叙事人，作品以这个人物的视角展开，只要不是这个叙事人在场的行为一概看不见，只要不是这个叙事人本人，其他人物的心理活动一概不知。而且，根据作者与作品中叙事人的关系，可以分为第一人称、第三人称两种；根据作者对人物的观察深度，也就是对人物内心的掌握程度，又可分为只描写人物行为的外聚焦叙事和同时描写行为与心理活动的内聚焦叙事两种。如此一来，就可以组合出现另外 3 种常见的叙事视角：第一人称内聚焦视角、第三人称内聚焦视角、第三人称外聚焦视角。

第一人称内聚焦视角是很多作品常用的模式。这种视角的特点是作品中始终有一个强烈的"我"的存在。读者仿佛跟随着这个人物的眼睛看到外在世界，也可以深入了解这个人物的内心世界。但是，当作品中的"我"不在场时，外在世界中其他的事件、场景就无从得知，他人的内心更无从了解。用这种视角写作的作品，能展示叙事人丰富细腻的内心世界。作品中经常会有大段的空白出现，这些空白又能构筑起一些微妙的悬念。在影视作品和传媒作品中，经常以"我"为叙事人，配以大量的内心独白，来大大增加作品的情感性。

第三人称外聚焦视角和第三人称内聚焦视角都设定了一个第三人称的叙事人，再用这个叙事人的视角铺开叙事。这两种叙事方式的不同之处在于，第三人称外聚焦叙事只展示从这个第三人称视角看到的一切，而第三人称内聚焦视角还可以展示这个第三人称叙事人的内心感受。与第一人称叙事内聚焦相似，这两种叙事都可以留下一些空白，尤其是第三人称外聚焦叙事，只展示外部行为而缺乏内心活动，空白更多，也显得更客观。

全知视角、第一人称限知视角、第三人称内聚焦视角和第三人称外聚焦视角都有各自的优势。

全知视角的最大特点是创作者有很大的自由空间，不仅可以具体刻画所有人物，还可以超越故事点评人物，甚至可以提前预告结局。名著《百年孤独》开篇第一句话一直被人推崇："多年以后，奥雷连诺上校站在行刑队面前，准会想起父亲带他去参观冰块的那个遥远的下午。"这句话的魅力就在于，它在一句之内凝结了现在、过去、将来3个时空，如果换做英文的说法，这是"将来过去完成时"。之所以这么做，也是因为叙事者超越时间的优势。

除了现场直播类的新闻节目，传媒人的作品也是"过去时"的，无论事情发生在一天前、一小时前，还是一分钟前，那都是对过去的报道。但是，传媒人又有一个优势，那是处在现在时空的人对过去的事情有信息更完整的优势：处在事件之后的人能够掌握比事件中的人更多的信息。这个优势如果被还原到所报道的现在时空中，就可以转化为"预知将来"的优势。运用全知视角就可以将这种超时空优势充分展现出来。传媒人可以在新闻或专题中直接道出处在过去时空中的当事人所不知道的那些"将来"，指明"当时"的事件与"将来"之间的联系，从而制造悬念或深化主题。

例如，前文提到的《90后草鱼达人》中，主持人与旁白一起，从当事人开始创业就强调他"三年内败光了百万家产"，这就是全知视角优势的体现。"三年内败光了百万家产"的事实，在三年前人物创业之初是无人知晓的，但是全知视角在讲述中却预先宣告了这个结果，从而为节目增加了悬念。试想，如果节目完全跟随创业的主观视角展开，与人物创业时一样不知道会有怎样的结果，观众又怎么会产生等待的期盼呢？

传媒人经常使用的另一种叙事方式，是同时设置若干个限知视角，通过同时向观众展现这些限知视角叙事者的讲述内容，形成作品内外的信息差异，从而产生叙事上的张力。

这种情况在文学作品中很常见。虽然叙事者的视角是限知的，可是观众通过其他限知视角的叙事者得到了信息，因此受众是全知全能的。观众因此可以带着信息的优越感去看待每个叙事者的叙事，可以品评他们，也可以为他们担忧。

这种情况最典型的就是在戏剧中的每个人物都是限知的，每个人物对于他人内心所想，只能猜测，不能明确掌握，同样，每个人物对于他人的行为，只要自己没看到就不会知道，但观众却知道一切。所以，英国《哈姆雷特》中的王子最后与人决斗时并不知道对方的剑上有毒，中国《窦娥冤》中的窦娥和那个糊涂的县官事实上也并不知道到底是谁毒死了张驴儿的爹，但观众都知道。可是观众经常忽略叙事者的视角限知，而以自己得到的综合信息来评判事件，从而产生叙事上的悬念。戏剧观众看到了人物的一切行为，也"听见了"每个人物的内心独白，了解每个人物真实的内心感受，却经常忽略故事中的人物并不了解全部内容。

例如，《窦娥冤》的观众大多认为窦娥的冤案完全是由于县令贪赃枉法，明知窦娥冤枉还故意冤杀她。可事实上，如果用叙事视角进行分析，我们会发现，县令收钱是真，没有好好调查就妄下结论也是真，但是县令真的知道事情的真相而冤杀窦娥吗？那可不一定。事情的真相只是被观众看到了而已，而还原到戏剧故事中，张驴儿在汤里下毒的事做得非常机密，故事中的人物，包括窦娥、窦娥的婆婆、死去的张老汉，一个也不知道。如果当代观众把自己还原到那个真实的戏剧情境中便不难发现，如果我们自己就是那个县令，我们也很难判断到底是谁在汤里下了毒。因为大家都没有证人，甚至于，窦娥都没有在公堂上指认是张驴儿下毒，她只是反复声称自己没有下毒，还是在没有证据，也不愿意让唯一的证人窦婆婆上公堂作证的情况下反复声称的。如果县令真的调查窦娥的日常行为，就会知道窦娥反对婆婆与张老汉的婚事，那反而更加重了窦娥杀死张老汉的可能性。由此看来，县官不管有没有收钱，以他当时所掌握的信息来看都有可能会冤杀窦娥。

作为观众，我们可能很难接受这样的结果。我们会坚持认为，县令冤杀窦娥是他的人品问题，是因为他又贪又糊涂。之所以形成这样的判断，是因为每一个读者、观众都知道事情的真相。读者、观众通过剧本看到了张驴儿下毒的全过程，我们知道这桩杀人案的真相，可是我们也正因此容易忽略了剧中人并不知道我们所知道的真相。

这就形成了强烈的戏剧张力：所有的观众都知道真相，而剧中人却不知道，所以观众只能眼睁睁地看着窦娥走向冤死的路却无可奈何，这能唤起人们巨大的同情。但这种同情心的唤起也源于作品全知全能的叙事方式带给观众的超然地位。观众迷醉在掌握丰富信息的优越感中，这种优越地位是由文学作品全知全能的视角带来的。文学作品之所以能够做到这一点，正是利用不同的限知视角组合叙事来完成的。

这种众多限知视角组合成了人物限知、观众全知的特点，当不同人物的叙事并行呈现时，就可以形成"众声喧哗"的效果。这种手法尤其适合一些法制类的节目。一个复杂案件出现后，总会有嫌疑人、受害人、嫌疑人亲友、受害人亲友、中立目击者等不同身份、立场的人做出自己的陈述，他们的陈述可能相互间存在矛盾、攻击、推诿等情况。传媒人可以同时展示给受众看：甲如何想如何做，乙如何想如何做，丙如何想如何做，丁如何想如何做……从而充分展现事件的复杂性。节目组还能通过编排隐蔽地体现自己的立场，表现自己的评判，让观众不仅能够看清事件的全貌，还能够看到事件背后折射出的深层人性。

如果叙事者是唯一且明确的，那么节目只能用第三人称限知视角展开，即使如此也有全知视角无法企及的优势。在第三人称全知全能视角的叙事中，观众的移情是比较游移的，观众心里认同的移情对象通常会受到接触的时间、频次、价值观等众多元素的影响。然而，在第一人称或第三人称内聚焦的叙事中，由于叙事者在场感强烈，叙事者比较容易用自己的情感感染受众，观众比较容易把自己代入到叙事者身上，就此实现审美移情，让观众不知不觉地被叙事者引导着认同其情感和价值观。

传媒作品大多采用外聚焦叙事，新闻节目通常只报道新闻人物的言谈举止，不揣摩人物内心，以展现新闻对客观的尊重。但是专题节目却经常深入到人物内心，让人物面对镜头说出自己的想法，用自己强烈的主观情绪来感染受众。

例如，在前文提到的《看见·教练李永波》中有这样一段：

旁白：亚特兰大奥运会比赛前夜，李永波失眠。

李永波：一直睡不着，就一直在想所有的结果。赢了，会怎么怎么样；输了，会怎么怎么样……

旁白：这次奥运会上，葛菲、顾俊的双打为球队实现了金牌零的突破，这之后，李永波有两天时间兴奋地没有入睡，这一次是因为金牌的滋味。

第一次旁白只介绍了"李永波失眠"，这是一个可以被观察到的行为，这个介绍是客观的，甚至没有涉及李永波失眠的原因。随后，节目在没有任何过渡的情况下直接接上了李永波自己的讲述，这就是在节目中突然加入的第一人称内聚焦的叙事，向观众展示他的内心世界。当事人自己深入分析自己的内心世界，要比由旁白来说"李永波失眠了，一直在想所有的结果。赢了，会怎么怎么样；输了，会怎么怎么样"的效果更好。可是，也正由于前面有了第一人称内聚焦的铺垫，第二段旁白就悄悄有了第三人称内聚焦的特征："这之后，李永波有两天时间兴奋地没有入睡，这一次是因为金牌的滋味。"旁白直接交代了李永波的内心。由于前面引入的第一人称内聚焦叙事，之后旁白的第三人称内聚焦叙事特征也变得容易被人接受。

不仅内聚焦叙事能够帮助观众实现审美移情，在电视行业里，第三人称外聚焦叙事的作品同样能够做到这点。2012年伦敦奥运会的申奥片，就是因为独辟蹊径采用第三人称外聚焦叙事，取得了特殊的艺术效果。

中国 2008 年北京奥运会的申奥片用美轮美奂的画面展示了北京的文物古迹、自然风光、现代都市、市民风情。在这些画面的背后，观众感觉到创作者无处不在，视角既可俯瞰大地，又可深入茶馆、商场，这同时也意味着宣传片中没有一个固定的观察者。可是，2012 年公布的伦敦申奥片，第一个镜头是一个跑步的少女。这第一个镜头就奠定了全片第三人称外聚焦叙事的特征。镜头跟随这个晨跑的少女跑过伦敦的大街小巷，无论是伦敦塔、白金汉宫这样的知名历史古迹，还是各行各业普通人的日常生活，都不再是镜头中的主体，而只是这个晨跑少女的背景。本片的摄像机似乎一直跟随在这个晨跑少女的身旁，为了记录她而记录下了伦敦的方方面面，于是她就成为全篇的结构线索，也成为一个叙事者。这个叙事者是第三人称外聚焦的，在本片中她只是在慢跑，似乎没有任何心理活动，但是她的存在却牢牢吸附着观众的注意力。

直到现在，绝大多数宣传片，包括国内的各种风光片、形象片和当前各国的申奥片，仍然大多采用非聚焦叙事，这样导演可以有更多的驾驭空间来自由转换被摄的场景和主题，可以天上地下多角度展现被摄物体的壮美。而伦敦申奥片这样的第三人称外聚焦则不同，因为全篇用一个普通人为叙事者，摄像机就必须仅仅贴近普通人的视野，不能航拍、不能微距，不能出现明显的变速镜头，不能出现任何与普通人生活经验差别巨大的场景画面。这些禁忌相当于束缚住了摄像机的手脚。但也正因如此，镜头里展现的信息与生活中普通人观察世界时一样有限，叙事者与观众的生活经验更贴近，也就更容易被观众认同，同时也更容易在限知视角下的作品中产生移情。这两种不同的拍摄方式，也正体现了全知视角叙事者与有限视角叙事者各自的优劣。传媒人可以仔细揣摩不同的叙事视角对受众的影响，以及不同叙事视角的特点，并结合自己的需求，以合适的叙事视角帮助自己进行情感表达。

第十七章
《双城记》——绝处逢生的"让谁说"

可以担任第三人称叙事者的，未必一定是人。例如，《红楼梦》中很多时候都是用第三人称全知视角叙事，可有时又会模拟起宝玉所带的通灵宝玉的口吻来叙事。第十五回中有一段："凤姐因怕通灵玉失落，等宝玉睡下，令人拿来在自己枕边。却不知宝玉和秦钟如何算账，未见真切，此系疑案，不敢创纂。"如果这里依然沿用第三人称全知视角，要么明确写出来宝玉和秦钟"如何算账"，要么干脆连这一句都不提，让人忽略还有"算账"这回事。可是在这里却偏要事先交代通灵玉被凤姐拿走没有和宝玉一起就寝，然后再声称宝玉和秦钟的事情没有看见，明确了这是通灵玉的主观视角。此外，还专门为通灵玉设计了"心理活动"，交代清楚它"不敢创纂"——仿佛它真的有心似的。

这一段叙述的巧妙之处在于，原本没有生命的通灵宝玉似乎被赋予了生命，突然由它展开了叙事，出现了故意的不写之写，留下空白惹人猜想，弥补了全知全能视角的不足。

《红楼梦》中的通灵宝玉之所以能突然"跳出来"叙事，在前文是有铺垫的。小说一开始就说明这段故事是记录在通灵宝玉上的，更何况通灵宝玉是一个物质实体，作品以一个实体的眼光来进行叙事，这使得通灵宝玉的这段话并不算突兀。

既然可以让实体"跳出来"叙事，也可以进一步将这种叙事手段向前发展，即把抽象名词实体化。例如，狄更斯的名著《双城记》中就有这样一段精彩的描述：

　　饥饿无所不在，它专横霸道。饥饿是破烂不堪的衣服，在竹竿上，绳子上，从高高的楼房里挂了出来；饥饿用稻草、破布、木片和纸补缀在衣物上；饥饿在那人锯开的少量木柴的每一片上反复出现；饥饿瞪着大眼从不冒烟的烟囱往下看；饥饿也从肮脏的街道上飘起，那儿的垃圾堆里没有一丁点可以吃的东西。饥饿写在面包师傅的货架上，写在每一片存货无多的劣质面包上，写在腊肠店里用死狗肉做成出售的每一根腊肠上。饥饿在旋转的铁筒里的烤板栗中摇着它焦干的骨头嗒嗒作响。饥饿被切成了一个铜板一小碗的极薄的干洋芋片，用极不情愿花掉的几滴油炒着。

　　"饥饿"与通灵宝玉不同，它没有物质形态，是个抽象名词。可是狄更斯却把饥饿实体化了，"饥饿被切成了一个铜板一小碗的极薄的干洋芋片"让抽象的饥饿有了体积，有了重量感；当"饥饿瞪着大眼从不冒烟的烟囱往下看"时它有了生命，当"饥饿用稻草、破布、木片和纸补缀在衣物上"时它还有了意识。一系列的拟人手法让"饥饿"这个抽象名词具备了人格化特征。

　　可见，如果想进行视角的转换，不一定需要一个现成的叙事者，只要有意识地寻找，人、物甚至抽象的事物都可以成为叙事视角，这就大大拓宽了传媒人的表达手法。

　　央视体育频道《体育 DNA》中有一期《冬奥的期待》就利用了这种手法。《体育 DNA》以奥运会比赛资料为主要素材，将某项运动的专业知识与比赛故事、运动员故事结合起来。《冬奥的期待》这一期节目的主题是冬奥会上花样滑冰比赛中双人滑的"抛四周跳"这个动作。在体育发展史上，"抛四周跳"不仅是一个高难度动作，而且是中国选手首创的动作，甚至截止到这个专题片播出时，也还是只有中国选手才能掌握的动作。可以说，这个动作是中国花滑运动崛起的一个重要标志，为中国花滑双人滑带来了巨大的国际声望。

　　可问题是，摆在编导面前的素材却有一个巨大的问题。因为这个节目主要以奥运会比赛资料为素材，但是，中国两对选手在冬奥比赛中做这个动作时都失手了。

　　第一对完成这个动作的是申雪、赵宏博。他们是这个动作的首创者，是中国花滑双人滑中第一对登上冬奥领奖台的组合，也是中国花滑第一面冬奥金牌的获得者。这两名运动员最知名，几乎就是中国花滑的标志人物了。可是，两人在2002 年盐湖城冬奥会上用这个动作冲击金牌时，申雪摔倒后坐在了冰面上。当时，两人也只拿到了冬奥会的铜牌。

四年之后的都灵冬奥会上，申雪与赵宏博也参加了比赛，可是由于当时两人都带有旧伤，不能完成那样激烈的动作，因而当年两人没有在冬奥会上使用这个动作。

也正是在都灵冬奥会上，中国另一对选手张丹、张昊使用了这个动作。可是，张丹在做这个动作时也出现了重大失误，重重摔在冰面上，以至于不能继续完成比赛，中断音乐下场诊治。

可是，万万意想不到的是，张丹在迅速判断伤情之后，又在两分钟之内返回赛场，继续完成比赛。张丹的行为在当时就感动了所有的观众，当观众听到音乐重启，看到她在规则规定的时间内重回赛场，整个体育场的各国观众都为她鼓掌欢呼。在之后的比赛中，他们依旧保持高水准的动作，这让他们的后半程比赛几乎始终伴随着热烈的掌声完成的。最后，两人拿到了比赛的银牌。

四年之后的温哥华冬奥会上，这两对运动员都参加了比赛，可是他们都没有使用这个动作。不仅如此，四年后的索契冬奥会也没有中国运动员再挑战这个动作。事实上，直到节目播出后的 2018 年平昌冬奥会上才有加拿大运动员成功完成了这个动作，距离申雪、赵宏博的初次冬奥挑战已经过去了 16 年。

《体育 DNA》不是一个单纯的知识介绍节目，更不是一个教学节目，如果是那样的话，节目可以选取任何一段素材、任何一组人物，介绍动作难度即可。可是《体育 DNA》是一个体育类的专题节目，那就要吻合专题片的一些特点：有情节、有人物、有主题。这样的两段素材可以说情节、人物都有了，可是，两段故事展示出的主题却各有不同。

第一段素材的主题可以被归结为"创新"。如果运用申雪、赵宏博的材料，两人的动作创新和成绩突破将成为专题片的主要内容和主题。第二段素材的主题是"拼搏"。张丹、张昊不是动作的首创者，但是他们在比赛中所展现出的精神面貌却凸显了中国运动员的拼搏精神。但是正因为两段素材分别指向了不同的主题，对于专题片的编导来说，问题来了：该如何取舍素材？

如果专题片以"创新"为主题，张丹、张昊的拼搏故事就难免会被舍弃，因为这故事虽然精彩却不能契合主题；同样，如果以"拼搏"为主题，固然能淋漓尽致地展现张丹、张昊在比赛中的精神面貌，可是申雪、赵宏博的"创新"内容却很难被组织进来。

更关键的是，无论用哪一对组合的素材都有一个遗憾：两组运动员的动作都未能圆满完成，两组都或多或少地出现了失误。无论节目如何渲染这两组运动员所传递出的价值力量，都不能弥补观众看到素材后升起的失败感、缺憾感，这种失败感也会影响观众对节目主题的认同。而观看节目的观众总是下意识地希望能够从节目中得到正面激励，两段失败的内容如何给观众带来这样的激励效果呢？作品该如何淡化人们的挫败感？

这3个问题的解决都靠如何取舍吗？

很明显，这不是靠取舍就能完成的任务。如果要全部解决上述的3个问题，节目需要另辟蹊径，寻找一个能整体解决3个问题的办法。也就是说，要在确保两段材料都使用的前提下，为它们寻找新的主题来进行整体打包。

如果建立了这种思维，编导的问题就变成了：用什么主题来整合这两段素材？要圆满回答这个问题，编导要做的就不是寻找这两段素材的差异，而是寻找它们的共同点。

如果用这个视角来看问题，二者之间的内在联系立刻就浮现了出来：它们是截止到节目播出前冬奥会上唯二出现过的高难度尝试，而且这两次尝试都是由中国运动员发起的，在四年间，他们一起向世界展现着中国在这个项目上的整体实力和传承。

除了这个内在的精神联系之外，它们外在的共同点也很鲜明：失败。

对于观众来说，失败是令人遗憾的；可是对于素材来说，"失败"却可以是两段素材的共通点，可以作为联系两段素材的纽带，这样的纽带是可以拿来构造全片的。

可是如果用"失败"作为结构的纽带，那么要如何平衡观众的失望，淡化观众的挫败感，甚至激励观众从中看到正面价值？

这并非一个不可解的问题，转换视角之后会发现，这样的难题不攻自破。

失败是一个负面价值，可是，失败是对谁而言？

如果叙事视角是人，是运动员主体或者是隐含着的中国观众，那么中国运动员的双双"失败"确实令人遗憾。但是，一方的失败于另一方而言就是胜利，如果转换视角，失败还是失败吗？

这部作品选择了一个对立的视角，从而巧妙地化解了"失败"的挫败感。这个对立的视角就是两对运动员的对手——不是每对运动员各自的竞争对手，而是他们共同面对的那个永恒对手。

本片选择"奥运会"为运动员的对手，以这个对手为叙事视角来看待两场失败，巧妙地将"人的失败"转化成了"奥运会的失败"。

通常情况下，专题节目要遵从一定的新闻规范，只能介绍人物的行为，不能主动猜测人物的心理活动，也就是说大多用第三人称来展开叙事。所以在专题节目中，绝大多数的常规作品的叙事模式是"×××说……""×××（做）……"，即只向人们展现人物可以被观察到的行为。至于人物的主观意识，要么由人物自己说，要么由节目以间接引语的形式代为表达，也就是"×××想……""×××认为……"。前一种情况是在第三人称外聚焦中插入第一人称帮助叙事，第二情况是在第三人称外聚焦中插入第三人称非聚焦来帮助叙事，但不能在没有任何依据的情况下随意猜测他人内心活动，也不能忽然沉入人物内心世界。也有的节目为了凸显效果，强调叙事者的主观感受和个人意志，以第一人称或第三人称的内聚焦视角展开，但是所选择的叙事者大多就是当事人。

可是，如果节目中明确出现了叙事者，这叙事者也可以是其他事物。

最终，《冬奥的期待》的开头是这样的：

也许，每个运动员都在期待：把自己体育生命中最好的成绩奉献到五环旗下。那么，奥运会又在期待什么？

也许，它也在期待，期待能够亲眼见证一个时代的最高、最快、最强。

可是，就如同很多著名运动员遗憾从未拿过奥运会的金牌一样，奥运会常常也有自己的遗憾。

开篇利用拟人的修辞手法，实现了一次叙事视角的转换。节目把抽象的奥运会实体化，赋予了它生命与个性，专题片就可以大胆地为奥运会代言，来揣摩奥运会的"感受"，"展现"奥运会的内心活动。去替奥运会想、期待、遗憾。所有观众都了解奥运会本身只是一个运动会，没有实体，更没有生命，所以，所有观众从理性上都能理解这实际上是编导在运用的修辞手法，可是，这种拟人手法却很容易为人所接受，观众情绪能够被编导调动起来，以人的视角、情感去看待奥运会，进而认同编导为奥运会设计的那些情感与期待，节目也在此中引入了第三人称内聚焦的一些特征，暗暗完成了一次叙事视角的转换。

这样的视角转换有助于观众重新设置自己在节目中的移情对象。常规节目中的叙事者大多是隐身的，全知全能视角下，占据节目篇幅较多的人，也就是"主角"更容易赢得观众的移情。可是，当一个节目由两段素材组合在一起的时候，必然会在争抢观众的注意力上产生矛盾，而客观上也必须合理分配两段素材的篇幅，不能因某一素材独霸篇幅而削弱节目的效果。更何况，两段素材的主题指向有所不同，如果处理不好，两段素材容易相互争夺观众的注意力，从而消解各自的感染力，妨碍观众移情的产生。

但是，在节目的一开头设计了叙事者之后，观众就有了明确的移情对象，比较容易将自己的注意力附着在特定的叙事线上，并跟随节目进行。

如果把内聚焦叙事的视角设置为运动员，观众对运动员产生移情，就会更在意运动员本人在比赛中的感受。从这个角度看，运动员的失败是遗憾。可是现在节目的叙事者是奥运会，观众的情绪受到叙事者的引导，就能够与奥运会的"内心活动"产生共鸣，而减少对运动员的情感投入。这样一来，原本对于失败的遗憾就被巧妙地转移成了奥运会的遗憾，而非运动员的遗憾。当观众移情为"奥运会"，对"奥运会"的失败产生共鸣的时候，也就淡化了因运动员失败而带来的遗憾感。

为此，节目在叙事进程中也时时提醒观众奥运会视点的存在，帮助观众回归到对奥运会的移情中。节目在中间段落再次呼应："冬奥会期待着能够在正式赛场上看到美丽的抛（跳）四周。"直到最后结尾点题时仍然呼应这个视角：

从 2002 年盐湖城到 2006 年的都灵，中国花样滑冰选手屡败屡战，一次又一次地向抛跳四周这个高难度动作发起挑战，也许，无论是申雪、赵宏博还是张丹、张昊，都不需要为失败而遗憾，他们向世人证明的，远比技术技巧更多。也许真正遗憾的反而是冬奥会，是冬奥会在期待着一次完美的抛（跳）四周。

如此一来，原本的遗憾被反转给了奥运会，而中国运动员隐然被设计为奥运会的对立面，有利于引导观众超越单纯的胜负观，感受到两对运动员共同展露出的精神意志。与此同时，节目的主题、价值观也在这并置的素材中自然显现出来。

第十八章
"抄检大观园"——转移重心

相对于文学创作来说，传媒人不能作素材的主宰，只能撷取生活的片段，而且不能任意编导生活，这就使得传媒人往往面对一个问题：素材不完整。

如何处理那些"不完整"的素材，这方面特别能够考验传媒人。一方面是受众出于传统习惯的故事思维，追求事件的完整性，面对不完整的故事有强烈的缺憾感；另一方面是传媒人不能随意改变生活的正常流程，只能尊重真实事件的不完整性。人们该如何处理这样的问题呢？

让我们来回忆一下《红楼梦》的读者为什么不再去追究绣春囊的真正主人是谁。《红楼梦》中的那个绣春囊是引发"抄检大观园"的最关键疑案，可大观园都抄检完了也没明确下来那是谁失落的。就这个事件来看，它就是一个有头无尾、悬而未决的事件。读者之所以对这个事件的不完整性没有那么大的反应，主要还是因为有更大的悲剧冲淡了人们对其的期待。如果这个故事一直围绕着绣春囊来写，而且后面没有让那么多人坠入悲剧的深渊，可能还是会有人要问：绣春囊到底是谁的？可是读者在作品中看到的却是，正是为了搜查绣春囊的主人，邢夫人身边的管家婆与王熙凤、探春、晴雯都进行了激烈的面对面交锋，甚至于林黛玉身边的紫鹃都给了她软钉子碰，迎春与惜春面对自己丫鬟被逐时的不同表现深深震撼到了读者，到最后还以司棋之死作为这个事件最惨烈的结局。在这么多爆发的大小事件下，"绣春囊主人是谁"这个悬念对读者来说也就没有那么强大的吸引力了。

这种处理可以为传媒人带来很大的启发。受众虽然要求事件的有始有终，可是受众的注意力却是有限的，人们对一个事件结果的关注是可以被另一事件转移的。事实上，这在传媒界是非常常见的。一个社会热点常常能取代另一个还在被关注的社会热点，这就是网络上很多人说的"×××救了×××"——后出的新闻尤其是丑闻事件让当事人救了前发的丑闻事件当事人，其拯救方式就是转移了公众的注意力。

在整体舆论控制层面上如此，在具体的专题节目内部依然如此。如果在一个节目内部出现了不完整、不圆满的素材，可以用另一些内容来转移公众的注意力，让公众获得替代性的满足。例如，前文多次提到的《看见·教练李永波》中，公众看节目时最初的期待都是等到李永波亲口承认自己在伦敦奥运会上的安排是有违体育精神、是错误的，但是整个节目中李永波都坚持自己没有错，没有给观众制造那个看似完美的A'的结局。可是，节目的最后10分钟却把话题转移到他此前公开承认过的让球事件和怒骂观众风波，观众看到李永波在节目中对这两件事认了错，并且做出承诺自己近来包括以后不会再有类似的行为，这也就让很多观众得到了替代性的满足：人们等待李永波认错，李永波也终于认了错，至于他到底认得是哪个错，人们反倒没那么在意了，因为最后10分钟提到的几个事件与第一个事件相比，性质上接近，人们也就容易用后面事件的解决来代替前面事件的解决，从而获得一种圆满的错觉。

所以，在专题片中，除了要有构建全片的悬念来支撑住作品的整体结构之外，更重要的是要有很多小悬念，也就是一些激励性事件来随时调动或转移观众的注意力。一般来说，作品中的悬念分两种：一种是结构性悬念，一种是激励性悬念。A—A'的过程是结构性悬念完成的过程，可是在这个悬念的跨度内，需要有很多小悬念来不断丰富人们对事件的认识，并调动或转移人们的注意力。A—A'是横跨作品首尾的虹桥，在节目进程中，A'很不容易出现，因此，观众的好奇也很难得到及时反馈，而及时反馈正是让人们不断保持兴趣的最重要因素。所以，节目需要很多激励性悬念，通过激励性悬念的不断解决来不断给予受众及时反馈，从而让受众保持长久的注意力。

这正是《红楼梦》中"抄检大观园"所采用的手法。"抄检大观园"中一开始就抛出了结构性悬念——绣春囊是谁的？人们最初可能是带着这个目的跟随抄检队伍走进大观园的，等待着绣春囊真正主人的浮现，也就是等待着A'的完成。可是，真正进了大观园之后，随着每个故事的展开，人们的注意力反倒被一个个新生的矛盾转移了：潇湘馆中，在紫鹃的箱子里抄出了男用扇套，紫鹃会不会被惩罚，黛玉会不会受牵连，王熙凤会怎么处理这个"罪证"？这是第一个悬念。怡红院中，晴雯的箱子无人认领，怎么办？晴雯激烈的开箱方式会不会给自己带来更大的危险？这又是一个悬念。秋爽斋外探春严阵以待，秋爽斋的抄检能否进行？这是第三个悬念。暖香坞中，从入画的箱笼里抄出物品，入画会有怎样的命运？这是第四个悬念。紫菱洲里，虽然没有从司棋身上现场抄出绣春囊之类的东西，却被抄出了情书、信物，虽然司棋本人毫不畏惧，但她的命运又将如何？这是第五个悬念。这些悬念都是激励性悬念，把它们从作品中抽离出去都不会影响这一段故事的整体结构，但它们的存在却一次次让观众兴奋。以至于，虽然直到最后 A' 都没有出现，但是这 5 个激励性悬念一个比一个大，尤其是最后一个，简直与司棋性命相关了，人们对此的关注最终超越了原本对绣春囊的关注，以至于忽略了"绣春囊是谁的"这个最初的阅读动机，也就是说，创作者用制造并解决精彩的激励性悬念的方式，掩盖了作品中真正结构性悬念的未决。绣春囊的主人最终也没能现身，是生活质感的体现，而兴奋性悬念波澜叠起，是创作者高超的结构手法的运用结果。

在电视专题的创作中，我们很可能会遇到类似找不到"绣春囊主人"的问题：杀人凶手到底是谁？各说各话的双方到底谁说的才是事实？失落的关键人、关键物品到底流落在哪里……用可解决的兴奋性悬念来转移受众对原本结构性悬念的注意力，会是一个很有效的办法。

除此之外，另一种做法是为未决状态赋予一定的意义。这种做法同样与受众对故事的思维有关。

与故事相比，孩子或成年人的梦境同样想象瑰丽、精彩纷呈，可为什么人们懒于听他人诉说梦境呢？最简单的故事往往也比瑰丽的梦更吸引人，其差别何在？那就是，真实梦境的故事再复杂绮丽，也没有意义。而人们看故事的时候，除了要看到完整的故事之外，同时还会暗暗期待故事的意义。

凡是被讲述的故事，最终总是有一定意义的：善良战胜邪恶、坚持就是胜利、智慧改变困顿……人们从童年听妈妈讲故事起就开始学会在故事中寻找意义，当寻找意义的欲望被满足的时候，受众将能得到一种圆满的满足感。

同样，专题片在面对题材的缺陷时，也可以在节目中寻找落点、寻找意义。

第三部分

跟着文学提升人文素质

- 第十九章 《女管家的心事》——同理心
- 第二十章 《仿生人能梦到电子羊吗？》——
  亲和力从何处来
- 第二十一章 "我是人间惆怅客"——共鸣与间接经验
- 第二十二章 人情练达即文章——思考的魅力
- 第二十三章 《桃花源记》——用文学作品练习质疑
- 第二十四章 四种滑铁卢——主观与客观
- 第二十五章 《祝福》——同情与"贫穷色情"
- 第二十六章 《浮生梦》——警惕思维定式
- 第二十七章 《群山回唱》——引人思考比令人满足
  更重要

第十九章
《女管家的心事》——同理心

琼瑶电视剧中有一句台词一直被人诟病："你失去的不过是一条腿，而紫菱失去的却是爱情。"这句话几乎被人视为偶像剧中三观最不正的一句了。

仔细想一下，生活中没有几个人有过失去一条腿的生活经历，绝大多数人不会对失去一条腿的痛苦有感同身受的体验。相反，生活中的很多人有过失恋的经历，而且很多人对失恋的痛苦记忆深刻，可能至今锥心彻骨。可为什么大众仍然不能接受这个"失去的不过是一条腿"的观点？

为什么大多数人明知道"失去爱情"的痛苦是怎样的，却依旧对自己不曾遭受过甚至都不能想象得到的痛苦寄予更高的同情？

可见，人们的同情、怜悯并不仅限于眼前的景象（他人失去腿）唤起了自身的相似经历（自己失去腿），人们凭借对他人遭遇的后果的想象，就足以唤起自身的情感了。许多人了解失去爱情的后果，能够衡量失去爱情对此后自己生活的影响有多大，可更多人能够想象失去腿的后果，更知道失去腿对人的生活影响有多大。把失去爱情的后果与失去腿的后果放在一起比较，自然就能够得出哪种情况对人的负面影响更大，对人来说更悲惨的结论了。

这个比较是在一瞬间完成的，只要人们具备了想象他人失去一条腿的痛苦与不便，就会对失去腿的人更同情，就会指责这句"你失去的不过是一条腿"台词三观不正——对这句台词价值观的指责，恰恰是社会道德的体现。

这种对他人遭遇的同情，甚至是对想象中的他人未来遭遇的同情的感受能力，其实质就是同理心。

"同理心"在英文中被写作 empathy，是一种能够设身处地地理解他人的能力，也是一种能把自己的感情移入他人境地的能力，也就是我们中国人常说的"将心比心"，能够设身处地地对他人的情绪和情感的认知性的觉知、把握与理解。同理心能帮助人们了解、预测他人行为和感受，能够培养起人们的共情共感能力，进入他人内心世界，感受到对方的感受，还能对他人的处境进行合适的回应，能够让对方感受到自己的关心与善意。

可见，同理心是人与外在世界产生心理连接的重要桥梁，在这个基础上，人们才会对他人产生同情怜悯、认同欣赏、崇拜尊重、反对厌恶等一系列情绪，而对不同行径所产生的态度，恰恰反映了一个人的道德情操。

所以，同理心是一个人道德情操的起点。

同理心如何培养呢？我身边的一些学生也觉得做传媒的人同理心很重要，便去找了很多心理学的书籍来看，甚至有学生去外面报了一些心理学的辅导班。可是真正上了那些课后，却又常常发现那些心理学的学习并不能直接提供他们想要的答案，他们发现原来心理学并没有直接告诉他们人们在什么样的情况下会怎样想，想要快速和不同年龄、不同社会阶层的人建立同理心，仅靠心理学的学习还不够。后来他们问我，该怎样迅速让自己培养出这种能力来。我的答案就是：多读文学作品，尤其是经典文学作品。

根据心理学的研究，建立同理心需要同时拥有 3 种能力：区分与辨认他人情感状态的能力、假设对方观点和角色的能力、带入情绪和反应的情感能力。可见，建立同理心除了需要辨认能力之外，还需要一种假设能力，能够假定将自己带入到他人的角色中，能够在他人境遇中虚构自己。

而这种虚构能力是需要培养的。无疑，文学阅读是一种非常好的培养方式，这甚至是影视剧都不及的一种优势。

文学与影视剧相比有两大优势：第一，文学里可以有大段心理描写，这是影视剧拙于表现的地方。世界上很多优秀的文学作品就是靠人物心理支撑起来的，尤其是西方的现代文学作品更加如此。在《尤利西斯》《追忆逝水年华》等作品中，主人公几乎什么也没干，从外部行为上看，他们似乎只是在游荡与思考，但是读者可以从他们丰富的思考中洞悉许多人生、社会、艺术的真相。这是影视剧所不能给予的。

更重要的是第二点：影视剧的画面是直观的，观众可以直接"看到"他人的动作与反应，而文学没有直观画面，读者们在阅读时，必须"虚构"他人的动作与反应。《射雕英雄传》中，郭靖的"降龙十八掌"到底怎么打？文学中即使做了些看似非常具体的描述，然而招式的具体动作、招式与招式之间的衔接也需要靠读者自己的想象、虚构来完成。可是，在电视剧《射雕英雄传》中，观众可以直接看到扮演郭靖的演员打出"降龙十八掌"，虚构的空间完全被侵占。而且，一旦人们接受了这套动作，它就变成了一套程式，演员以后也必须按照这个固定的程式动作来打拳，观众以后的虚构机会也被抹杀了。可见，文学阅读的有些功能是不能用观看影视剧来替代的，文学能够锻炼人的虚构能力。

可见，文学本身就在剖析他人的情感，帮助人们认识情感的隐秘。此外，文学阅读行为还能增进人们的虚构能力，从而帮助人们迅速以模拟的方式感受到他人的情感。

英国作家伦德尔用小说《女管家的心事》描绘了一个不具备这种能力的人在生活中的表现。这本小说讲述了女管家尤尼斯莫名其妙地杀死了她的雇主一家的故事，但小说的重点不是讲述她如何精心谋划血案以及侦探如何抽丝剥茧揭开重重迷雾破案，而是向人们揭示了这个女管家为什么作案。

因为小说中的女管家尤尼斯不识字，无法阅读。她从未通过文学这种间接经验了解过他人的内心，也无法通过阅读行为想象他人的内心世界，无法与他人产生情感上的连接、内心中的交流。

由于尤尼斯不识字，无法阅读书籍与报纸、杂志，在成长过程中又几乎不与人交际，以至于她长年累月生活在一个与外部世界几乎不发生联系的状态，共情共感能力慢慢脱离了她的年龄应有的程度，因而成为在他人眼中古怪、乖戾的人，甚至让普通人"毛骨悚然"。小说中，她与雇主一家在最初的接触中并没有充分暴露出她的这些性格问题，相反，她的冷漠反而被这个英国中产阶级家庭误解为严谨谦恭、尊重他人隐私的"老派"，并因此而得到了这个家庭里众多成员的好评。可是，慢慢地，在实际生活、交往中，她的真实状态却通过一点点小细节展现了出来。

这家人首先察觉到的是，她对于外界刺激没有任何相应的情感反应。在初次见到男主人时，她"既没有微笑也没有打量他"。这个细节虽然很小，但是大家仔细想想，却能发现这就是一种不正常。我们在日常生活中看到熟人，或者第一次被引荐给陌生人的时候，都会礼节性地浮现一个微笑。微笑的意义在于相互传递友善信息，是人们相互间表示彼此间的友善和信任的方式，也是人际交往的第一步。与陌生人见面却没有一点微笑，这无疑是种冷漠，这种冷漠意味着对他人的拒绝，拒绝自己进入他人的世界，更拒绝他人进入自己的世界。

接下来，类似的细节越来越多。尤尼斯喜欢吃巧克力，可是当科夫代尔太太与正在吃巧克力的她聊天时，她完全想不到客气地邀请科夫代尔太太与她一起分享巧克力。这也是不合常理的。通常，人们做某些让自己感到舒适的事时，常常会对身旁的朋友发出邀请，这不仅仅是友善的表现，也是希望能够与他人分享同一种愉悦的表现，人们往往以这种方式增进彼此的情感联系。这就是一种共情。可是这位女管家完全不理会这一套，她在别人与她交流时旁若无人地继续吃自己的巧克力。生活中，有时候我们与人的"客气"是一种"假客气"，但即使是"假客气"也表示出了一种愿意与他人分享的善意，仍然是与他人发生情感联系的体现。可是小说中女管家连假客气一番都没有，便断然拒绝了与已经熟悉的人进一步建立情感联系的可能。

再接下来，当这家人都为小女儿的难产而焦虑不安时，这位女管家却"一点反应也没有，只是离开房间，关上门，走了"。此时她已经进入这个家庭一个多月，她的这种反应就不仅仅是"冷淡"能够解释的了，这种行为更说明她根本没有建立起与这家人的共情，对与自己朝夕相处的这家人的烦恼、焦虑没有任何情感联系，也就没有任何情感反应。正因如此，她无法意识到自己的行为对他人产生的影响。

到最后，连原本最依赖她的科夫代尔太太也无法接受她了，她发现，在这位女管家的眼中，打扫卫生的责任大于一切，甚至于房间里人们的活动都仿佛是妨碍她的工作一般。当她在写字台上书写时，她发现这位女管家会二话不说地拿掉她的钢笔来进行打扫，这不仅仅是丝毫不顾忌她正在书写什么，而是根本不在意她正在做什么。在女管家的心中，他人的活动与无生命的摆设一样，她完全没有与人沟通的意愿，她不懂得先礼貌地请别人起身让开地方再进行自己的工作，也不会对自己的行为做任何解释，这已经不仅仅是不尊重他人、不理解他人，而是在她的内心根本没有他人的存在，她完全把他人当作与自己无关的存在。在她的内心只有自己的工作，而没有其他任何人的存在，这是一件多可怕的事！

小说作者把尤尼斯这些古怪的行为归结为她的离群索居与"不识字"。当然，不是所有不识字的人都会有这样的特点，大多情况下，人们正常的生活交际与交往能够弥补帮助人们建立情感联结，帮助人们养成同理心。但也不可否认，对于离群索居、生活封闭的人来说，阅读文学作品能够帮助他们与世界、他人保持想象性的联结，从而能够继续保持人的正常情感。我们在一些文学或影视作品中看到过流落监狱、孤岛的人凭借一本书保持人性、保持正常的情感的故事。这种故事之所以可信，也是基于我们理解文学作品的功能。

不阅读的尤尼斯并非小说家的危言耸听，事实上，生活中也曾出现过类似尤尼斯这样的例子。

2013年，复旦大学医学院研究生林森浩在宿舍饮水机内投毒，导致舍友黄洋死亡的事件令世人震惊、扼腕。2016年，林森浩被执行了死刑判决，他给家人最后留下的话是什么？据媒体报道，是"希望兄弟姐妹及他们的后代能够多读书"。事实上，林森浩在狱中接受采访时曾经说过，他缺乏社会阅历，而且没有阅读文学作品的习惯，入狱前他只看过3本文学书籍：《活着》《围城》《三国演义》。而在看守所里，他"希望自己平静下来，让灵魂找到比短暂的生命更长久的东西来寄托"，他将主要的时间都拿来阅读文学书籍，以至于在看守所里看完了托尔斯泰的《复活》等文学名著。

这是个令人痛心的例子。从林森浩的叙述看，他在案发前也近乎是一个"尤尼斯"。他的行为从反面证明了缺少文学滋养、缺少文学中蕴含的人文情怀滋养的人生可能会黑暗到什么程度。

人们认为林森浩向同学投毒是道德情操恶劣，其实质是林森浩无法对他人的痛苦产生足够的同情，他与他人的同理心不够。因此，在那桩令人痛心的案件一审时，他表示自己的出发点只是"整人""恶作剧"，是"愚人节玩笑"，而受害者家人、媒体、公众都无法接受这么恶劣的行为只是一个"愚人节玩笑"。

为什么一个医学研究生不具备区分恶意和玩笑的区别？林森浩自己在接受央视记者采访时的解释是"因为我觉得以前读理工科的书太多，文学这方面读得太少。我感觉我的思维有点太直，就是不懂得拐弯。有时候容易不考虑事情的后果，不考虑别人的感受。"

林森浩以两条生命为代价痛苦地领悟到了，文学能够给他提供两大帮助：一是帮助人们看到事情的后果，二是帮助人们看到他人的感受。这也是文学给所有人能够提供的最大滋养——帮助人们建立同理心。

同理心对传媒人尤为重要。传媒人不仅要向公众传播正在发生的社会事件，也要用自己的报道向公众传递正面价值，传媒人不能是冷漠的，不能是偏激的，传媒人必须有强烈的共情共感能力，必须对人性有深度的解读。

但是，当代人，尤其是当代年轻人的生活特点常常是成长过程的孤立与隔绝。近30年来，城市社区内的居民生活日益陌生化，很多孩子在缺乏玩伴、与同龄人交流沟通不足的环境下长大，家长繁忙的工作让孩子失去了许多与他人交流沟通的机会，沉重的课业负担也让孩子日益孤独。与此前的数代人相比，当代年轻人与人沟通的直接经验是不足的，以至于社会中很多人诟病当代人冷漠、内心封闭问题越来越严重，网络社交工具也进一步蚕食了人们面对面直接交流的机会。传媒人自身也处于这样的大环境下，也就更有必要通过间接经验来增进情商，强化自身的共情共感能力。

此外，传媒人在工作中必须具备的沟通能力、协作能力，也都依赖于同理心的建立。

在性格素养方面，人际沟通能力、团队协作能力是传媒人最重要的能力。团队协作能力是个人在团队中既发挥个人能力又能够与他人协调合作的能力。从小学到高中的12年学习中，我们很少有机会锻炼自己的团队协作能力。如果没有经过学校有意识的引导，一个人即使不与同伴发生横向联系，整天自己刷题，也能够获得比较好的分数，毕竟，传统的课业学习是每个人自己的事。

但是在传媒行业中却不能抱着这样的心态。首先，传媒事业是多部门、多工种合作的，个人总不免要依赖他人的帮助来完成自己的工作。即使某个人特别能干，所有的工作环节都能胜任，也总要与自己传播对象、报道的客体产生联系。因此，人际沟通、团队协作是传媒人重要的能力之一。林森浩在接受采访时说自己"思维有点太直"的表现之一就是有时候说话特别直，容易得罪人。很多人把"说话直"当作性格问题，而事实上，有时候"说话直"是情商问题。有的"说话直"是表达的内容直接,一语中的,有的却是在表达时完全不顾及他人的情感感受,为他人带来情感伤害。生活中很多人将这两种"直"混作一谈以至于忽略了"说话直"的危害,而事实上,情商低,不顾及他人感受,必然会影响与他人的合作沟通,这在需要有良好人际沟通能力、团队协作能力的传媒界是非常不利的。

可见,沟通能力、协作能力的提高都依赖于人的同理心。只有能与他人在情感上相互连接,能体会到他人的情感、思想,传媒人才能做出"有温度的报道",才能在实际沟通中体会到、顾及他人的实际感受,体现出正确的价值观和道德感。

第二十章
《仿生人能梦到电子羊吗？》——亲和力从何处来

在传媒活动中，采访是必不可少的环节。亲和力是记者采访必不可少的素质，却不是人人都具备的素质。在日常生活中，我们经常会评价说，有的采访记者亲和，有的不够亲和。我们有没有自问一下，记者怎样表现才算是有亲和力？

亲和力不仅仅是一种表达力，它也与人的同理心有关。如果人们在沟通中能够经常从他人的角度思考问题，考虑到他人的感受，沟通时能够引起对方发自内心的共鸣，就比较容易引导对方将自己的真实想法说出来。所以，亲和力本质上是混合着同情心、移情能力的能力。

什么是移情能力？

想了解这个问题，不妨仔细思考一下著名科幻大师菲利普·迪克的作品《仿生人会梦见电子羊吗？》。

这个故事发生在未来的"第三次世界大战"之后。此时，地球被污染，大量地球人去了殖民星球，活在地球上的是一些没有资格移民的人。此时，人类已经开发出了仿生人，各方面的表现都与人类极其相似，简直真假难分。在这个世界里，国家制定了一条奇特的法律规定：人类必须养宠物。

为什么会这样？这就是小说作者菲利普·迪克对人类的一种信念。他相信感受他人情绪的能力、移情的能力是人类独有的能力，因而把它当成了人与机器人的分水岭。

在我们的日常生活中，人们最爱的大概就是自己的手机了。根据报道，德国数据统计互联网公司在 2017 年的一次调查发现，巴西人每天花在手机上的时间最多，平均每天近 5 小时，中国以每天 3 小时位居第二。2018 年 QuestMobile（北京贵士信息科技有限公司）6 月的数据显示，中国用户平均每人每天的移动互联网使用时长高达 289.7 分钟，将近 5 小时。

可是，我们真的如此喜欢自己的手机吗？或者我们把问题换一下：爱你的手机与爱你的狗有何不同？

生活中随处可见爱狗人士，他们会给宠物狗（或猫，或其他宠物）起名字，会喊它"儿子""女儿"；会让自己真正的儿女喊它们"弟弟""妹妹"；如果宠物狗生病受伤，人们会心急火燎地带它去医院花钱为它治病；如果宠物丢失了，他们会四处寻找，会在电线杆上贴悬赏广告；如果宠物去世了，人们会伤心难过很久，甚至于可能长时间内不愿意再养其他宠物。

而我们如何爱我们的手机呢？我们不会叫它"儿子"，不会和它说话，即使它摔了、碰了，惹我们心疼，也仅仅是心疼自己的财产损失而已，对手机的"疼痛"我们根本不屑一顾，所以，即使手机没坏也经常被我们毫不犹豫地更换掉。人们换手机的时候，绝不可能花时间想一下："我的旧手机会伤心吗？"

这其中的区别如此明显，可是这区别仅仅因为手机不是生命吗？看看女孩子们怎样对待布娃娃的吧！她们一样会给布娃娃起名字，会待她如亲人一般与她一起吃饭、睡觉，甚至可能因为布娃娃"病了"或"不肯睡觉"而担心，如果布娃娃丢失了，她们一样会大为伤心。

人类对待手机与对待宠物、布娃娃显示出，人类对待那些外界事物的爱有两种。看上去，人类对两类事物都倾注了时间、注意力，可两者的区别也很明显，即是否倾注了感情。

人类对手机的爱只是对手机功能的喜爱，对手机本身并没有倾注感情。可人类对宠物和布娃娃的爱却不以其功能为前提，而是人类倾注了感情的爱。哪怕是人类明知这种感情是难以被回应的（宠物可以部分回应主人，布娃娃则完全不能回应主人），人类仍然会把自身的情感注入对象的身上。

这就是人类的移情能力。

移情有 3 种方式。第一种移情是我们与他人或其他事物感同身受，第二种移情是以对方的情感为自己的情感。这种情感与前一种移情共同构成了人类特殊的情感状态。人对于非生命的物体只能出现第一种移情，可是对于有生命的事物，不管是人还是狗，这两种移情我们都有可能出现，即我们既可以体会到他人的情感，也可以因为他人的情感而产生自己的情感。

但还有一种移情，即把自己的情感投注到没有生命的事物上。人类会对自己喜爱的事物投注以情感，进而还会以自己的情感感受来推断这些事物，去想象对方的情感反应与感受，从而以对方的痛苦为痛苦，以对方的欢乐为欢乐。这种移情很常见，小女孩抱着自己的布娃娃过家家，为布娃娃发烧或不肯吃饭、睡觉而着急，就是这种移情现象的体现。

人的本质就是情感，我们可以在任何生物的身上看到智商，可是只有在人类身上能够看到第二种移情。动物的情感是针对自身的，《动物世界》中，所有"禽兽"都能对自己的孩子产生浓厚的情感，却缺乏在普遍的生命间移情的能力，也就是在人类身上普遍存在的为陌生人的痛苦而痛苦的能力。儒家文化将这种移情能力称为恻隐之心。儒家认为人皆有恻隐之心，如果没有恻隐之心就非人哉。而恻隐之心就是同理心，就是人类的共情共感能力，就是人类的第二种移情。

在《仿生人能梦见电子羊吗？》中的人类世界之所以要制定一个那么奇怪的规定，就是基于人类的这两种移情能力。小说的作者知道，人能够把自己的情感寄托在包括动物在内的生命上，能够与动物共情共感。可是小说中的高智能的仿生人却与人类不同，他们不是真正的生命体，没有人类的移情能力，不能把自己的情感寄托到其他物体或生命上，所以他们可以毫无愧疚地出卖自己的同类、杀死其他有生命的生物，看起来仅仅是他们没有同情心，其实质是他们无法体会到生物的情感。正因如此，人类才必须养一种宠物来证明自己的人类身份。只有在人类对待生命的状态中，人类才能展现出自己的同理心，即共情共感的能力。

当然，这部小说中的机器人也像许多科幻小说中的机器人一样，是高度智能化的，他们也被预先装上了情感反应装置。但是，这种情感反应是被设定好的。仿生人通过被设定的知识，知道在某些情况下应该反映出什么样的情感，但是由于他们没有真实的感受，所以他们不会在第一时间里做出相应的情感反应。

人与人的沟通是基于人类的同理心，人与人之间是能够产生情感沟通的。如果传媒人能够在与人沟通时，表达出自己真实的、符合公众移情规则的情绪，就能获得他人的信任，获得亲和力。

举一个例子。在中央电视台《看见》栏目中，有一次记者柴静采访时任国家羽毛球队总教练李永波，请他回应关于在伦敦奥运会上中国羽毛球队两组队员因为消极比赛而被取消比赛资格的事。在采访中，李永波谈到了自己的成长经历。他讲到自己在 1992 年参加巴塞罗那奥运会时，在第一场小组赛时就受了重伤，之后带伤上场，一再获胜，成为每天晚上各种总结会里被表彰的人。当时各种总结会、小结会都在宣扬他这种带伤上阵的精神，可是那次比赛中，他在半决赛失利无缘决赛，最终带伤"只拿到第三名"。李永波讲到自己打完了比赛，一瘸一拐地下场时，没有人在意，也没有任何人对他说一句温暖的话。

采访进行到这个时候，视频中给了柴静一个反应镜头，当时柴静的脸上有一种很复杂的表情，既有点同情又有点气愤与无奈。

这样的表情，就是采访进程中一种很重要的反馈，这个反馈虽然没有任何信息，但是却充满了情感的温度。可以想见，坐在她对面的李永波，更能从柴静的反应中看到以下几个信息：一是她在认真倾听我的讲述；二是她能体会我当时的情感心情；三是她对我的遭遇有情感反应，她同情我的遭遇，为我的遭遇不平。

一个一闪而逝的情绪反应，却立刻能将这么多信息传递给被采访者，甚至能传递给电视机前的普通观众。观众也同样可以从记者的表情看出其态度和立场，也许不会那么明确地升华为理性认识，但会形成这样一种感受：这个记者有亲和力。

可见，传媒人的亲和力是一种表达自己情绪的能力，而表达情感的前提是产生情感。因此，表达情感也就是在向世人展现自己的同理心。在生活中，能够流露真情的人才能得到真情回报，在传媒活动中，能够流露真情的人与作品，才能得到他人的认可。所以，这种亲和力的本质是传媒人移情的能力，不仅仅是能够对他人的情感感同身受，而且还能因为他人的情感而产生丰富的情感，并且自然而然地在作品中将这种情感传递出来。

很明显，这也是一种能力，并非每个善良的人都具备这种能力。由于传媒活动的特殊性，传媒人的情感反馈必须迅速敏捷。这就需要传媒人平时要对自己的移情能力进行有意识的锻炼与提高。

有直观画面的影视剧常常让我们产生第一种移情。最典型的是观看灾难片时人们的情感反应。逼真的视效会让我们在观看时全情投入，暂时忘了自己正安全地坐在座椅里，而仿佛我们自己就是在天崩地裂中奔逃的人。尤其是当代的视听技术、3D 技术都辅助人们进入这种移情状态，当我们在 3D 影片中看到大楼倒塌、车辆倾覆时，我们会真实地感到恐惧、紧张，仿佛自己正在经历这一切一样。这时，我们把自己带入了作品中，与作品中人物的情感融合，这就是第一种移情。

但文学让我们产生移情的方式却有很大不同。文学通过文字展开形象，这是抽象的形象，不能直接作用于我们的感官，我们很难迅速在感官体验上建立起移情。但是，文学会通过慢慢展示一段生活，尤其是深入展示人物的内心动机、情感反应，让我们更全面地了解客体，从而产生第二种移情。因此，第二种移情经常出现在文学作品中，是文学惯用的一种修辞手法。辛弃疾在《贺新郎·甚矣吾衰矣》中曾写下名句"我见青山多妩媚，料青山见我应如是"，这就是典型的移情手法。青山本来是没有情感的，可是因为作者太喜欢青山，所以在他的眼中，青山也有了情感。这是作者把自己的主体情感投注到没有情感感知能力的青山上，还人为地幻想青山能够给自己回应。

如果按照科幻小说的说法，人是具有因他人的快乐、痛苦而快乐、痛苦能力的动物。如果人生而为人，但是对他人的情感没有感知、共鸣、回馈，对他人漠不关心，人也就变成了仿生机器人。但是，在现代人的实际生活中，人与人之间的交流经常是隔着屏幕进行的，这让现代人与过去的人相比，更容易专注于自我的世界，缺乏很多直接观察他人反应的机会，而失去对自己情感反馈能力的培养机会，人的情感感受力和情感反馈能力也容易因此变得迟钝、麻木，仿如科幻文学中的仿生人。所以，当代的传媒人应该注重强化自己的同理心、移情能力，尤其是第二种移情能力。

第二十一章
"我是人间惆怅客"——共鸣与间接经验

我在给一些传媒人进行业务培训的时候，经常给他们播放一段真实的新闻事件：

一个拾荒者在城市集中处理垃圾的垃圾山里发现了 3 个刚刚出生的三胞胎女婴。很明显，这是 3 个刚刚出生就遭人遗弃的孩子。经过一番调查之后，警方发现，犯罪嫌疑人是这 3 个女婴的亲爷爷。再进一步了解情况后，这个爷爷在媒体面前完整讲述了自己由于交不出院方要求的治疗费，不得已签署协议，放弃治疗 3 个患有先天疾病的孙女的经过。

在报道中，当事人讲述了这样一个细节：

他当时身边带着全家的财产 —— 不足 2000 元。签署放弃治疗同意书后，院方将 3 个孩子抱给他，他在医院里呆坐了半个小时之后发现其中一个孩子已经死了，用他的话说"身体都凉了"，他当时误以为 3 个孩子都死了，就给了医院保洁员 360 元钱，请人帮忙将 3 个孩子"扔掉"。

每当我询问学员们怎么看这个爷爷的行为时，总有一些人义愤填膺地跳起来指责这个爷爷，指责他"居然花 360 元找人帮忙把孩子扔掉"。在他们看来，即使他此前签署放弃治疗协议还有一些不得已的苦衷，可在孩子去世后不亲自处理孩子的后事而是花 360 元请人帮忙处理的行为则是完全不能被谅解的。在他们看来，"找人帮忙"意味着漠不关心、不负责任。

可是，每次持这种观点的人表述完意见之后，几乎立刻就有人发出反对的声音。每次都会有人大声反驳：给保洁员 360 元钱帮忙"处理孩子"，恰恰是这个爷爷对自己亲孙女残留亲情的反应——他不忍心。

同一种行为在不同的人心目中有着完全相反的寓意，到底哪一种更吻合当事人的实际情况呢？当事人本人没有回答，所以从事实上说，这个问题是没有正确答案的。也正因当事人没有清楚地分析自己这么做的理由，他的这个行为成了对传媒人的一种测试，可以测试传媒人对世情、对人性有着怎样的认知与理解。

于是，这个问题的答案衍生出了真正的问题：为什么不同人对当事人的这种行为会产生截然相反的理解？

因为人们对他人情感的认识能力不同，对人性的深度和复杂性认识不一，因而对他人的情绪反应、行为动机的理解力不同。

那么，又是什么影响了上述这些能力呢？

首先是人生阅历，也就是人们自身的经验。与他人的情感共鸣常常与人的自身经验相关。人们面对的他人的境遇如果是自己曾经经历过的，就很容易回忆起自己曾经的感受，因而与他人产生情感上的共鸣。

纳兰性德在《浣溪沙·残雪凝辉冷画屏》中写道："我是人间惆怅客，知君何事泪纵横"，写的就是这种情形。

这首小令的全文如下：

> 残雪凝辉冷画屏，落梅横笛已三更，更无人处月胧明。
>
> 我是人间惆怅客，知君何事泪纵横，断肠声里忆平生。

小令描写的是叙事人在一个初冬夜晚听笛时的情感波澜。这里的叙事人并不是吹笛人，而是个听曲者，但他却是个真正的知音，他能够与吹笛人共情，能够体会到吹笛人的痛苦，"知君何事泪纵横"，还可以在这样的乐曲中展开自己的思绪，于"断肠声里忆平生"，其基础都是因为他也有过惆怅的经历，也是一名"人间惆怅客"。

这首小令道出了共鸣的基础，当自己也是"惆怅客"的时候，也有"平生"可以追忆的时候，才更容易理解他人的"断肠"，能够体谅他人的痛苦，即"知君何事泪纵横"。

　　徐克导演的电影《青蛇》中有一个令人印象深刻的细节，青蛇最初看见白蛇不知不觉流出眼泪时，不知道那是什么，白蛇告诉她，不知道这个也好。但是当时的青蛇不服气，叫嚷着白蛇有的她也一定要有，结果她努力去挤眼睛，可无论如何也挤不出眼泪来。直到她经历了白蛇的生离死别之后，她才发现，自己也能在不知不觉间流出眼泪了。最初不懂眼泪，是因为她自己没有相应的生活体验，无法体会"痛苦"这种情感，直到她经历了让她痛苦的经历，她才能真正明白这种情感是什么。看电影的观众不是山洞里修炼成精的青蛇、白蛇，大家都知道眼泪的意义，所以看到这样的细节都很容易产生共鸣，对这样的细节印象深刻。

　　既然共鸣的产生与每个人的自身经历相关，同一个人也会在不同的年纪、经历情况下，对同样的事件产生不同的判断。青少年在初中课堂上学朱自清《背影》的时候往往无动于衷，因为那时的学生自己才十四五岁，父母也往往只是四十岁左右正当盛年，还处在"潮爸辣妈"阶段。可是等到这些学生自己人到中年，看着自己七八十岁的父母的背影已经像朱自清所写的那样臃肿或蹒跚，自己也为人父母，能够体会到爬过站台去"买橘子"背后的情感时，便会理解这篇散文为何能打动那么多人。这篇散文是很难打动十四五岁初中生的，却又很难不让四五十岁的中年人泪流满面。变得不是文章，而是读文章的人自己的经历、人生阅历和对情感的理解。

　　就如同我前文列举的这个例子，认为爷爷是"丧尽天良"的大多是一些刚走出校门的年轻从业者，这群人大多为"360元钱"而愤怒；相反，年长者大多认为这是爷爷心中亲情的表现，反而是这"360元钱"令他们动容。究其原因，也许年轻从业者理解那位爷爷的行为时，更容易把这种行为与自己日常生活中的"叫外卖"同构，在这种认识下，爷爷的行为属于逃避责任、轻率、没有情感温度；而年长者更容易看到这种回避行为背后的不忍心，甚至有人将爷爷的行为理解为是在为已经过世的孙女尽自己最后一点心意，花钱是一种类似补偿的行为。由于人们各自生活经历、阅历的差异，人们对这同一个行为的认识就有了巨大的反差。

　　在这则专题中，编导并未就爷爷这种行为的动机深入追问，这也暴露出编导对这一行为背后的情感不够敏感。可以想象，有经验的媒体从业者应该让当事人明确说出自己的动机，无论爷爷这么做真的是出于失落的亲情，还是出于淡然与冷漠，都能明确建立起这位犯罪嫌疑人的人格形象，进而对观众产生情绪震荡，这种情绪震荡从功利的角度来说有助于增加收视率；从新闻专题的目的来说，也有助于人们对这种人伦惨剧背后的原因进行更深入的思考。可是，这个节目的编导却轻易地放过了这样的机会。究其原因，编导缺乏体认他人情绪的敏感度，本身没有思考这种行为背后的意义，也就不能推测出这个动机对丰满人物形象、引导观众情绪的影响力。

为什么会出现这种情况？因为与纷繁复杂的大千社会、百样人生相比，个人的生活经历总是偏狭、苍白的。更何况，当前中国传媒业的现状特征是，大量青年从业者直接工作于第一线。这种年龄结构的优点是从业者的体力优势，可同时缺点也非常明显：阅历浅，对他人的情感体认不深刻，共情能力弱。于是在实际操作中，很多年轻的传媒从业者不能够真正理解他人行为的真正内涵，错失一些机会，或者在报道时出现偏差，难以引起公众的共鸣，也就难以把真正有深度、有温度的作品传递到受众面前。

传媒人的整体问题由此显现：与其他职业相比，传媒人面对的社会更丰富、全面、立体。很多人也许终身只投身于一个行业领域，生长环境、人际网络也都局限于某一个领域或阶层，可是传媒行业的特点却要求传媒人面对丰富多彩的社会，甚至是千奇百怪的人生。于是，个人生活阅历的有限性与社会生活的复杂性之间的矛盾，不可避免地会出现在传媒人身上。

传媒人尤其是年轻的传媒人该怎样面对这样的困境呢？

增加阅历。

可是每个人的生活经历是有限的，各种人生际遇更是可遇而不可求，如何有针对、有意识地增加阅历呢？

一般认为，阅历与人的年龄、社会经历有关，人的年龄越大，经历的事情越多，人的阅历才会越丰富，对人生、对世界的理解也才能越透彻。但事实上，这种理解是片面的。这是把"人生经验"简单理解为人生的直接经验，也就是自己亲自经历过的那些经验。当然，这些直接经验非常重要，可是，人生是有局限的，不管是我们生活的时间还是空间都有局限，绝大多数的人没有机会在有限的生命中体验到丰富的直接经验，那我们对世界的理解、认识就一定会很狭隘、封闭吗？

未必。

　　除了直接经验之外，我们认识世界的方式还可以是间接的。我们听说的、看到的、阅读来的那些事、那些情境，如果经过我们自己的主动思考，也可以成为我们的知识与经验，这就是间接经验。

　　在日常生活中，大众的直接经验是比较接近的。少年的直接经验更苍白，平时不外乎就是学校、家庭两点一线，顶多加上各种辅导班、兴趣班，接触的人不多，圈子更封闭。就算是成年人，在这几十年的和平环境下，绝大多数出生在改革开放之后的中青年都没有经历过战争、饥荒、瘟疫等大灾大难，也没什么机会面临生死抉择的困苦。绝大多数的人经历平淡，履历相似，从这个意义上说，成年人和少年人的直接经验从本质上比较接近。

　　可即使如此，人们对人性、对世情的理解却可以有很大差异。为什么会出现这种情形呢？一般人们会把"阅历"和"经历"这两个概念弄混，事实上二者却有很大差别。阅历是对自己经历思考、反省后的结果。每个人每天都在经历着生活，可只有对每天发生过的事进行思考，日积月累，才能慢慢形成对生活和人性的深刻体悟。人的这种体悟才被称为"阅历"，是"阅历"而非"经历"才能够穿透生活的表象，对生活进行由表及里、由浅入深的思考，才能指引人们发现一些被表面现象掩盖的真实。这种能力与传媒人的新闻敏感性有许多相似的地方。

　　这种能力经常被人称为"情商"。情商的本质是人类的非认知能力，直接经历相似、学历程度相似的同龄人通常认知能力相似，为什么会出现非认知能力的巨大差异呢？因为这种能力并不是完全来自直接经历，间接经历也能起到很重要的作用。一个有心人能够更主动地从间接经历中获取知识、积累经验，从而让自己的阅历超越自己的年龄；相反，如果人置身于大千世界之中却对一切都无动于衷，也不深入思考，就算年龄很大也未必就能够有足够的共情、共感能力。

　　文学阅读就是丰富我们间接经验的有效手段，通过阅读较优秀的文学作品，人能够变得更敏感。文学作品向读者展示了各种各样的人生经历，以及在不同境遇中人们可能出现的各种真实反应。经常阅读文学作品，人们就能够在故事情节之中自然而然地掌握人在不同的环境、条件下可能产生的想法、情绪与行为，这就能为读者积累下丰富的间接经验，从而帮助读者更敏感地理解、掌握感知他人的情绪、心理状态，也就是帮助读者更好地理解他人。

　　举一个例子。东野圭吾的小说《幻夜》以 1995 年日本关西地震为背景展开故事,作品详细地展现了人们面对灾难时的各种不同反应。在这部作品中,受灾民众的房子被地震引起的大火熊熊燃烧,但是他们对消防人员救灾的反应是什么?不是我们在媒体中常见的感恩或感谢,而是大喊大叫,声嘶力竭地指责他们动作太慢!

是不是不可思议?这种场景从来没在我们的媒体中出现过,如果在我们的生活中真有这种事发生,媒体会选择性地无视,甚至有可能把这种行为看作受害人自身道德品质的恶劣。

可是,这种情绪是真实的。

事实上,很多文学作品中有类似的情节,文学作品中的普通人在面对灾难时的第一情绪常常是"不,不会是这样的,一定是搞错了",或者是"怎么会这样!怎么会是我!这是别人的错",进而可能是"如果早一点能如何如何,我就能避免如何如何,或者我就能达到如何如何的地步"。这种反应看似自私,但它是人类共有的真实反应。

1969 年,美国精神科医生库伯勒·罗丝在她的《论临终与死亡》一书中总结了人们面对突然降临在自己身上的灾难时所要经历的 5 个独立的精神阶段,分别是:否认或隔离、愤怒、妥协或讨价还价、绝望、接受。

每个人对悲伤的接受能力都有所不同,总体来说,前 3 个阶段时间比较短,第 4 个阶段很漫长,而且,有些人更感性,会沉溺在前几个阶段中走不到第 5 个阶段。正因如此,当一群人同时面对灾难时,人们经历这几个情感阶段的时间会有所不同,所以,同一时刻下这些人的情感反应也会千差万别。有的人可能处在第一阶段,在"隔绝"的心理下反而会表现得很茫然,这种反应看上去不如立刻哭天抢地甚至晕厥过去激烈,但是可能当事人会出现意识改变,不知自己身在何处,对时间、方向、周围事物都失去准确的判断。这种状态有人可能只持续几分钟,有人却可能长达好几天。

我们在日常生活中很少经历大生大死的灾难,很多传媒人并不了解人类的这种反应。可是,如果要做合格的传媒人,就应该对人们的各种情感反应有一定的了解,避免在自己的传媒报道中做出不吻合人们真实情感状态的报道。

例如,2008 年汶川地震发生时,很多媒体蜂拥到了当地,每有幸存者被发现、救援出来时,很多人都会把话筒伸过去,希望虚弱的幸存者说些什么。我们看不到这些当事人面对话筒时真实的反应是什么，因为这些报道呈现在我们眼中的，不是被采访人悲伤的号啕痛哭，就是因为庆幸热泪盈眶。这种画面出现在世人眼中时，很多人并不觉得有什么问题。在同年 5 月 17 日的赈灾义演晚会上，也现场展示了很多灾难性的画面，讲述了一些灾难中的苦难故事。不可否认，晚会对于当时的募捐行为有很大的正面影响，很多人流着眼泪一边看晚会一边捐款。可是，这种行为真的符合当事人的实际情感状态吗？传媒人是否对那些一个个不幸的个体有足够的了解与关怀？如果记者们把话筒伸到处在第四、第五阶段的受害人面前，又能期待他们说些什么？表现出些什么来？如果当事人没有对着镜头失声痛哭，就意味着他们没有悲痛了吗？媒体对人真正的情感又了解多少？甚至于，媒体生硬的报道是否会硬生生阻断人们的情感自然发展流程？媒体试图立刻让虚弱的幸存者说出理性的话语来配合媒体报道，说出些符合媒体需求的话、做出些符合媒体预期的行动来，又会对他们真正走出悲痛起到怎样的负面作用？如果媒体不是真正从当事人的情感体验出发，而仅仅从自己的戏剧性需求出发，这样的报道又真的具有情感温度吗？总之，媒体在面对灾难时总是想着自己能够挖掘灾难中的情感故事来打动受众、征服受众，可是媒体真正面对灾难中的当事人时，对当事人真实的情感理解多少？又对当事人展现出了怎样的情感温度？

要理解当事人的情感，并不需要专门去找出这本《论临终与死亡》来看，有一定阅读经验的人大多都知道这个罗丝模型，因为任何一部创作态度严肃的文学作品，甚至是一些影视剧作品都会按照这 5 个阶段来细腻地展开人物的内心，很多作品中的细致、准确程度完全不亚于心理学作品。具体在东野圭吾的《幻夜》中，就是人们那种"为什么我的房子烧了！是消防员的错"，以及"如果消防员能早点到，我的房子就不会烧掉了"的心理反应。这些并不是受害人道德败坏的体现，而是受害人正处在第 2 阶段情绪"愤怒"之中。

看文学看的是什么？就是通过一个个他人的故事，通过他人在不同情境下的不同应对，来了解不同人的感受、思考方法，从而培养出我们的同理心，培养出我们的共情共感能力。我们每个人的生活圈都是有限的，在真实的生活中，我们无法直接接触到那些丰富的生活侧面和那些真实存在的各色人等。可是在文学作品中，我们却可以观察到他们的生活，甚至是他们的情感和他们的思考方式，从而丰富我们对这个世界的认识。

如果传媒人有充沛的阅读经验，就会从各类文学作品中得悉人们在伤痛中的不同反应：同样是失去挚爱的亲人，《活着》里福贵的反应与《飘》里斯佳丽的反应不同；同样是失去巨额财产，福贵也与《基督山伯爵》里邓格拉斯男爵的反应不同。麻木、震惊、茫然、愤怒、恐惧、悲伤、绝望、内疚这些情感看似不同，但却都是人们面对同一种情境时出现的情绪反应。文学里凝结着无数人的人生经历，不仅仅是作者自身的经历，还包括作者观察过、思考过的人生。就如同鲁迅所说的，他笔下的人物"往往嘴在浙江，脸在北京，衣服在山西，是一个拼凑起来的角色"，文学作品向读者展示了不同时代、地域、出身、文化、阶层、个性、阅历的人们千差万别的情感体验和动作行为。看得越多，我们才能越来越宽容。因为看得多了，我们才能够了解到，世人各自有自己的思考方式，因此，每多读一本文学作品，人们就能多经历一次人生。文学阅读可以帮助传媒人熟悉人、熟悉社会，因而也能在自己的传媒作品中切实地贴近受访者、当事人，真实地理解、体会他们的所思所想，我们与他人交往时的预设就能够更贴近他人的真实状况，也就更有利于与他人沟通、交流。

这也就是古人所说的"工夫在诗外"。

传媒人的创作需要什么？就是这句"工夫在诗外"。我们需要感受人心、感受情感、感受社会生活的方方面面。我们首先需要有细致的观察，还要有深入自己内心的思考，要开始形成自己的意识，只有自己的审美水平提高了，自己的思想深入了，素材也积累得多了，才能真正开始自己的创作。

那些文学精品是不同时代、不同作家们对世界的观察和思考。现实主义的作者们往往通过作品直接给我们展现了不同的世界，浪漫主义的作者们通过作品向我们传达他们对这个世界的理想，而很多后现代的作者们常常通过作品向我们展现他们对这个世界的哲思。通过阅读作品，我们不仅可以扩大自己的眼界，还能通过这些作品提高自己的审美能力。

我们自己就如同一块充电宝，我们能输出多少能量，取决于我们输入了多少能量，没有人能只输出而不输入，阅读，就是我们的输入过程。大量阅读文学作品是丰富间接经验、增强自己对世事人情的敏感性的恰当途径。

只有传媒人的情感敏锐了，才能在从事相关的传媒活动中更好地推测与体会他人情绪，并对他人的行为、反应、情绪做出更准确的判断。

这种能力的缺失对于传媒人来说是比较致命的。传媒人的责任不仅仅是报道事实或制作相关的产品，传播行为的真正目的是体现出传媒人对他人、对社会的关心与责任，传媒人致力追求的人文情怀正是基于对他人的感受、情绪的体认。如果缺失了这种与他人共情、共感的能力，缺失了对他人情绪的深度体察，将极有可能影响传媒作品的"温度"。

因此，传媒工作者必须具备一定的敏感性，要能敏感地观察、捕捉到一般人容易忽略的东西，又要能形成对外界事物深入细致的感受和体验，从而迅速判断事实背后凝聚的意义或情感，将它们传达到公众面前。

第二十二章
人情练达即文章——思考的魅力

阅读文学作品能够帮助我们理解他人，可是并非不停歇地阅读一个又一个的故事，弥补自己不曾经历过的人生经历就能实现这样的目的。优秀的小说有可能会讲述一个动人的故事，但绝不仅止于讲述一个故事而已，否则，文学也就变得和电视剧没什么不同了。读文学作品，不仅必须沉浸其中，还需要对自己接触到的素材不断思考，一次次身临其境地感受其中展示的人生、人性和人物情感。这样的阅读方式才能真正培养起自己对他人情感的敏感性。

不要被"思考"两个字吓住。对文学作品的思考未必都是思辨式的，只要读者对自己阅读的作品留心，时时都能在阅读文学作品中进行思考，至少可以在阅读作品时积极融入自己的生活经历。很多文学作品之所以名声卓著，就是因为对生活细节细腻、敏感的把握。阅读文学作品与影视剧最大的不同，就是阅读是一种可以让人随时停下来思考的活动。传媒人如果在文学阅读活动中时时将作品中人物的行为、反应与自己生活中所经历的或所遇见的行为进行比对，或者用自己在类似生活经历中的情感反应去类比作品中的人物，进行"将心比心"的思考，就能够有助于提高媒体人对生活细节的敏感。媒体人面对的世事人情并不一定都是激烈、特殊的，对生活细节的敏感非常有利于传媒人的实际工作。

这种思考，首先是需要人调动起自己所有的直接经验（生活体验）和间接经验（阅读经验），主动沉入作品中揣摩，在帮助自己提升对作品的感悟力的同时，人们也往往能够更清醒地认识自己。

《红楼梦》里第二十三回就详细描写了一段林黛玉如何在生命的一个瞬间，找到了与文艺作品"共鸣"的全部经历。

在那一段描写中，林黛玉一个人正欲回房，走到梨香院的一个角落外，听到梨香院的小演员们正在排练《牡丹亭》中"游园惊梦"的片段。据小说中描写，她先是听到里面笛韵悠扬，歌声婉转，她知道是里面有人在排练。可是林黛玉平常是不大热衷于看戏的，所以她也没留心，继续往前走。可见，她并非第一次接触《牡丹亭》，可是《牡丹亭》此前从未与她产生过情感共鸣。因为她此前的生命体验、情感状态都还没有准备好与之契合。但是，这一回情况却发生了变化。虽然她并没有有意识地去听，可耳朵里也钻进了几句唱腔，正好唱词是"原来姹紫嫣红开遍，似这般都付与断井颓垣"。黛玉觉得这曲调婉转悠扬，便被这曲调吸引而停下步子，侧耳倾听。这样一来，她从一开始的无意识状态进入到了有意识状态，也就是说，她要开始调动起自己的生命体验和审美经验去思考面对的艺术作品了，她要开始做一个"有心人"了。而一旦有心，她就认真听见了《牡丹亭》的经典唱词"良辰美景奈何天，赏心乐事谁家院"。她一听，很有些意外，心想："原来戏上也有好文章，可惜世人只知看戏，未必能领略其中的趣味"。可见，她这时已经放下成见，开始认真对作品进行审美判断了，等到听见"只为你如花美眷，似水流年"这两句时，林黛玉"心动神摇"。又听到"你在幽闺自怜"之后，更是"如醉如痴"，最后"站立不住，便一蹲身坐在一块山子石上，细嚼'如花美眷，似水流年'八个字的滋味"。

为什么听到这几句之后林黛玉的反应那么大？因为此时的"如花美眷，似水流年"八个字进入了她的内心。此时的她正无时无刻不处在"幽闺自怜"的情绪状态中。这段故事之前，恰恰是她与贾宝玉一起看《西厢记》，两人正是借这个机会相互表明了心意。在此之前，林黛玉还不能很确定贾宝玉的情感状态，可是现在，她确认了贾宝玉的爱情。林黛玉最大的忧虑是对贾宝玉爱情的不确定，所以她经常拈酸吃醋和贾宝玉闹小脾气，可是现在爱情的试探告一段落了，林黛玉立刻意识到了她人生新的忧患：婚姻问题。她害怕自己一天天长大，可是婚姻问题却充满了变数，她对自己的婚姻完全不能确定。而"如花美眷，似水流年"这八个字，正是少女担心随着自己年华流逝，青春被蹉跎的恐惧。这八个字与"幽闺自怜"相结合，直接击中了林黛玉最惶恐、最在意的东西，所以她一下子情感就摇动了。可见，林黛玉开始把自己的生平阅历、情感体验融入作品中了，正因如此，她在作品中找到了自己的情感共鸣。可林黛玉并不止步于此，她忽又想起前日见古人诗中有"水流花谢两无情"之句；再词中又有"流水落花春去也，天上人间"之句；又兼方才所见《西厢记》中"花落水流红，闲愁万种"之句，都一时想起来，凑聚在一处。仔细忖度，不觉心痛神驰，眼中落泪。

这次林黛玉的审美体验让她"心痛神驰"到落泪的地步，为什么？因为她把过去的相关艺术素材全部重新调动、组织了起来，来加深自己的审美体验，同时也在这种审美活动中，加深了对原来自己熟悉的资料的审美认识。她回想到了"水流花谢两无情""流水落花春去也，天上人间""花落水流红，闲愁万种"，这些句子的主题都或多或少地接近"如花美眷，似水流年"，林黛玉这是对自己既往的阅读经验的重新调动、重新审视。这些句子她以前都读过，而且会背，所以现在才能立刻回想起来，可是很明显，以前读这些句子的时候她没有那么强烈的情感体验。为什么当时没有那么深刻的感动而现在有了呢？那就是林黛玉现在变了。林黛玉对生命的体验发生了改变，再回顾这些艺术素材，她的审美感受也就改变了。这么多句子放在一起，突然和她内心中最深沉的恐惧结合在一起，所以她才有了那么大的情感反应。爱新觉罗·永忠写过诗句"不是情人不泪流"，这一刻，林黛玉就是那个"情人"，就是那个有情的人，所以她才会为平常听惯的一支曲子落泪。正是因为她自己此时已经成了"惆怅客"，才会为一支曲子"泪纵横"。

林黛玉向世人完整地展现了欣赏者如何与文学作品（剧本）产生共鸣的过程：欣赏者主动联系自己的直接经验，沉入文学作品描述的世界中，再积极调动自己的间接经验与之相应和，强化自己的感受能力。经过了这一段的林黛玉，也更清醒地看到了自己的焦虑，她对自己的理解也提升了。

《红楼梦》开篇即写了一副对联："世事洞明皆学问，人情练达即文章。""人情练达即文章"反过来看也一样，好的文学作品也是人情练达的，所以，如果人们能够把生活经验带入文学作品中，与作品中的情节相比较，也能够增强自己"人情练达"的能力，进而反哺自己的真实生活。

例如，《红楼梦》第四十四回名叫"变生不测凤姐泼醋，喜出望外平儿理妆"。这一回的故事在 1987 版电视剧中也有。讲的是凤姐在自己的生日宴会上发现丈夫贾琏与家仆妇私通，还在说自己坏话，生气起来又碍于身份不好和贾琏对打，就打平儿出气，贾琏见了也打平儿出气，平儿两头受委屈，被拉进了怡红院。在那里经过众人一番开解，重新振作起来，在怡红院里用贾宝玉亲手调配的纯天然护肤品重新上妆。

这一回的回目中有一句"喜出望外平儿理妆"，到底是谁喜出望外呢？从故事的内容看，这喜出望外的不是平儿，而是贾宝玉。贾宝玉在此之前从来没有机会和平儿亲近过，这次终于有机会可以亲近一下平儿，是他的喜出望外。可是按照中国章回体小说的对仗来分析的话，上半句也可以解释为因为"变生不测"所以"凤姐泼醋"，那么，因为"喜出望外"所以"平儿理妆"。

如果是这样的话，问题就来了，为什么平儿会"喜出望外"？甚至于，按照现在的话说，平儿不过是重新洗了把脸上了点粉和胭脂，这事有多重要，为什么就进了回目了呢？

这就是文学的魅力了。文学家们经常会敏锐地抓住一些我们在生活中不经意忽略的小细节，把它们写进作品中，并在这样的细节里融入对它们、对生活的哲思。同样，看到这样的小细节时，读者也需要停下阅读进程，细细把自己带入到文学的境地，用心体会作品中不同人物的不同情境、心理。这么做能够加深我们对人、对生活的理解。

如果我们沉下心来，暂时放下追剧情的心理，深入到平儿、贾宝玉等人的内心去看这个事件时，会有一种特殊的感受。这个故事的前半段"变生不测凤姐泼醋"波澜迭起戏剧性很强，很容易为人们所牢记，那么"喜出望外平儿理妆"呢？看上去简直平平淡淡，以至于电视剧干脆就把这段故事给略去了，几乎没有表现。可是，这段琐碎的"平儿理妆"描写究竟写了些什么？

进怡红院之前，平儿先是被王熙凤打了一巴掌骂了几句，又被贾琏打了几下，憋着一肚子委屈。从平儿的委屈可以看出，平儿平时的日子过得很舒服，所以这种不白之冤平常很少受，否则，就这点打骂也不至于哭得"哽咽难言"。可这就能说明平儿平时的日子很幸福吗？那就要看她接下来的行为了。书中写道，她平日里和袭人的关系极好，从鸳鸯抗婚事件中看，两个人像一对无话不谈的小姐妹。我们想想看，如果是当代的一个深受家人宠爱的小女儿，突然遭到不白之冤被家人打了，跑到自己的闺蜜家里去，她会怎么做？不用问，她一定会把一肚子牢骚不满一股脑倒给闺蜜，愤愤不平地指责自己的家人。可是，大家看看平儿到了好闺蜜袭人家里，是怎么做的。

这段文字中反复能看到的文字是这样的：袭人忙接着，笑道……平儿也陪笑说"多谢"。……袭人笑道：……宝玉忙劝道……平儿笑道……

大家看看，袭人是"笑道"，平儿是客气地"陪笑"，大家都是"笑道"，这正常吗？可以对比一下黛玉和宝玉恼气哭起来之后是怎么和紫鹃她们说话的，她会这么"笑道""陪笑"吗？

这段文字，如果被急着追剧情的人匆匆一扫而过，可能会觉得平平常常没什么问题，可是一旦带入生活经验，仔细一想，我们就会发现，平儿和袭人的"笑"其实问题很大。两个好闺蜜间这么客客气气地交往，这一刻的她们有多少真情流露？

如果说袭人的"笑"里面是几分真体贴加几分假客套的话，平儿面对闺蜜的笑，就只有无奈和戒备了。

大家仔细想想，一个少女面对自己的闺蜜还那么戒备，这说明了什么？这说明掩盖真实的情绪、扮演一种社会角色，早已成了平儿的一种生活方式，即便面对她最信任的人也是这样。这样的人平常活的得多累！多谨小慎微！

接下来，宝玉拿出了自制脂粉给平儿，还说这就是他平时给袭人、晴雯她们用的，说不定还有更好的早已送进了潇湘馆。很多人都说这时候的宝玉很体贴，可是大家仔细分析宝玉这个时候的表现，完全是发自内心的体贴吗？宝玉一边献宝似的捧出自制化妆品，还一边在旁边详细解说制作方法和功效，活似一个化妆品柜台的推销员，在体贴之外，其实还有几分少年人的得意和骄傲。书中也不回避这一点，曹雪芹写到贾宝玉做完这些之后，他的第一反应竟然是"因歪在床上，心内怡然自得"。

面前的平儿受了委屈，可是此刻宝玉的心态竟然是"怡然自得"。他在这一刻并没有真正设身处地地替平儿难过，最起码他替平儿难过的情感不纯粹。他的理智让他同情平儿的遭遇、理解平儿艰难的处境，可是这个时候的贾宝玉做不到感同身受。简单来说，他明白平儿很痛苦，也同情平儿的痛苦，但是他此刻还不能真切地把平儿的痛苦当作自己的痛苦来体会。所以他的同情带着一种冷淡的超然，这才使他能够在面对他人的痛苦时还有一点自己心愿得逞的小得意。这一刻的贾宝玉在善良体贴之外，也是有一点点小自私的。这跟他面对林黛玉、史湘云甚至是袭人、晴雯时的心态完全不同。可以说，他此时的这份温存体贴是大打折扣的。

可就这大打折扣的一点点体贴，其结果却是让平儿"喜出望外"。平儿最后能够重新振作起来，不仅仅因为用到了怡红院自制的上好化妆品，让平儿看到镜中的自己"鲜艳异常""甜香满颊"，更是因为她在怡红院这里感受到了温存和体贴。就算是贾宝玉那打了折扣的温存体贴，都让平儿喜出望外了。

这说明什么？这从反面衬托出她的境遇。她从未感受过真正发自内心的体贴，所以，贾宝玉这点打了折扣的体贴，就能让她卸下心理防线。那种幸福于别人而言是微不足道的一点点，可是于她这种无依无靠的人来说就是幸福的全部了——因为她从未真正幸福过。

这一段书里，曹雪芹在"凤姐泼醋"这场大戏后安排了"平儿理妆"这么一个重要的小插曲，用前面一场人人可以感受到的极热闹，隐藏了一片让人细思极恐的极凄凉。这段文字让人们看到了什么叫情感上的一无所有、无依无靠。平儿在怡红院里的所有行为，透彻地展示了一个无依无靠的人是怎么在自己与世界之间树起一道看似牢不可破的城墙，这道墙又怎么因为一点小小的关心而轰然倒塌。

要读出这种韵味，不仅需要细细读，还要带上人生经验，才能读出字里行间的韵味。而一旦读出这种韵味了，即使我们的人生中没有真实地遇到过这些事，这些经历也会融入我们对世界的感知之中，成为我们的经验。

更重要的是，在进行这种融入自己人生经验，融入自己主动思考的阅读过程中，原本容易被自己忽视的日常经验也会变得鲜明起来。人类的很多体会平时沉睡在自己意识的深处，而每一次自问"如果在这种情况下我会怎么做"就是一种唤醒它们的方式。就如同在上面的例子中，我们必须问自己几个问题：

如果一个女孩被冤枉，她在闺蜜面前会是什么样？
一个女孩在好闺蜜面前掩饰自己的真情绪，意味着什么？
真诚地帮助他人摆脱困境之后，我们会不会产生得意的情绪？
如果产生了得意的情绪，意味着帮助者是怎么想的？
……

这些问题每个都不难回答，即使是直接经验浅薄的青年人也可以凭借自己的人生经验做出回答。可是，如果不问自己这些问题，我们便难以唤醒自己内心中对这些问题的答案，难以将这些对人性的认识从潜意识唤醒到意识层面中来，也就难以在面对相似环境时敏锐、清晰地感受到他人答案的差异。

可以说，敏感性就是这么不断通过对自己的追问训练成的。一旦在内心中明确了自己的想法，才能够对不同的答案更敏感，这也是传媒人应有的敏感。具备这种敏感力的传媒人能够在新闻报道工作中迅速抓住细节、抓住要点、抓住问题，能够透过一般现象挖掘出隐藏着的有价值的新闻事实，从而做出准确、细致的报道。

对于传媒人来说，阅读文学作品不仅仅是为了获得一次次刻骨铭心的人生体验与情感体验，更主要是通过主动思考养成某种辨析能力。运用这种能力，当我们面对生活、面对现实时，才可以在贴近他人情感的同时又保持神清智明，不沉溺于个人的情绪、情感，而始终能够以独立、客观的立场审视面对的事件，把握住真正的问题所在。

例如，我曾经在参加一次节目录制时遇到这样一个例子：新闻故事的主人公是一对父子，其中，儿子 40 多岁，在某地级市过着算得上中产生活，其父亲 70 多岁，生活在农村。节目编导告诉我，新闻故事准备着重表现这儿子对父亲的情感，是个"孝顺儿子"。其证据是，这儿子告诉节目组老父亲多年来一直有两大心愿，一个是看海，一个是坐一次飞机。儿子向节目组表示，他愿意自己补贴差价，将回程的火车票换成机票，满足老父亲"坐一次飞机"的心愿。

节目组的编导告诉我这个背景时，真诚地赞叹说，这真是一个孝顺儿子：看！他愿意贴补差价让父亲坐飞机。

可是我听到这句话之后是怎样的反应？

我说：他的话恰恰证明他不是一个爱父亲的儿子！

为什么？

年轻的编导单纯地被儿子补贴几百元差价的要求感动，认为这是一个很有爱心的儿子。可是，如果用生活中的一般逻辑衡量一下，人们会发现一个问题：既然儿子知道父亲多年来一直有两大心愿，他也具备帮助父亲实现心愿的经济能力，为什么这么多年来一直没有帮助父亲实现心愿？看海和坐飞机对于那个儿子来说都不是很难实现的事，他在那么多年中，只要有一次趁年节假日带父亲飞往海南或青岛之类的度假地一次，就可以同时满足父亲的两个心愿，可为什么他一直没有这么做？相反，直到此时才以"补差价"的形式让父亲第一次坐上飞机——"补差价"意味着他只愿意为满足父亲的心愿付出很小的一份代价。

这种情况下，还能认为那是个很爱父亲的儿子吗？

这不是直接生活经历在我和编导之间造成的鸿沟，而是随时将素材与生活经验比对之后形成的思维习惯。这样的思维习惯有助于人们拨开事情的表象，深入探讨事件的本质。

带着思考去阅读文学作品对传媒人就有这样的滋养，它可以培养传媒人的冷静客观，但又不会让人觉得冷淡无情。传媒人的善良敏感也不能是多愁善感，传媒人在面对客观世界的时候要同时具备感性和理性特征，这样才能做出既有人性温度，又有客观深度的报道。就如同在看那段"平儿理妆"时，既要为平儿的遭遇叹息落泪，又要能敏锐地发现这一段中各个出场人物的问题。

这是一种比较高的要求，而在我看来，这是优秀的传媒人应有的素质。

第二十三章
《桃花源记》——用文学作品练习质疑

紧随着思考而来的，是质疑的能力。

2014 年 3 月 20 日，一篇名为《"杀死"老记者》的文章在传媒行业内引起了不小的震荡。当时，"马航 370 失联"事件正牵引着全世界传媒人的关注焦点。这篇文章的作者却从这个大事件的新闻报道中看到了中国媒体的不足。由于航班上中国乘客众多，中国很多传媒机构派记者前往马来西亚进行第一手报道。然而，在这篇文章作者的眼中，这个行为一方面体现的是中国新闻界的热情与经济实力："马航事件发生，大批中国记者奔赴马来西亚，奔赴越南富国岛。"但另一方面，这次传媒活动也暴露出中国传媒人的很多问题。作者写到，当时中国传媒人的主要表现令人失望："常见的情景是，各路专家敲完边鼓后，主持人说，我给大家总结一下目前的最新消息，据 CNN，据美联社，据 BBC，据纽约时报、华尔街日报……当然，我们也有'独家'，就是镜头里那些肝肠寸断的接机家属。""大批中国记者像没头苍蝇一样，跑新闻发布会，拦路采访路人甲，去机场拍几张照片，窝在酒店看当地电视，如此而已。真相，根本就不知从何入手。甚至，由于对马来西亚官方经常发布的不实之词缺乏辨别能力，无形之中成为传播不实消息的渠道、放大器。"以至于，作者总结说："中国媒体，它们能做的就是：报道经常不靠谱的马方新闻发布会的内容；转发'西方媒体'的报道；煽情：'马航我们等你回家，为你祈祷'；或者还有传谣。"正因如此，作者称 "马航事件充分暴露了中国记者的无能"，暴露了我们在国际上"无话语权"，这不仅仅是航空界的灾难日，更是"中国媒体的灾难日"。①

这篇文章当年在业内反响很大，它以犀利的笔调尖锐地揭露出了当代中国传媒人辨析事实能力不足的问题。

应该说，马航 370 失联之后的种种后续事件是有些超出中国传媒人经验与想象的。当时的马来西亚官方不仅始终没有给出过细节、权威的信息，甚至都没有给出真实、可靠的信息。对于很多问题，马航官方信息发布者不仅是一问三不知——不知飞机所向、不知飞机现状与后果、不知失联原因，而且后来还被证明发布了一些虚假信息。结果呢？是《华尔街日报》挖掘出飞机引擎线索，然后披露了这架飞机曾经折返的信息；《纽约时报》通过雷达数据认定了失联时飞机的飞行方向不是马方所说的朝北，而是朝西，从而让后来的搜寻者改变了搜寻范围；是 ABC 第一时间披露众包搜索；是 BBC 等最后找到卫星公司，向公众披露了 8 点 11 分这个关键时间点，充分证明马来西亚官方连提供的失联时间都是在造假。这些传媒人的作为与当时中国派出的传媒人的作为天差地别。

为什么会这样？事实上，不仅是在马航 370 失联事件上，传媒人在实际工作中总会接触到各种信息，很多信息之间还是相互矛盾的。我们面对的世界纷繁芜杂，由于各种主、客观原因，针对同一件事会有多种不同的说法、信息出现。这时候，辨别力是传媒人另一个非常重要的能力。如果不加辨析地、轻率地使用相关信息，很有可能会犯下严重的错误。

可是，很多传媒人在心理上有严重的"权威依赖"，过于信赖权威部门的信誉，面对很多事的时候习惯于找权威部门、权威人士发布信息，出于对这些部门、人士的信赖，不加辨析地将这些信息发布出去。但是很明显，这套模式在马航事件上却翻了车。当时的中国传媒人没有想到马来西亚官方会在新闻发布会上撒谎发布不实信息，所以未经质疑就直接将马方的信息发布出来，以至于如同文章中所说的，是在"传谣"。

在日常生活中，普通人构成的人群在灾难突降时出现各种捕风捉影、以讹传讹的传播行为是合情合理的，这是人际传播中的正常现象，但是有素质的传媒人却不应该停留在这个阶段，具有新闻敏感的传媒人不仅要能够迅速及时地发现新闻，还要能认真思索，从不同的线索、事实中梳理出真相。

---

① 孙乐涛，韩十洲．"杀死"老记者［N］．时代周报，2014-3-20.

怎样培养自己辨析真相的能力呢？首先要能够有意识地主动思考。这种思考的第一步，就是不盲从、不妄信，对自己手头的一切资料都保持一定的警醒。

传媒人的警醒，首先就是不能被资料的来头蒙蔽。前面所举的马航事件中，年轻的记者大多就是被"马方"的来头蒙蔽，放松了警惕，下意识地选择相信对方所公布的一切信息，而没有去做该做的调查、核实工作。

敢于质疑信息，尤其是那些来头似乎很大的信息，这是需要一定勇气的。尤其是在我们所受的教育过程中，很多时候得到的信息不够丰富，很容易形成对信息源的崇拜。可事实上，一些今人所信服的常识是不断被人质疑的。在这里我举一个著名的"历史人物"的例子，来看看关于这个问题的争论。这个人物就是中国人尽皆知的爱国诗人屈原。

在现今普遍认知中，屈原是战国时期楚国的一位臣子，因无法实现其政治理想，悲愤之下投入汨罗江自尽，五月初五端午节就是为了纪念这位忠臣而设立的。在很多人心目中这已经是不争的事实了，我们在高中语文课本里都学过《史记》中关于屈原的记载。然而事实上，从20世纪初开始，关于屈原其人其作的真实性，学术界一直有争论。20世纪80年代，这个争论重新被提起，在当时曾展开过一场激烈的讨论，至今难有定论。

屈原的真实性有争论！这个想法会刺痛我们一直以来的文化情感，是人们不愿意接受的。可是，传媒的态度首先应该是基于事实的，我们此前所说的传媒人的情感也是基于事实产生的情感。那么，从事实的角度看，质疑屈原存在的人秉承的是一种什么样的证据呢？

原来，现存最早完整记载屈原生平的史书就是《史记·屈原贾生列传》（以下简称《屈原列传》）。而从宋朝开始，《屈原列传》中的几处矛盾就陆续被提出来，比较难以解决的有以下几个问题。第一，在《屈原列传》与《新序》中，关于屈原流放时间的矛盾；《屈原列传》中有"虽放流，眷顾楚国，系心怀王，不忘欲反。……卒以此见怀王之终不悟也"与"顷襄王怒而迁之"两句，流放屈原的王是不同的，一个是楚怀王，一个是楚顷襄王，这是材料自身出现矛盾的问题。第二，《史记》中的"屈平既绌，其后秦欲伐齐……复释去张仪"一大段，采用了《战国策》原文，但《战国策》中却没有提到屈原，这是佐证材料不足的问题；还有，《史记》中令尹子兰陷害屈原，对屈原产生愤怒的起因也没有明确交代，逻辑不完整。这些矛盾点在清末之前也都曾被人发现了，但并没有引起重视，诸多学者仅以为是司马迁著书时笔误所致，并且试图用自己的逻辑修改谬误。可是到了清末，学者廖季平以《屈原列传》真实性不明，直接对屈原的事迹和作品提出了质疑，认为《楚辞》是秦始皇的七十博士所作。

此后，胡适也提出了类似的看法，并且提出了 5 个难以解决的疑点，质疑《屈原列传》的真实性，从而认为"屈原是一种复合物，是一种'箭垛式'的人物，与黄帝周公同类，与希腊的荷马同类"。后来郭沫若肯定了屈原的存在，以司马迁之前的贾谊作过《吊屈原赋》、淮南王刘安作过《离骚传》为依据，印证屈原的存在。但郭沫若的论证却仍旧没有解决《屈原列传》中出现的矛盾。之后，何天行、朱东润及日本诸学者又相继发表论述，持《楚辞》中各篇目可能都不是屈原所做的观点，最为令人震惊的是《离骚》乃淮南王刘安所作一说。然而这一观点，已经被 1977 年汉墓中出土的不晚于文帝十五年的竹简实证驳倒，竹简中有《离骚》和《涉江》的两个残句，说明文帝时期这两个篇目已经流传开来，所以不可能是刘安所作。但究竟是否是屈原所作，屈原的真正作品究竟有哪几篇，甚至屈原的生平究竟如何，至今仍无定论。总之，关于屈原的种种争论皆自《屈原列传》中的矛盾而来，《史记》这样的"史家之绝唱"都有前后矛盾的可疑之处，那么我们今天所谓的"史书"可信吗？

为什么会出现这种情况呢？

可以明确的是，我们今天看到的《史记》并非司马迁最初的版本，而是在流传过程中不断被后人补缺增改的版本。范晔在《后汉书》里提到："司马迁著《史记》，自太初以后，阙而不录。后好事者颇或缀集时事，然多鄙俗，不足以踵继其书。"比如，《屈原列传》就有明显的后人修改痕迹，其中的"至孝昭时，列为九卿"，孝昭是汉昭帝谥号，而司马迁最晚卒于汉昭帝初年，因此，这句话不会出自司马迁之手，只可能是后人所撰。

可见，在历史记载中经常出现"文学化"的写作倾向，也就是后人在增补历史记载时加入了自己的理解和记忆。即使是白纸黑字著成的《红楼梦》，传抄时都会有多个不同抄本，里面的细节各有不同，何况司马迁是在没有翔实史料的情况下，还原距自己两百年的历史人物生平。况且，从我国古代史学家和他们著作的细微处，我们能看到古人对待"事实"和"文学"的态度有其模糊的地带，因此，哪怕《史记》的来头再大，人们也对它保留一定的质疑态度。

历史是过去的新闻，新闻是未来的历史。当代传媒人也应该有中国文人的态度，不管信息来头再大，也要有敢于质疑的态度。

这种质疑的态度也是可以通过阅读文学作品、不断与文学作品进行深度对话培养的。

十多年前，互联网上曾经流传过一篇文章《美国老师是如何讲灰姑娘的故事的》，讲到幼儿园老师讲完灰姑娘故事之后向孩子们提了一些问题，其中最后一个问题是：这个故事有什么不合理的地方？学生中有人思考了一会儿之后指出，午夜12点以后所有的东西都要变回原样，可灰姑娘的水晶鞋没有变回去，是一个漏洞。老师进而教导孩子们，就是伟大的作家也有出错的时候。

这篇文章在网上广为流传，但是作者不可考，故事中提到的那个美国幼儿园、幼儿教师更不可考，不像是一篇真实的课堂记录，更像是一篇旨在规劝中国学校改革教育方式的故事。但是，不管这故事到底是真实的还是虚构的，老师的最后一问确实提出了人们读书时应有的一种态度，我把它称为"从反面看书"。

从反面看书并非一味地要从文章中挑毛病，吹毛求疵、为了挑错而挑错的看书方式我并不赞成，那更像是为了满足看书人的虚荣。我要说的从反面看书，是指从既定作品出发，仔细思考作品中是否反映出了创作者某些意识，而这些意识中又能反映出些什么问题。

每一篇文章都或显或隐地体现了创作者的某些意图，由于这些意图，相同的事实可能被解读出不同的观点，又或者有些未被证实的事实会因为创作者与传播者某种共同的意图而被传的满天飞。这两种情况在当代新媒体或自媒体中非常常见。

当代网络媒体以资讯的迅捷著称。一些民生类、热点类的资讯几乎就在传统媒体得到第一手信息的同时，广大受众就通过这些网络媒体同步接收了信息，这使得传统媒体几乎完全丧失了自己的时间优势。正因如此，当代很多电视台都开辟了《网罗天下》之类的资讯节目，传统媒体放下身段，去网络媒体上寻找新闻热点。甚至于，一些娱乐圈的消息——诸如明星夫妻、情侣们的分分合合就干脆直接通过微博等媒介对外发布，连记者会都省了。可是，即使是热衷于这些资讯的普通受众也明白，与国计民生紧密关联的重大新闻还是应该去看传统媒体，新媒体的公信力不足。

为什么？新媒体可以说是成也便捷性，败也便捷性。因为新媒体资讯发布的便捷性，普通人都可以成为信息的发布者，都可以成为自媒体；同时也因为发布的便捷性，相关信息缺乏把关人，每个自媒体不加审查就可以发布信息，也可以根据自己的需求编造信息。

因此，专业的媒体人需要培养自己精细的辨析力，提高自己对信息的辨识力。仅仅综合比较多个材料，从多角度探访信息真相尚且不足，传媒人还需要培养出从材料中反究发布者的主观目的的能力，看看漫天飞的材料背后到底掩藏着什么样的信息或意识。

例如，近年来的中国互联网上有一些说法一再出现博人眼球：古埃及是假的，金字塔是拿破仑造假完成的；古希腊是假的，希腊史是伪史；古罗马是假的，是欧洲进入工业化以后对自己历史的伪造。直到现在打开互联网还能找到很多相关的文章标题。这类文章很多都会用一些似是而非的论据来证明某个人们心目中辉煌灿烂的古文明其实在古代根本不存在，是西方进入工业革命之后对自己历史的造假行为。

仔细分析这些说法，谈到古埃及文明疑似造假的，大多会提到法国化学家用显微镜检查金字塔材料之后发现，金字塔不是石头堆砌的，而是被混凝土浇筑而成，进而有人提出这是拿破仑抵达埃及之后造的假。

传媒人面对的很多信息，就如同这样的文章，看起来证据扎实，而且我们自己的意识结构一时也无法推翻，毕竟我们没有机会亲自用显微镜检查一下金字塔。但是，这就能够让人立刻相信这种观点，随手将它传播出去吗？连开篇提到的幼儿园小朋友经过一段独立思考后，都可以对灰姑娘的故事提出质疑，而传媒人所要做的，就是对这些材料的质疑。

我们可以先把金字塔是不是混凝土浇筑的问题放到一边，大家可以先把这个提法当成一个事实，然后去质疑这个"事实"背后出现的问题：如果金字塔是混凝土的，这么多年来，那么多游客亲自攀爬上了金字塔，为什么没有发现它不是石头的而是混凝土的？日常生活中我们很容易分辨混凝土材质和石头材质，可为什么金字塔的材质却需要用到显微镜才能被真正发现？这么一想，我们大概就会得出一个结论：即使金字塔的材质是混凝土的，也是一种和石头极其相似的混凝土，以至于这么多年了，亿万游客亲临其境都不能分辨。

如果是这样的话，那问题就变成了建造金字塔的石头是不是真的、天然的石块。正如同中国清代建造的宫殿建筑里很多柱子不是天然整根的木材，而是把众多小木材拼成大柱子的形状，这是建筑工艺问题，与真假无关。事实上，关于"金字塔是混凝土"的说法是错误的，法国化学家约瑟夫·大卫·杜维斯认为，金字塔上的石头是用石灰和贝壳经人工浇筑而成的，这种浇筑方法有点类似今天的混凝土，浇筑成的石块凝固后和天然石材几乎没有差别。这种说法针对的是古埃及金字塔具体的原料工艺，但是一旦被断章取义成了"金字塔是混凝土的"，就完全改变了原本的含义。

又如同，有人声称金字塔是拿破仑下令修建的。如果具备一点质疑的精神，就应当提出拿破仑在打仗之余是否还有精力下令修建金字塔，这本身就是个问题：古埃及人没有起重机，18～19 世纪之交的法国人一样没有；古埃及人建造金字塔要耗费巨大的人力，拿破仑以当时技术手段建造金字塔一样要耗费巨大人力，且不说拿破仑能不能募集到那么多人力，单说他如何保证这些人不把消息透露出去呢？这才是一个真正的问题。

同样，很多说古希腊、古罗马历史都是大规模伪造的文章，也存在明显的漏洞。如果那些文章所说的是真的，现在散落于世界各地的历史遗迹、博物馆里的文物、图书馆里的历史记载都是工业革命以后欧洲人伪造的，当年的欧洲人就几乎是在重建一些文明了，而且还要在重建之后故意把他们做旧，再故意埋在地里去故意挖掘，这工作量比单独重建一个文明至少翻了一倍。很明显，这样的工程体量也是需要耗费百年才能完成的，是什么信仰支持他们连续几代人来完成这项大工程，又是什么样的组织管理能力让他们这么做的同时还小心地保住了秘密没有被当时的人发现？

简单一句话：小说都不敢这么编。

文学写作固然是虚构的，可恰恰因为文学作品是虚构的，作者、编剧们才特别重视作品逻辑的严谨性。我们面对事实的时候，不管事实本身有多荒诞，人们不会质疑它的荒谬、不真实。但是面对文学作品，我们直观的一个检验标准就是它是不是真实。这种真实不是指文学中所描述的事是不是真实发生过，而是指文学中描述的事是不是合情合理，其自身发展的逻辑是不是合理。因此，读文学作品的过程是我们不断用自身的逻辑去验证材料的过程,认真的文学阅读能够培养我们对材料本身的质疑能力。

文学作品的另一大特点是,好的作品往往含蓄深刻,寓意无穷,而这些寓意一般不会在文字表面直接显露,而是需要读者自己仔细思考,一点点分析比较出来的。因此,文学素养身后的读者都有深度阅读的能力,这种能力进一步激发人们面对其他问题时也能展开深层思考。人们思考的是作者写作的深层含义和作品流露出来的作者主观意识,很多时候,文学批评恰恰是对作者流露出的这些文化意识的分析与批评。《红楼梦》中经常提醒人们,书不可只从正面读,要经常从反面读。曹雪芹所提醒的从反面读书,一定程度就是要求读者能够细细分析作品所流露出来的问题,进而分析这些问题所蕴含的意义。

在这里,我们来深度分析一篇大家熟悉的文章,看看我们如果从反面读,能从中读出些什么来。这篇文章就是《桃花源记》。

中国人常把心目中最美好的地方称为"桃花源",那就是因为陶渊明的这篇散文。这篇文章篇幅不长,影响却极其深远,不仅进了中学生课本,成为每个接受过义务教育的人都知道的典故,而且现在江西、湖南两个省都在抢"桃花源"的所有权,直接服务于当代的旅游业。我想,就算中学毕业多年,很多人还是能回忆起《桃花源记》,就算不能像过去那样流利地背诵出全文来,至少也还记得散文所写的内容。于是,今天我想问大家一个问题:为什么那个捕鱼的武陵人第二次专门带着人去找桃花源,却再也找不到了?而这"找不到桃花源"又意味着什么?

第二个问题非常好回答。找不到桃花源既可以被理解为桃花源并非现实,而只是个理想的存在,也可以被理解为我们失去了桃花源。

于是问题回到了第一个:我们为什么失去了桃花源?

如果回忆一下原文,我们很快能从字面意义上得出结论:因为渔人离开之前,桃花源里的人叮嘱他"不足为外人道也",也就是不要跟外面的人透露这个桃花源的存在。渔人在桃花源里得到了桃花源居民的热情招待,他虽然是个和大家素不相识的陌生人,可是桃花源里的家家户户都争相宴请他,对他非常热情,显示出桃花源里的人非常善良。而且,人家对他没有提别的要求,就是请他不要告诉别人,凭借正常的人情往来我们可以想象,这个渔人面对桃花源人的叮嘱一定是答应了的——用生活逻辑我们很难想象，人家对你说：千万别告诉别人。而你却回答：不可能，我一定会告诉别人的。正常的生活逻辑，一定是渔人说"你放心，我绝不告诉别人"之类的话。

可是结果呢？渔人在出桃花源的路上，就存了要带人来寻找桃花源的心思，原文说他"扶向路，处处志之"，也就是一路沿途出去一路做记号。做记号的目的当然是为了再来。如果看到这里，你还能理解为是渔人自己想再入桃花源，可是然后呢？渔人"及郡下，诣太守，说如此。太守即遣人随其往"，也就是说，他立刻把存在桃花源的事告诉了官府，而且带着官府的人来找桃花源。

这番找寻的结果，是他再也找不到桃花源，直到现在我们也找不到这个可能曾经真实存在过的桃花源，也就是说，我们永远地失去了桃花源。

这么一看，我们为什么失去了桃花源？第一个理由就是我们失去了诚信。渔人违背了诺言，放弃了诚信。连刚从石头里蹦出来的孙悟空都知道"言而无信，不知其可也"，违背了诺言、放弃了诚信的人类，又怎么配得到至真至善的桃花源呢？从这一点上看，桃花源真正的意义可能不在于它的存在，而在于它的失去。很多人把中国的"桃花源"比作西方的"乌托邦"，《桃花源记》是一个关于《乌托邦》的故事，可在我看来，《桃花源记》实质上是一个"失乐园"的故事。

可是，对我们失去桃花源的探索还可以继续下去。我要问的第二个问题是：太守为什么要带人去寻访桃花源？桃花源是一个遗世独立的存在，而且很明显，桃花源里的人没有任何侵略性。他们连与外界接触都不愿意，当然更不可能扩张自己的文化或生活方式。说白了，他们只是安安静静地过自己的幸福日子，与人无碍。武陵太守和渔人不知道它的存在时，都在外面的世界各自生活得挺好，他们就算知道有个与当时大众的生活形态完全不同的桃花源存在，也大可以听之任之。可是，为什么太守要大费周章地派人去寻访呢？

太守代表的是官府的力量，放在那个时代环境下看，也就是社会主流的力量。这个力量代表着社会主流价值观、主流生活方式以及掌握主流生活方式权力。我们也可以想象，太守如果真的找到了桃花源，他和官府里的人又会对桃花源的人做些什么？是做友好访问，放下些礼物然后礼貌地离去？恐怕不是。陶渊明只是写"太守即遣人随其往"，却并没有说太守遣人带着礼物随往。所以想来，这并非一次友好的访问，而更像一次骚扰，说不定还是一次强制撤离，至少也是一次权力的宣告——告诫桃花源里的人就算躲在那里也要受到太守的管辖。也许，桃花源的人也正是因为预见到了这种被骚扰、被管辖的可能，才避而不见了。毕竟，桃花源的人之所以躲到这桃花源来，就是要"避秦时乱"。那个"乱"到底是什么？外在看，可以是秦的暴政，但是，未必不可以是秦所推行的"车同轨书同文"，也就是那种强制的一体化。桃花源的人也可能是为了保持自己文化、生活方式的独立性而躲在这里的。可是，如果现在太守进入的话，他们一直以来坚持的这种文化差异就会被打破而不复存在，所以他们走了。

如果用这个视角来考察《桃花源记》，又可以对"我们为什么失去了桃花源"这个问题得出第二个答案：桃花源的生活方式寄托了我们内心中对差异化选择、个性生存的向往，这也就是欧洲文艺复兴时期所张扬的人的自由天性。可惜，以太守为代表的社会主流力量却一直在侵袭人的这种自由空间。也就是说，人们心中的那个不通世俗的桃花源，是被主流力量侵扰、革除的，不是我们找不到桃花源了，而是因为我们自己试图消除差异的意识最终消灭了桃花源。

说到这里，还有一个问题：渔人为什么要去向太守告密？原文并没有探讨这个问题，只是告诉我们，渔人一来到郡城，就迫不及待地把这个消息主动告诉了郡守。他并非受到威逼才不得已泄露了秘密，而是一次主动的告密。

这个告密者的动机何在？

有可能是告密者觉得自己如果带郡守探访到这么一处地方能够得到大笔赏赐，如果是这样的话，那渔人就是为了个人私利而置诚信于不顾。这种行为虽然为人所不齿，但好在还是合理的。但即使如此，渔人告密的时候也并不能确认太守一定会给他一笔赏赐，他只是凭自己的生活常识判断太守会给他赏赐。那么，他又凭什么得出这样的判断呢？这就回到了我们刚才的判断，不仅仅太守意图用自己的力量干扰桃花源里人的独立选择，就连普通老百姓也觉得太守会为了能够干扰他人的独立选择而感谢自己。

不过，这还不是最严重的，更严重的可能是，也许渔人也没有指望郡守会因此奖赏他，他只是觉得自己有责任禀报太守，这个世界上还有这么一个与众不同的地方存在。帮助太守剿灭这个与众不同的存在，已经成了他自己的一种责任，因为连他自己也觉得自己有责任把桃花源里的人迁出来，让他们过着和自己一样的日子。这就暴露了渔人的心态和太守完全一样，都不允许有与众不同的选择存在。可见，这种心态已经与身份、地位无关了，而是一种普遍存在的文化心态。甚至于，可能读《桃花源记》的我们心中也暗暗存着这种心态，以至于初读《桃花源记》的时候，并不很诧异渔人为什么要这么做。

这种情形在我们的日常生活中比比皆是，东方文化中，社会上常常会对少部分人的个性化选择施加强大的压力。比如，从高考时对学生的志愿填报，到成年后的职业选择、婚姻选择等，莫不如此。而形成这种社会力量的，恰恰就是一个个普通人。有些环境中，甚至于对身边人小到发型、衣着都有可能施加影响。很多人的意识里，与他人交往时缺乏距离掌控，常常会轻易地用自己的标准评判他人，从而对他人造成困扰。正是因为这种文化心态，原本应该生机勃勃、千差万别的文化形态常常遭遇困厄。往大里说，当代中国各城市之间的面貌越来越像，原本的地域文化差异正在不断衰减；一个城市内部也追求一种整齐的、塑料式的审美布局，而很多原本具有个性的空间不断消失。绝大多数人是生活中的主流人群，可能对此浑然不觉，可能还觉得劝服那些有与众不同选择的人改变自己的行为，变得与大众相同是一件理所当然的事，甚至是一桩"善举"。可是如果换位思考一下，这种"善举"对于那些与众不同的少部分人而言是什么呢？一定就是善吗？会不会是一种骚扰、一种压力？也许这部分人最需要的仅仅是可以继续以自己的方式存在，是一种对不同于他人的选择的尊重。可是我们的传统文化是趋同的，对于少部分人的尊重到底有多少？如果没有这种对差异的尊重，我们也就再也找不到那个心中的桃花源了。

用这个方式解读一下中国人为什么再也找不到桃花源，就成了一件可以让人警醒的事。所以我觉得，我们读书的时候不要只看字面，只去憧憬桃花源的美好，而应该多去想一想，文学的背后究竟渗透着怎样的理念，而读文学作品的我们，在最直观、感性地接受文学作品时，又体现出了怎样的理念。如此，文学带给我们的才更深刻。

这是一种读文学方式，还有一种重要的读文学方式是比较阅读，把主题相似、题材相似的不同作品放在一起阅读，仔细比较它们的差异，能够读出更多的内涵来。

仍然以《桃花源记》为例。在中文中，人们说"桃花源"的时候其内涵几乎等同于"乌托邦"，可如果仔细阅读，会发现《桃花源记》和《乌托邦》有本质的不同。

正如"桃花源"的典故出自古典散文精品《桃花源记》，"乌托邦"的典故也源于英国作家托马斯·莫尔的文学作品《乌托邦》。其实，托马斯·莫尔是英国都铎王朝时代的一个政治家，他是亨利八世国王的国会下院议长、首席大法官。1535年，他因为反对亨利八世兼任教会首脑而被处死。可能因为这个原因，《乌托邦》显示出了与《桃花源记》完全不同的气质。

"乌托邦"是拉丁文 Utopia 的音译，这是一个合成词，把两个词根加在一起就是指"没有的地方"。《乌托邦》这个书名是简称，书的全名叫作《关于最完美的国家制度和乌托邦新岛的既有益又有趣的金书》。这部书分为两卷，第一卷是一个人讲述他周游列国的所见所闻，第二卷才是对以"乌托邦"命名的一个理想国家的描述。

莫尔在《乌托邦》一书中采用游记对话的文学体裁，提出了自己的政治主张，阐述了自己的社会观点和改造社会的设想。

该书分两卷。第一卷讲的是托马斯·莫尔自己和一个名叫拉斐尔·希斯拉德的虚构人物的对话，这个人物向莫尔讲述他周游列国的所见所闻，两人还一起探讨了当时英国的社会情况。在第二卷中，这个拉斐尔·希斯拉德说了自己的一段神奇经历，他说自己曾经偶然间漂流到一个叫作乌托邦的海岛，在那里生活了一段时间，充分考察了海岛上的社会情况。他详细地描述了乌托邦的政治制度、经济制度、教育制度、生活方式等，好像真有这么个地方似的，说得非常具体。比如，在乌托邦岛上有54座城市，每座城市都有4个区，居住着6000户居民。城里每个成年人都要每天工作6小时，城市里不需要钱，东西都放在中心广场上让人按需拿取。这里没有法律，也不存在律师，由人们自理诉讼，法官也能够熟练地权衡各种供词，给出恰当的判决，还说那里的官员是选举出来的，任期是有轮换的等。

如果我们用政治的眼光看，立刻明白这《乌托邦》就是一部"空想社会主义"的作品，作者在借文学的形式表述自己对理想社会的设计。可是，如果我们把它跟《桃花源记》摆在一起，又能看出什么差异？

这差异非常明显。虽然两篇文章同样在描述一个几乎与世隔绝的美好社会，可是，中国的《桃花源记》里只有理想，没有对这个理想的设计。《桃花源记》

里的社会是什么结构？是世袭制还是选举制？作者根本就没有考虑。

《桃花源记》是一个理想的社会，可是这种美好理想的核心词是"躲避"。桃花源的人为了躲避纷乱的世界逃到了那个与世隔绝的地方，几百年来以自然的方式继续发展。文章里表现这里的美好，仅仅在于"土地平旷，屋舍俨然，有良田美池桑竹之属。阡陌交通，鸡犬相闻。其中往来种作，男女衣着，悉如外人。黄发垂髫，并怡然自乐"。这幅场景表示桃花源里有田有地，大家能够平和地耕种，老人孩子各得其所。

对于战乱纷争的晋朝而言，也许这就是最理想的生活了，可是很明显这是一种静态的生活。在陶渊明的作品中，我们能看到桃花源更美好下去的可能吗？我们看不到。如果桃花源依然存在，现在依然有人能够进入桃花源，看到的桃花源情境，最好的也不过仍然如此吧？更别提也许桃花源里因为人口膨胀、人地矛盾突出，已经不复当年的平和与恬静了。所以，桃花源能成为中国人永久的理想吗？

但是托马斯·莫尔的"乌托邦"国家就不同了，《乌托邦》里乌托邦最大的不同在于，它与外面的英国在政治制度、经济制度、教育制度、文化生活方面都不一样。托马斯·莫尔不仅在憧憬一个美好的世界，而且他在具体设计这个美好的世界应该是怎样运作的。这么一来，后人可以用自己的理论或实践来验证这样的世界是不是真的完美，以及思考这样的世界该如何实现。

例如，乌托邦的世界里已经不需要货币，不需要商品经济，那里的人已经实现了按需分配，而按需分配也正是共产主义的奋斗目标，从这个意义上可以说，当代人在努力奋斗的目标，正是让自己的世界在某种程度上成为乌托邦。这就更会激发人类把世界建设成乌托邦。当然，人们也可以通过一些实践来检验乌托邦的局限，这也可以激发人类不断设计美好的社会，从而引领人类一步步往前走。

通过比较，我们才能确实地看到桃花源的不足。它作为一个诗化的意象存在于中国人的理想中当然没有问题，可是我们也需要看到它的局限，甚至于，这也是我们传统文化的局限。回首我们几千年来的历史，何尝不是如此？一代代的起义者常常只是提出些"均贫富"之类的抽象概念，却缺乏对这个抽象的美好世界的具体设计，以至于面对一个个确实存在的问题时措手不及，因而从历史的发展看，这并未推动社会发展的整体进程，而仅仅是一次次的轮回。

但是，西方文化却一直有设计美好世界的传统。从柏拉图的《理想国》开始，到拉伯雷的《巨人传》，甚至包括斯威夫特的《格列佛游记》，作者们并不止步于憧憬美好世界，也在孜孜不倦地设计那个世界，而现实的世界也随着一代代的设计向前发展。

《桃花源记》反映了道家文化返璞归真、回归自然的向往，也体现了中国文化浪漫、诗意的一面，可是，这并不能掩盖《桃花源记》反映出的另一面。所以，我们当代人读文章不仅要从正面读，也要从反面读。好的文学引导我们不断去做深度阅读，去探索作品的文化深度，而传媒人在面对材料，辨析事情的真谛时，就需要运用到这种思维。

就像我们前面说到的那些"揭露"古埃及、古希腊、古罗马文明造假的文章，我们不妨深度思考一下，最初提出的观点是什么？被一些自媒体歪曲成了什么？歪曲成现在的样子出发点又是什么？如果仅仅是一两篇文章，涉及一两个文物古迹，也许我们还看不出趋势来，可是把这些文章放在一起，我们就能看到它们慢慢形成的这种"合围"之氛围：西方那些辉煌的古代文明都是西方学者精心打造的，都是抢占文明制高点的一部伪史，都是稳固西方中心论的工具。

这么一来，这些文章反映出的创作者深层动机就浮现了出来：也许是想通过贬低他人来获得民族自豪感，也许是通过急着推翻他人的历史来"报复"他人对中国古史中存在问题的质疑。其本质恰恰不是民族的文化自信，而是一种文化不自信的幼稚表现。

全人类的内心都有对美好的向往，而且都把这种向往寄托在文学中。通过对文学的仔细辨析，我们能看到不同时期、不同地方的人们向往的美好是什么，而通过对文学作品的仔细分析，我们才能看到自己向往的绝美之境有什么问题，以及为什么人类至今都没达到这个绝美之境，甚至于当代人类已经失去了对完美的信仰。

当传媒人把这种从文学深度阅读中得到的能力运用到各种传媒现象、资讯时，就能够从真实的社会生活中看到更深刻、更深层的内涵，从而让自己的作品更深刻，也更有内涵。

第二十四章
四种滑铁卢——主观与客观

虽然我强调了文学作品阅读对于培养人的同理心，提升对他人情绪的敏感的道理，因为我觉得优秀的当代传媒人应该具备一定的感性特质，这就是我强调的，只有这样感性的传媒人才能做出有温度的报道。但是，传媒人仅有感性是不够的，甚至于，传媒人仅有感性是危险的。

优秀的传媒人既要有感性的心灵，也要有理性的头脑，要具有拨开重重迷雾认清真相的能力。如果仅靠一颗悲天悯人的心去从事传媒事业，不仅不能成事，有可能还会误事。

"马航370事件"给了传媒人一个挑战：传媒人有时候可能会面对多种自相矛盾的"事实"。这就要求传媒人具备一种辨别真相的能力，能够在同一事物的诸多事实中迅速做出判断，鉴别出真正的事实。

传媒人对素材的这种辨析能力，与文学读者对文学作品的辨析能力非常相似。在文学作品的世界里，同一个人、同一件事常常有许多不同的作家去根据自己的理解进行相关创作。对于这样的文学作品，如果我们读的少，很容易就先入为主地把自己看过的那一本当作金科玉律。可是，很多时候我们会发现一个现象，读者们喜欢反复阅读不同作者书写的同一题材作品（尤其是人物传记或某些历史题材领域），对于读者来说，吸引他们的往往是熟悉的内容而非完全陌生的内容。一本《梵高传》或《二战经典战役》之类的书远比《伦勃朗传》或《一战经典战役》更畅销，喜欢唐诗宋词的人的书架上可能同时摆放着七八个不同版本的《唐诗宋词精选与名家解读》。为什么？这是读者有意无意地在搜集更多材料来丰富自己，来帮助自己形成对某一事物的深度理解。扩大同一领域的阅读，对于读者而言意味着去掌握更多材料与信息，反复阅读意味着自己去熟悉材料，在熟悉的基础上人们能够分析、比较，进而形成判断，也可能正是由于自己的判断，人们反而发现自己所掌握的材料的不足，才会被另一部能够补足自己信息的材料吸引，从而进入这个思考的循环：掌握材料—熟悉材料—比较材料—分析差异—独立判断—形成辨别力—主动寻找、掌握新材料。

这种思考的模式，其实也正是传媒人应该具有的思考模式。

传媒人所需要的辨别力的形成，首先需要我们熟悉素材，对材料越熟悉，才越能在不同的材料中敏感地发现差异。

众所周知，在中国文学界《红楼梦》有诸多版本，而对于现在通行版本《红楼梦》的后四十回，曾经在很长时间里也被众人认为就是曹雪芹的原稿，直到二十世纪五六十年代还有很多人这么认为。可是，女作家张爱玲却在《红楼梦魇》中指出，从作者遣词造句的习惯中判定后四十回为他人续作。为什么会这样？她在该书的《序》中解释为"我唯一的资格是实在熟读《红楼梦》，不同的本子不用留神看，稍微眼生点的字自会蹦出来。"这种"不用留神看，稍微眼生点的字自会蹦出来"的能力就源自对原本的素材太熟悉了，对原作中作者用语的习惯太熟悉了。这就是刚才我说的，对素材越熟悉，对素材间的差异也就越敏感，由敏感引发思考，由思考形成独立判断，最后提高的是自己的辨别力。

对于《红楼梦》而言，熟悉素材能够提高对后四十回文字真伪的辨别力，那么，对于文字所叙述的材料的真实性呢？更是如此，对材料掌握得越多，尤其是角度越多，我们才会越敏感于不同材料之间的差异，才能促进我们的思考，进一步提高我们对材料的辨别力。两者的对象不同，但是对于人的能力培养来说，走过的路径却是一致的：掌握材料—熟悉材料—比较材料—分析差异—独立判断—形成辨别力。

熟悉一份材料，能够敏感地发现材料自身的差异，如果能够深度思考、掌握更多其他材料，形成分析文学作品一样的分析思维，则有助于我们在不同的事实材料中辨别出真相。

在阅读生活中，我们也经常有这样的感受：对某一题材领域，如果我们只读过一部相关作品，我们很容易被这部作品的观点说服，或者很容易以这部作品提供的事实为事实。可是如果我们的阅读经验稍微丰富一点，多读几个不同作者创作的同一题材的作品，就会发现对于同一个事件、同一个人，在不同的作者笔下竟会有如此大的差异！面对这些作品，人们即使不去进行理性思考，也会自然而然地形成一种对材料的警惕，不把其中任何一部作品所讲述的当作全部的真相，而是去分析到底它们为什么会有这些不同，在这些不同底下共同沉睡着怎样的真相。

在这里我举一个例子：滑铁卢战役。这场战役的大致情况大家都知道，这是拿破仑复辟之后的重要战役，在比利时首都布鲁塞尔附近的滑铁卢，拿破仑被英国率领的反法同盟打败，这次失败导致了他第二次退位，而这位传奇人物自此再也没能登上历史舞台。这场战役无论对于直接参战的法国、比利时、英国、德国，还是对于当时整个欧洲来说都是决定性的。也可以判断，对于不同人来说，这场战役对人们的心理影响是不同的。但是问题是，这场战役的细节到底是怎样的？一代军事奇才拿破仑是怎么失败的？

如果我们只从历史课本中了解这场战役的性质、意义，我们大概只会泛泛而谈，说些拿破仑违背历史进程，失道寡助，法国在多年革命与战争中疲惫不堪，或者欧洲的封建势力太强大之类的套话。这种话对于我们真正了解滑铁卢战役的细节没有丝毫帮助。那么，这场战役的细节到底是怎样的呢？交战双方的统帅、将军甚至士兵都表现出了怎样的能力、勇气或精神面貌？这些细节对决定滑铁卢战役的成败有没有作用？如果我们是新世纪的传媒人，要把当时这件轰动欧洲的新闻传递到读者面前，我们必须掌握这些细节内容，读者明显不会满足于高中历史课本中总结出的那些性质、意义。幸运的是，关于这场战争，很多作家写过，所以我们可以通过不同作家的叙述当中来了解这场战争的细节。在这里重点挑选4位作家的作品来看。

奥地利作家茨威格曾经写过一本《人类群星闪耀时》，他在这本书中浓墨重彩地描写了他认为对人类至关重要的10个时刻。其中一个时刻就是滑铁卢战役。茨威格是奥地利人，奥地利在战争中处在拿破仑的对立面。可是茨威格在《人类群星闪耀时》第五章"滑铁卢的一分钟"当中，讲的是1815年6月18日，格鲁希元帅因为固守拿破仑给他下达的军令，不肯做任何变通，导致了拿破仑兵败滑铁卢。在茨威格的笔下，真正决定拿破仑命运的，就是他手下这个格鲁希元帅。在滑铁卢战役中，法军与英军的大战陷入了胶着状态，两方都精疲力竭，这个时候谁的援军先到，谁就能获得最终的胜利。战场上的拿破仑和英军统帅威灵顿也都意识到了这一点，都在急切地等待自己的援军到来。在这个时候，拿破仑是有可以援助他的军队的，那就是格鲁希元帅率领的一支部队，对于陷入滑铁卢苦战的法军来说，格鲁希的军队相当于一支生力军，是能够决定战局的力量。可是，在滑铁卢决战之前一天，拿破仑击溃了普鲁士军队，他便安排格鲁希元帅带领一支军队去追击普鲁士军队。在茨威格的笔下，拿破仑不停地用望远镜寻找格鲁希，也不停地派人送信给格鲁希，可是他始终没能等到援军。格鲁希一直没来。为什么？茨威格反复强调这是因为格鲁希不知变通，一味地固守拿破仑最初的命令追捕逃散的普鲁士军队！他不知道这个时候决战打响了吗？不，他明明都听到战场上的炮声了，他手下的几个军官分析，这炮声一定是来自滑铁卢，战争已经打响，甚至很多副将和士兵们都要求格鲁希元帅立刻赶去增援主战场，可是，格鲁希优柔寡断，不敢下这个决心。就是因为这么多年来他已经习惯了遵从拿破仑的命令，完全丧失了自己的主体性，不敢做出判断，最终的结果就是一手断送了这场致命的战役。

这就是茨威格关于滑铁卢战役的描述。如果关于滑铁卢战役，我们只看过一部作品，我们一定会逢人就说：你知道拿破仑在滑铁卢为什么失败吗？就因为格鲁希太不灵活了！

但是，这真的是滑铁卢战役失败的真相吗？让我们来看看英国人是怎么写的。

英国作家萨克雷有一部名著叫《名利场》，讲述的是一个名叫莉倍加的英国女人的一生经历。她嫁给了一个英国军官，跟着这位军官来到了比利时，在布鲁塞尔住下来准备迎战拿破仑。小说里交代了，布鲁塞尔是当时英军的大本营，很多军队在这里集结。作为一个战争的前线城市，这里不应该是一派厉兵秣马的紧张严肃气氛吗？可是小说里的布鲁塞尔却充斥着牌局、舞会、争风吃醋……与我们心目中的战争风气完全不同。小说里的军官们带着家属开赴前线就已经很奇怪了，更何况这个前线一点紧张的气氛都没有，军官们忙于赌博、跳舞、调情、决斗，甚至私奔。等到战争终于打响，莉倍加的丈夫和情人都在毫无心理准备与技术准备的情况下匆忙上了战场，她的情人甚至在上战场前还想着要抛弃妻子与她一起私奔。可就是这样的军官，一个死在了滑铁卢战场，成为战争烈士；另一个载誉归来，成为抗击拿破仑的英雄。

如果我们唯一看过的关于滑铁卢的小说是这一部，我们又会怎样看这场战役？这一次，惨烈、壮烈之类的词恐怕都不会涌现，我们的心中会冒出的词十有八九是"滑稽"。如果对这本书里的滑铁卢战役先入为主，读者们的心中就对拿破仑充满了鄙夷：就凭那样的人居然打赢了拿破仑？或者说，打败拿破仑的竟然是这样一群货色？那么拿破仑也实在是太差了。

当然，这部作品中对滑铁卢战役之前的前线描写与我们一般人的想象实在有些远，也许读者们很难想象这就是历史的真相。这个时候，也许我们会说，前面两位作家本人的生活经历与滑铁卢战役相差太远，不够真实。那么我们再来看看小说《巴马修道院》里是怎么描述滑铁卢战役的。《巴马修道院》是法国作家司汤达的代表作之一，而司汤达本人是真刀真枪跟着拿破仑打过仗的。他参加过拿破仑远征俄罗斯的战争，也经历过那场损失惨重的莫斯科大撤退。按理说，他对拿破仑与战争的描写应该是真实可信的。

可是，《巴马修道院》中所描写的滑铁卢比《名利场》中所描写的更荒谬。《名利场》中还只是军队大本营不像军队大本营，到了《巴马修道院》里，甚至战场都不像战场。这本书中的主人公法布里斯是一个崇拜拿破仑的意大利贵族子弟，为了投奔心目中的英雄，拿着一本假护照支身越过阿尔卑斯山去寻访拿破仑的远征军，一直追到了比利时的一个小镇，在这里他稀里糊涂地进入了一个不知道是不是战场的乱局。他看到士兵兜售自己阵亡军官的马，散兵游勇趁火打劫，元帅被仓皇逃亡的士兵刺伤，他自己还在醉酒中与心中的偶像拿破仑擦肩而过。虽然作品当中也有尸体、伤员、枪炮声，可是看作者着力描写的那些细节，读者们心中估计还是要问：这是战场吗？此时真的在打仗吗？这真的是具有决定性的历史时刻吗？这段描写与我们想象中的战场实在是相差太远了！别说后来的读者，就连书中亲历这一切的主人公法布里斯都一直在怀疑：滑铁卢就是这样的吗？若非他真的遇到了奈伊元帅和拿破仑的龙骑兵，人们真的很难相信法布里斯闯进的那个荒谬之地就是滑铁卢战场。

如果和雨果《悲惨世界》中的记叙进行比对，读者就会明白，法布里斯不仅真的进入了滑铁卢战场，而且他喝完酒之后那段浑浑噩噩的时间，正是被后人认为战争中最关键的"最后一小时"，对照雨果的记叙，法布里斯是真的一头撞进了历史时刻。

雨果在《悲惨世界》中花了约4万字的篇幅来描写这场战役，还为了自己记叙的准确性，亲自去滑铁卢战场进行历史探查，他要看看这一战到底是怎么打的，还找到滑铁卢战争亲历者进行了采访，询问他们关于滑铁卢之战的感受。在这4万字的前两部分，他仿佛是一个记者在写报告文学，详细讲解滑铁卢战役的经过，对于滑铁卢战役的时间、地点、地形、天气、双方战略、战术、战场态势变化、兵力部署和兵力对比变化、双方火力配置与火力部署、双方各路将领的行军路线等，雨果都做了严密的调查，精准而详尽地描写了战役一波三折的全过程，当代人基本可以把这段描写当作历史教科书来看。和他的叙事相比对时，读者能领悟到，法布里斯看到拿破仑和他的龙骑兵疾驰而过时，正是拿破仑把自己的卫队都当作最后的预备队投入战争的关键时刻，如果将两部作品放在一起读，读者就会明白连事情的亲历者法布里斯自己都不明白的事。

在调查记者雨果的笔下，滑铁卢战场上英法两军的表现都完全称得上英勇、悲壮，还带着点贵族骑士的优雅。他细致地描写了滑铁卢之战的全过程，尤其强调了英法两军在壕沟之中的肉搏战，他用充满同情的笔调告诉大家，就在圣约翰高地战中，一条400米×4米的壕沟就填进去了2000多匹马和1500多人，让整个战役的惨烈跃然纸上，完全不是法布里斯所看到的那样无秩序、荒唐的场面，那些牺牲掉的英国士兵中会有那个一心想和莉倍加私奔的情人，支撑到最后胜利的英军勇士中也会有莉倍加那个整天靠在赌桌上作弊挣钱的丈夫。

4位作家分别用自己的作品向公众展现了4种不同气质的滑铁卢战役。如果读者只看到其中任何一段资料，完全信任任何一个作家的记叙，都不免会在作家的引导下形成对滑铁卢战役的情感印象。可如果把这4部作品都看完了，人们反而会保持警醒，会用质疑的目光仔细审看每一位作家的记叙，分析为什么他们4个人写出了4种不同气质的滑铁卢战役，这里面到底蕴含着什么样的目的。

很明显，这4部作品之所以有如此巨大的差异，都是因为作者真正要描写的不仅仅是滑铁卢战役本身，他们都是要借滑铁卢战役表达自己对历史、人生的看法，滑铁卢战役于他们而言，都只是借以表达自己观点的素材而已。

　　茨威格之所以要把拿破仑失败的责任全部归结到格鲁希元帅的头上，是因为他要痛斥优柔寡断、谨小慎微、因循守旧阻碍人类发展、进步。看上去，他的"滑铁卢的一分钟"只是在写刻板固执的格鲁希元帅如何"遗憾地与伟大擦肩而过"，事实上他却是要把他的这一行为与《人类群星闪耀时》的其他9个章节进行对比。这部作品的12个章节里，不仅有东罗马帝国的陷落、列宁归国这样对人类的历史格局有重大影响的时刻，还有像亨德尔因创作《弥赛亚》而"复活"这样的人类艺术灵感迸发的时刻，有菲尔德屡败屡战铺设海底电缆直到终于成功，有列夫·托尔斯泰经过灵魂的不断煎熬之后逃出庄园离家出走……作者着力强调勇气、毅力、智力、哲思如何一次次把人类引领入更美好的境地，赞美人类一次次对自己外在世界或心灵世界的挑战。这就是作者歌颂的"人类群星闪耀时"。他把滑铁卢战役的责任都归于格鲁希元帅，正是因为他要用格鲁希的优柔寡短与其他那些被他讴歌的人物做对比。为了全书整体的精神追求，茨威格把一切都归罪于格鲁希，才让人们看到了那样一个结局完全出于偶然的滑铁卢之战。

　　同样，萨克雷之所以那么写滑铁卢之战前的英军大本营，也是因为萨克雷要讽刺当时英国的社会。他为《名利场》写的题记是"一部没有英雄的小说"，他就是要表达那是个没有英雄的时代，所以要把传统意义上打败了拿破仑的英雄写得不思进取、猥琐不堪。他要讽刺当时英国人的虚荣浮华、蝇营狗苟，所以在他的笔下，就算是战争前线也一样灯红酒绿、不思进取，萨克雷就是要用这巨大的反差凸显世道的荒谬可笑，为了这个目的，他才会把滑铁卢战役时期的英国士兵、英国军官写成了那幅样子。至于要不要相信他的描写，那就是读者自己的事了。

　　以司汤达的亲身经历，他笔下的滑铁卢应该是最真实的。这就如同很多传媒人认为，一个事件中当事人给出的信息是最真实的。但是，这种想法都忽略了当事人自己的立场、视角和态度。有时候，当事人看到的只是事情的片段而没有看清事情的原貌，无法给出完整、确切的真实信息；而有时候，当事人有自己的主观情感、立场，给出的信息不够客观具体。传媒人不能因为当事人真实在场，就对当事人的话语全然相信。就如同《巴马修道院》里的法布里斯，他虽然真实地经历了滑铁卢战役，但他对滑铁卢战役的了解程度远不及后来亲自做了细致调查的雨果；也如同亲身跟随拿破仑作战的司汤达，他对拿破仑的情感又与比他小19岁的雨果不尽相同。拿破仑称帝时雨果只有2岁，司汤达跟随拿破仑远征俄罗斯时雨果只有 10 岁，滑铁卢之战时他也不过 13 岁。由于时间缘故，拿破仑的名字对于雨果来说成了他所追求的平等、自由的象征，而对于司汤达来说却是活生生的人和活生生的经历。

司汤达去世时，墓碑上刻着他为自己写的墓志铭，在那上面，这位法国作家自称"米兰人"。为什么？因为法国让他失望，他的梦想在法国失落了。如果理解了司汤达这样的情感，也就能理解他为什么那样去描写滑铁卢之战了，他就是要写出一个少年人的幻灭。17 岁的法布里斯仿佛就是他自己的化身，虽然稀里糊涂地参与了大时代、大事件，可是得到的却是幻灭。法布里斯发现战役完全不是他想象的那样，不是拿破仑的战争宣传中所说的"热爱荣誉的灵魂协同一致的高尚的冲动"，事实上，"抢我、打我、毁了我的竟然是法国人"。法布里斯的幻灭正是司汤达的幻灭，这个真正跟随过拿破仑作战的人才能真正透过理想主义的光环看清真相。他用一些看上去荒谬琐碎的细节来告诉读者，人们作为精神偶像的拿破仑并不是生活中的那个真实的拿破仑，人们可以崇拜这样一个偶像所代表的精神追求，但却需要把拿破仑所代表的精神和现实中的实际情况分开。所以，在他的作品中，真正的老兵和随军女商贩看法布里斯只是个天真幼稚的孩子，认为他与其说是来打仗的，不如说是来寻梦的。这都是在提醒人们，人们所追求的精神理念可能和世界残酷的真相格格不入。司汤达就是要用滑铁卢这样的历史大背景来衬托精神追求与现实世界的差距。

而没有追随拿破仑真正亲身作战过的雨果，却对他所追求的历史充满了人文主义情怀。为了避免读者们将滑铁卢之战只当作一个历史名词，把英、法、普鲁士军队的死亡人数只当作毫无情感的数字，雨果还通过个人化的视角来看待这场战役，拉近战争与人的距离。他信步来到农庄仔细查看门上的弹痕，与滑铁卢之战打响时在树林里躲避的老妇女交谈，让一个年近半百的老妇人回忆自己三岁时亲历的滑铁卢炮声，这是何等真实！历史一下子就变得与我们的现实生活无比贴近。他强调自己看到的那些历史的见证，正如他所写的"搏斗的风还在院子里呼啸……喋血的情形宛然在目，生死存亡，犹如昨日"。而他写完这些之后，却又写道："凡此种种，只为了今日的一个农民向游人说：'先生，给我三个法郎，要是您乐意，我把滑铁卢的那回事说给您听听。'"雨果在这里似乎在暗示，滑铁卢战役中，五万人的死伤、帝王霸业的角逐在后人眼中只值三个法郎。既然这样的话，所有那些帝王将相的争斗，又为了什么呢？由此可见，雨果对滑铁卢之战近四万字的大段叙述，都是为了表达他的人文情怀。

4 个作家各有各的立场，各有各的叙事目的，所以他们写出了不同的滑铁卢战役。雨果和茨威格笔下的滑铁卢有一种悲壮的诗情，那里的拿破仑虽败犹荣，被作家打扮成了高贵的悲剧英雄；而在萨克雷与司汤达的笔下，拿破仑率领的法军并不高贵浪漫，打败拿破仑的英国军队也并不英勇正义，在历史的大变局面前，每个人都非常渺小，甚至可能非常可笑。

读文学作品的时候，我们习惯于从作者的生平背景、价值立场、写作目的去分析、评价作品表现出的深层内涵，而不是直接盲从于事件的真实性。看相关的传媒报道时，受众们会放松地把对资料真实性的审查工作交给传媒人，相信传媒人的判断力已经完成了这项工作。可是对于传媒人来说，在形成报道之前，我们所面对的资料却像面对文学作品一样，事实的背后也一样充满了事实提供者的背景、价值立场、视角等因素。受众可以放心地接受传媒人的报道，可是传媒人却不能不加分辨地接受全部信息素材，而必须辨析素材，传媒人要有透过文字记叙表象来探究完整真实事件的能力。

举一个例子。2014 年 1 月 22 日，《青年参考》第 27 版刊登了一篇《中国铁路订票网 12306 被"吐槽"》，文章中有这么几句：

这个耗资 3 亿人民币的网络平台系统，从 2010 年投入使用起就饱受非议。4 年过去了，它依旧被很多人"吐槽"，抱怨在使用它的过程中会莫名其妙地遭遇电脑死机。

……

在 2014 年和 2015 年春运期间，12306 网站的确因为各种原因被无数人"吐槽"，文中的这些说法很容易引起人们的情感共鸣。但是，2014 年和 2015 年，当 12306 网站最为人诟病的时候，却很少有媒体站出来对相关问题进行深度解析，大家都只是简单地加入众网友的吐槽大军。

如果把 12306 网站的问题比作前面一直论述的滑铁卢战役，那么，前面引述的《青年参考》上的文章和同一时期很多类似报道就如同茨威格的"滑铁卢的一分钟"章节，选取了最具戏剧性，也就是最容易被公众接受的角度来解析这个事件，容易赢得受众的情感共鸣。这么做虽能够博得公众的好感，但却不仅于事无补，而且可能也并不是事情的全部。

要看到问题的真相，认真的媒体人还需要广泛收集资料，包括那些看似与之不直接相关的"萨克雷"们是怎么做的。

这个问题的关键点在哪里呢？是那句"耗资3亿人民币"。3亿人民币对于每一个普通人来说都是天文数字了，也正因如此，绝大多数人对于3亿人民币究竟能干多少事是没有概念的，人们只会觉得这笔资金非常庞大，想象它一定能够实现很强大的功能，因此，人们会对12306这个实际产出的结果不满。这个不满来源于期望值的落空。人们首先会产生一种负面情感：3亿人民币就开发了这个？如此一来，便引发了公众的愤怒。

要认真分析这个问题，那就先要看看公众的高期望值本身是不是合理的。

对于12306的这场"滑铁卢"来说，百度、京东等其他相似企业的材料就是它的"名利场"，这些同行（非对手关系）的信息可以让人们对问题的主体重新定位。如果能掌握同行业相关数据，人们可能就会调低自己的期望值。期望值低了，就算问题没能解决，但愤怒与猜测就能少很多。

正如同我们要了解滑铁卢战役失败的真相，光凭萨克雷或茨威格的叙述都不够全面，我们还需要深入其内部，看到问题的症结。每个个体的人在春运期间登录12306买票难，是个人感受，也许这个人的感受会像司汤达笔下的法布里斯那样莫名其妙，但要让人看见全局，还需要雨果那样从全局出发的深入考察。

一旦深入考察，传媒人不难发现，春运期间抢票难，其性质很像人们在电商平台的"双11"促销期间"秒杀"难。人们也许不容易理解为什么买票难，但大多数受众都能理解"秒杀"之难。也许很多人都曾经有过"双11"前一分钟的手机卡顿、排队付款之难，也大多能够猜测到其中的技术原理。同样，12306在春运期间基本可以被理解为一个全站所有商品秒杀的地方，这里所有的商品都被多人特别收藏或特别关注，所有商品的库存都在随时变化。传媒人的责任也许就在于，需要用生动的语言把问题说清楚，告诉大家为什么春运抢票比"双11"秒杀更困难。

可是，在2014年和2015年的众多传统媒体中，很少看到有人去这么做。这就如同关于滑铁卢战役，人们一直听到茨威格怎么说、萨克雷怎么说、司汤达怎么说，却看不到雨果真正全景式的深度报道。由于基本事实没有被人清晰讲明，基础数据的意义没有被人认真廓清，此后的人们可以一再根据自己的主观感受去讲述自己在滑铁卢战役中的故事，而听故事的人也就很容易以为导致滑铁卢战役败局的原因就是那某一个的失误。

文学作品可以这么做，但传媒人不可以。越是文学经验丰富的传媒人越要明白，每一种说法背后都有作者的意图或局限，真正掌握问题的全貌，还需要主动去寻找相关材料。如果传媒人能够经常在文学阅读中比对不同作家的不同叙事，将作者的相关背景资料融入阅读过程中进行深度阅读，进而形成一种面对材料时的思考习惯，就能够更好地辨析自己所面对的材料。这种情况下，即使遇到像"马航 370 失踪事件"那样矛盾的信息漫天飞的情境，我们也能更好地判断、综合分析出客观世界的真相。

第二十五章
《祝福》——同情与"贫穷色情"

我们前面讲到《"杀死"老记者》的时候，提到的一些事实是中国传媒人无法否认的。如果大家有心搜一下当时的新闻，回顾一下当时的新闻报道，确实会发现，当时我们的微博中充满着"马航我们等你回家，为你祈祷"之类的温情喊话，电视画面上也满是焦急、痛苦的家属，却很少有冷静、理性的追寻与探索。

事实上，不仅是马航事件如此，这几乎已经成为很多传媒面对灾难报道的一种模式，即不关注灾难的成因与真相，而关注灾难中的"情感"与"意义"。这些报道的主要目的不是探知真相，而是"感动"受众。

但是这种"感动"的目的又是什么呢？是希望观众在巨大的情感震荡中得到启迪甚至进而有所行为，还是仅仅为了让观众满足一下自己的同情心？很多作品是为了后者。让观众看到他人的痛苦和造成痛苦的困窘与不幸，引导观众不自觉地将自己的生活现状与传媒作品中他人的现实人生做比较，从而产生"别人活得比我惨"的认知。观众在这种比较的优越感中得到巨大的情感满足，形成"我很幸福"的满足感。

苦难的展示能够唤起观众的同情心，但如果只有单纯的苦难展示，而缺乏对受难背后更具有普遍意义的挖掘，则受众对所展示的苦难产生的情感只能止步于同情，而且这种同情不是指向外在的，而是指向自己内心的。这是由于媒体所展示的情景并非直接出现在观众身边、面前，观众不需要与这些悲惨的情景直接、面对面地产生交流，而是通过媒介接触这些信息，观众的潜意识对自己的安全地位有清晰的认识，也明白自己的任何反应都不会影响"对面"的当事人，同情不能有效地向外传达给当事人，就只能向内传达给自己。这种向内的情感会让观众体会到自己的善良，使观众得到道德上的自我确认，也就是让观众满意地意识到自己是个善良、有同情心的人，从而产生巨大的道德满足。

可见，这种作品的作用与色情片异曲同工。因此，在学术上这种传媒作品被人称为"贫穷色情"，英文原文叫作 poverty porn。有意思的是，poverty porn 这个词原本出于科幻文学作品。1991 年，科幻作家帕特·卡蒂根在其小说《合成人》（Synners）中将这一词汇与"贫民窟色情"（slum porn）并用。2009 年，牛津大学马修·弗林德斯教授对 poverty porn 给出明确的定义：

贫穷色情，也被称为发展色情，甚至是饥荒色情，指无论是书写的、照片的或影片的任何一种媒体形式，为了售出报纸、增加慈善捐赠或支持某个特定原因而利用穷人或弱势群体现状的宣传方式。

典型的"贫穷色情"就是用作品渲染悲伤痛苦的场景，有目的、有设计地刺激起受众的同情心，却不在作品中提出问题的症结或真正解决问题的途径，绕开问题真正的核心所在。

受众通过这种作品能够获得什么？是对问题的深刻反省、思考进而行动，还仅仅是同情与怜悯以及在发现自己有同情心、很善良之后的巨大自我满足感？

用这个标准看一看，我们会发现，很多传媒热衷于制造"贫穷色情"。一些媒体喜欢浓墨重彩地展现落入生活中的极其困窘境地的人，却也仅仅是展示，最多也就止步于呼唤公众的同情。这就是为什么一旦有大灾难出现，微博上全是点蜡烛的，电视上全是哭天抹泪的，而深度报道则大多是灾难中的感人故事，受众在震惊、同情之外，带着"被感动"心安理得地继续过自己的日子，甚至可能因为看多了一些感人故事而产生"坏事变好事"的想法。

这类作品在"关心疾苦"的幌子下回避真正的问题，让受众的同情心转而向内，使观众得到道德的自我满足或代偿性的满足，反而给观众一种问题得到重视、可能被解决的假象，让受众获得虚假的满足。以至于让人完全忽略一个重要的现实：如果所有人干坐着没有任何行动，坏事永远不会自动变成好事。

公众常常会下意识地喜欢"贫穷色情"，人们看到那些对贫穷、痛苦场景的细腻展示后，会体会到自己实际状况的相对优越，从而在比较中得到幸福感。这相当于不断在公众耳边提醒大家自己虽然比上不足，却比下有余，让观众更能够接受自己实际面对的问题，也就是净化了受众的负面情绪。

可见，典型的"贫穷色情"对社会进步没有帮助，它只是一剂麻醉剂，让人们放松对社会问题的警惕，转而沉浸在虚假的满足中。

说到这种"贫穷色情"，也许有些人会疑惑：对灾难的报道难道不都是这样的吗？如果不这么报道，还能怎样？

如果真有这种问题出现，那就真的是"贫穷色情限制了我们的想象"。这时候，我们更加需要超拔出来，好好看看，面对苦难人们还能做些什么。而此时最好的借鉴对象，依然是文学。

也许有人会不服气，文学中也满是这种作品。是的，文学中也有很多打悲情牌、贩卖苦情的作品，但是优秀的文学作品并不止步于此。举一个大家最熟悉的例子，《祝福》里的祥林嫂，她的人生是一个苦难故事了吧？可我们仔细回想一下，鲁迅有没有贩卖她的苦难？除了在文章开头部分，祥林嫂与"我"在街头相遇，作者只用了短短一段文字来描写祥林嫂遭受苦难之后的结果：

> 五年前的花白的头发，即今已经全白，会不像四十上下的人；脸上瘦削不堪，黄中带黑，而且消尽了先前悲哀的神色，仿佛是木刻似的；只有那眼珠间或一轮，还可以表示她是一个活物。她一手提着竹篮，内中一个破碗，空的；一手拄着一支比她更长的竹竿，下端开了裂：她分明已经纯乎是一个乞丐了。

这段话一共只有 111 个汉字，不到一条微博的字数，其中还有 33 个汉字是描写她手上的竹篮与竹竿的，超过这段外貌描写的四分之一。除此之外，全文居然就再也找不出对她苦难的直接叙事！祥林嫂生命中最重要的那几件事：被逼改嫁、洞房自杀、丈夫贺老六之死、被大伯驱赶……这些"悲情大戏"全都是由旁人的嘴平平淡淡说出来的。就连儿子阿毛之死，作者也把刻画的重点放在了他人听她反复诉说之后的态度变化上。这部作品如果真的按照原著的叙事方式被拍成影视剧，简直就没什么戏剧性，因为作者把最戏剧、最悲情的段落全部隐藏到了幕后，根本就没打算用这些细节来渲染情感，而是把更多笔墨倾注在了不同身份的旁人听说祥林嫂故事之后的反应，以及祥林嫂所处的社会环境、道德压力。其结果是人们不仅仅哀悯祥林嫂的不幸遭遇，更被她所处的社会文化环境触动了！祥林嫂丧夫、丧子的遭遇虽然令人同情却是偶然的，不具有文化上的象征意义，只能触动人们的情感；可是她一次次遭遇不幸之后所处的社会文化环境却是必然的。作者引导读者深入思考将人逼入绝境的究竟是偶然的命运还是必然的文化环境，这样的思考就能让作品超越了祥林嫂个人苦难的本身，超越了简单地对祥林嫂的同情，转而得出更深刻的认识来。

这就是真正的文学与传媒中的"贫穷色情"的区别。"贫穷色情"的功能与大众文学相似，有意识地为受众提供精神慰藉或情感宣泄，引导人们在接受作品时通过幻想或联想将潜在的欲望宣泄出来，从而能够回归内心的平静。如果《祝福》只是着力刻画祥林嫂一系列悲惨遭遇，人们看完之后则完全能意识到"这种不幸只发生在她身上，不会发生在我身上"，因而确认自己的安全与幸运，在安全的基础上高高在上地对不幸的人施以怜悯，从而获得内心平静。

谁看了《祝福》这样真正的文学作品之后还能够"内心平静"？人们在这样的作品中再也无法感受到自己的安全了，人们从作品中看到了悲剧的必然性，从而产生"这事如果发生在我身上我也会落入相同的境地"，不安全感油然而生，也因此会进一步思考解决之道——这种情况下看也就是自救之道。

内心不平静是思考解决之道的基础，优秀的文学作品不是让人"内心平静"的，优秀的传媒更不能是仅仅让人内心平静的。

在此，我们也涉及了关于传媒人如何培养自己文学素养的一个重要问题：虽然开卷有益，只要阅读，都能提升文学素养，但对于传媒人来说，则更为迫切地需要通过经典文学提升文学素养。经典文学通常没有大众文学那样易于阅读，受众需要透过其表面的文字层主动去探究其中的深意，需要受众从浅层阅读进入深层阅读。经过这种深层阅读，读者的文学素养将体现为深度思考力和诗性想象力，这也是传媒人需要的。

一般来说，优秀的中国传统文学有助于培养人的诗性想象力，西方文学在培养人的深度思考力上更胜一筹。仍然以面对苦难为例，20世纪初王国维在其《〈红楼梦〉评论》中说《红楼梦》出现之前中国人没有真正的悲，具因为："吾国人之精神，世间的也，乐天的也，故代表其精神之戏曲小说，无往而不着此乐天之色彩。始于悲者终于欢，始于离者终于合，始于困者终于亨，非是而欲餍阅者之心，难矣!"

同样，鲁迅也持相同观点，他在杂文《坟·论睁了眼看》中写道：

……非借尸还魂，即冥中另配，必令"生旦当场团圆"才肯放手者，乃是自欺欺人的瘾太大，所以看了小小的骗局，还不甘心，定须闭眼胡说一通而后快。

这些说法都切中了中国传统悲剧的特点，中国传统文学中有苦难，其关注点通常是人承受苦难时的善良坚持，作品也常常以大团圆结局给善良的人以巨大的现实奖赏。这种作品有悲情、有感伤，有道德教化意义，有蚌病生珠的诗意美，却缺少西方悲剧的超越意味。

在西方文学传统中，悲剧不仅仅是讲述主人公的悲惨遭遇，更是借此展开探讨。从古希腊的悲剧开始，一代代西方悲剧艺术讨论的是人间苦难的成因，是人性自身的弱点，是呈现人类自由意志与既定命运之间虽败犹荣的较量，甚至是探讨人生的终极意义，这些就是西方悲剧的超越性。

具体说来，古希腊悲剧之父埃斯库罗斯的《被缚的普罗米修斯》，虽然故事讲述的是普罗米修斯因盗火而被宙斯惩罚，但它的内容却完全不是大众艺术所惯常呈现的那样。没有看过原著的人，通常会根据大众文学的特点设想其剧情结构：第一幕普罗米修斯趁宙斯不注意盗火给人类，第二幕宙斯发现天火被盗展开追查，第三幕人类有了火幸福生活，第四幕普罗米修斯盗火的秘密被揭发，第五幕普罗米修斯被宙斯捉拿，第六幕普罗米修斯被惩罚，绑缚在高加索山上。是不是觉得这种剧情结构才够得上"戏剧性"？可是，是不是又觉得这种结构特别眼熟？这基本上就是中国民间传说"牛郎织女"的结构。如果带着这种预设去看埃斯库罗斯的剧本，一定会大失所望！因为这里面没什么戏剧性！悲剧一开始，普罗米修斯就已经被宙斯捉拿，押往高加索山上去受罚了。此后的故事就是被锁在岩石上的普罗米修斯和各路神仙的对话。其中很重要的一个情节是少女伊娥与他的对话。在希腊神话中，赫拉发现了宙斯与伊娥的婚外情，伊娥被变成一头小牛，赫拉派出牛虻追得她满世界奔逃，从希腊一路逃到了黑海边的高加索山下。可是在剧本中，伊娥也不诉说自己的人生苦难，而是因为不知道自己痛苦的缘起和归宿的方向来向普罗米修斯求教。伊娥认为"死的最后归宿也比无止境的受苦容易忍受"，而普罗米修斯也哀叹道："不幸的是我们没有智慧将自己从眼下的痛苦中解救出来。"他告诉长河神的女儿们"视而不见比了然于心对你更好"，他反省所给予人们的看和知的能力也许只是"盲目的希望"，因为虽然通过看和知的能力人可以看到他们的悲剧情境，却不是每个人都可以承受这种情境而成为一个悲剧的英雄，但又认为，在具备这种能力之前，人只是"蝇营狗苟地耗去他们的生命"，因而他教导人"把他们的目光从死亡转开"。作者借此告诉观众，只有当意识到生死之外的某些东西时，人们才可能成为具有自我意识的存在。

这部没有激烈的冲突和复杂的情节戏剧作品就这样以其深邃的思想成为西方最著名的悲剧之一。为什么？因为它不贩卖苦难，而是激发人们透过苦难寻找意义。这正是"贫穷色情"所缺乏的。

以我们常见的媒介事件论，在移动媒体发达的时代，几乎隔一段时间就会有一些社会话题引人关注，让人们气愤一番、同情一番、议论一番、调笑一番，然后就归于平淡，直到下一次同类型的事情出来，才猛然想起当年还有些未曾解决的问题甚至都未曾被人深度调查过。

举一个例子。2018 年，重庆巴州落水的公交车被打捞上来，一段公交车上的视频曝光，引得媒体一片关注。录像揭示，这起惨剧的起因竟然是乘客在公交车行驶中强行要求下车，被司机拒绝后抢夺方向盘，导致车辆失控冲入滔滔江水之中。事情曝光之后，媒体一面在感慨、惋惜，一面却挖掘出了过去的新闻，人们这才发现原来类似抢方向盘的事情此前曾经在各地多次发生过。可是，这不是某一家媒体做出的关于公交乘客问题的深度报道，而仅仅是因为众多媒体蹭热点、抢关注，才在不经意间形成的局面。而对于每一个报道相关新闻的媒体，也就止步于几句简单的惋惜和谴责。为什么会有这么多乘客抢方向盘？乘客这些不守规矩的行为背后有没有什么深层原因无人在意，能不能彻底根除这种不文明行为也无人在意，人们只能祈祷下一个抢方向盘出事的新闻不要发生在大桥上。

怎样的态度才不是"贫穷色情"呢？我们应该吸取古希腊悲剧的理念，深刻挖掘一桩桩个案背后有没有什么普遍性的问题。

举一个例子。2018 年 10 月，一则新闻事件在网上慢慢发酵着：老公为骗保假死，老婆痴情带着一双儿女殉情。事件的经过如下：10 月 10 日湖南新化县琅塘镇村民戴某，因丈夫不久前车祸去世痛不欲生，在朋友圈上发布了一篇 1300字的绝笔长书之后，带着一双年幼的儿女投水自尽。可两天之后事情出现惊天大逆转，10 月 12 日，也就是一母两娃的遗体被打捞上岸的当日，戴某那个"已死"的丈夫突然现身，向派出所投案称，自己制造驾车坠河假象是为骗保。事件一出，媒体的反应大多是谴责骗保的丈夫和狠心的妻子，同情无辜受害的两个孩子，仿佛表达了同情和谴责，这个事件也就可以告一段落了。这个四口之家走到那样的悲惨境遇，究竟有什么更深刻、更普遍的原因，才是关键。

有没有人思考过下面几个问题：妻子投水与丈夫"出车祸失踪"之间有 21 天的时间间隔，如果妻子是因为得知丈夫去世后出于痛苦的情感而自杀，为什么相隔了 21 天？是不是这 21 天里发生的其他事让她走上了这条绝路？是什么？

人们总是轻易地谴责这个妻子带着两个孩子一起自杀是残忍且不负责任的，但是，如果那两个孩子活下来会遭遇什么样的命运？

如果妻子没有选择自杀而是外出打工会怎样？据民政部 2018 年发布的数据显示，全国农村留守儿童有 697 万余人，这其中，有四成儿童每年与父母见面不到 2 次。

道德谴责是轻易的，也是轻飘的。这则新闻背后蕴含的家庭谋生需求与子女教育需求的矛盾关系、农村医疗保险、网络贷款平台问题等都在被简单的道德谴责掩盖。如果止步于表现妻子的悲痛、悲惨，止步于展现痛苦，满足于"贫穷色情"，也就难以在个体的苦难中发现群体苦难的根源。媒体人的责任不是展示痛苦，而是超越"贫穷色情"，因此，传媒人需要有古希腊诗人的眼光与思想，向古希腊悲剧学习，探索造成苦难根源和解决苦难的办法，帮助人们找到超越苦难的途径或勇气。用古希腊悲剧一直追寻的超越精神来超越"贫穷色情"的影像。

20 世纪 90 年代以来，中国电视台的晚会形成了一些套路，其中最重要的一个，就是无论晚会的整体基调如何追求欢乐、祥和，在晚会进行到三分之二处都要设立一个"动情点"，主持人诉说一个催人泪下的动人故事，听得台下观众热泪盈眶。每到这个时候，导播都会满场寻找一个能够落下泪来的听众，把镜头对准他（她），让万千观众看到观众的眼泪，从而带动电视机前的观众跟着一起落泪。

"动情点"可以被看作传媒中"贫穷色情"的一个变种，其本质都是对观众眼泪的预先算计。这种套路在当代并未绝迹，只是投身到了各种比赛现场。很多电视前的大型比赛已经成为一种电视秀，导演精心挑选参与者，有意挖掘人物经历，故意制造动情点。甚至于，有没有能够让观众落泪的动情故事已经成为筛选选手的重要标准。而每当动情故事讲起时，导播仍然会四处寻找那些被感动的观众。

久而久之，传统媒体行业出现了职业观众，他们活跃在各演播场馆里。有人开玩笑说，希望自己生活中的伙伴都是湖南卫视《歌手》中的观众，不仅能够跟着一起唱，还能随时被一首歌感动得热泪盈眶。

这种笑话的出现，就已经体现出了普通受众对这种"动情点"的拒绝。当传媒领域里各种感情廉价地漫天飞舞的时候，人们自然也就对此心生反感了。

在生活中，盯着别人的脸看别人落泪，明知别人心灵的伤口还一再揭伤疤，都是很不人性的行为，可为什么这些行为到了媒介中就成了惯例了呢？

北京卫视《好人故事》栏目中曾经播出过一个专题片《救命的司机》，用真实的记录画面讲述了一个发生在西安的真实故事：清晨，一个十几岁的少女好端端地行走在人行道上，神色轻松地接听着手机，可突然她脚下的路面塌陷，少女毫无预兆地落入了塌陷出来的深坑中。最后，在一位出租车司机和众人的帮助下，少女被救脱离了生命危险。

节目中，塌陷的深坑不远处正好有一家幼儿园，幼儿园门口的监控录像碰巧记录下了女孩落入深坑的那一幕。由于这件事本身的突兀、惊险，这段真实的记录画面让专题片一上来就给观众带来了巨大的视觉震撼。

可以想见，编导之所以这么做，是想用这具有强烈刺激性的真实画面吸引人们的注意，在编导心中，这可能是一个王牌画面，所以接下来这个镜头在专题片中反复出现，观众在短短的 6 分钟之内看了不下十次。

第一次看到这个惊险画面时，很多观众情不自禁地一声惊呼。这是观众正常情绪的流露，人们看到这样的事，意外、震惊、担忧、同情，多种情绪混杂在一起，融入一声惊呼之中。可是，当观众在此后反复看到这个画面的时候，人们的反应是什么？是因此更兴奋了吗？不是，更多的人对这个画面表现出了严重的不安，甚至于对反复出现这个画面感到愤怒，认为电视台不应该反复播放这样的画面。

观众为什么感到气愤？是对人行道塌陷应该负有责任的城建方吗？不是，观众气愤的是做这种剪辑的编导！气愤的观众都认为这节目的编导太没良心。

电视台反复播放女孩落坑的画面，其出发点与"贫穷色情"一脉相承。都是想通过反复展示、渲染痛苦的场景，有目的地刺激、唤起受众的同情心。编导认为这样的剪辑手段可以让观众兴奋、好奇，可是观众的实际反应却与编导的预判有巨大出入。令人震惊的监控画面并未达到编导剪辑的预期目标，甚至于人们在这种剪辑方式中敏感地察觉了编导的企图，推断出了编导想制造的效果和预期的目标。观众的愤怒不仅表达了一些人对这种画面从生理意义上的排斥，还包括对编导意图的理性排斥。

因此，不做"贫穷色情"，也不算计观众的同情心，尊重观众对尊严的要求，这是当代传媒人应该有的基本素质。

2001年，美国遭遇"9·11"恐怖袭击，当时的很多媒体赶到现场，记录下了世贸双子塔遭袭之后的情景，全世界的观众不仅可以看到两座摩天大厦上的滚滚烟尘，还可以通过电视屏幕看到楼顶的人绝望地往下跳，以及最后两座大厦像融化了的巧克力一般坍塌下来。

这些画面最初在媒体上循环播放，悲剧性的场景一次次震撼人们的神经。可是，很快这样的画面就不再出现了，因为当时的媒体人就已经注意到，一再出现这样的画面引起了广大观众的不安，观众的痛苦一次次被那些画面唤醒。为了尊重观众的感受，电视台纷纷停止播出这样的刺激性画面。

2008年，这种情况在中国重现。汶川大地震期间，中国也有很多媒体反复播出那样的画面，一次次引起人们的不适。可是，其后的青海玉树地震期间，虽然同样遭遇重大生命财产损失，电视机前的相关画面却少了很多。

对于媒体来说，直观画面具有刺激性，可能会是媒体收视率、点击率的保证，其实质也就是商业利益的保证。可是，在追求这些商业利益之外，媒体还应该主动承担一些社会责任，以及对当事人、对受众的尊重。

第二十六章
《浮生梦》——警惕思维定式

既然文学作品能够为人们提供间接经验，那么，是不是所有的文学作品都可以实现这个功能——也就是说，人们需要区分名著和商业文学吗？对于传媒人来说，阅读通俗小说有没有益处呢？

中国有个成语叫"开卷有益"，只要是阅读，多多少少都对自己有所帮助，读当前流行的网络小说、通俗小说，当然也有一定的裨益。可是在这里我还是希望大家主要阅读经典文学作品、纯文学作品。

为什么呢？因为这些纯文学作品与大众文学、流行文学相比，有一个很突出的特点：它们能锻炼我们思维的深度。我们在前面讲到的通过文学锻炼人们思维的角度，这可以通过多阅读大众文学做到，可是，锻炼人们思维的深度，大众文学却力有不逮了。

为什么呢？因为大众文学里的主题传递、价值传递往往比较简单，其所描写的世界也大多秉持简单的原则，一就是一，二就是二，是非明确，善恶分明，因果逻辑清晰，这都是我所说的"简单设定"。可是经典文学、纯文学却常常让我们看到世界的复杂多变，因果律的失落，各种我们固守的概念、信条里还有许多需要人们去考量的细微之处。对于这些，如果我们都能考量到，我们的思维深度也就提高了。

举一个例子，大众文学是不是经常有意无意地给我们树立一些简单的信念？从最基础的正义终将战胜邪恶，到比较常见的青年创意无穷、中年人心机深沉、老年人墨守成规，再到更细节的"好人"忠于家庭、"坏人"朝三暮四……如果归纳一下，这些规则会有很多，其中很多是我们社会公认的公序良俗，但也有很多其实是我们对一些人、一些现象的刻板印象。

"刻板印象"在心理学上被称为"图式"，是人们从接受的各种直接或外界信息总结而来的一种心理定式。由于这些图式有时候不是来源于我们自己直接的生活经历，而是来自于我们所接受的文学、影视等其他媒介产品，这些心理定式有些时候容易被我们自己警觉，让我们自己意识到它的片面性。但也有很多时候，由于我们接受的相关作品太多了，会深深埋藏在我们内心中，甚至会影响我们对世界的认识。

对于传媒人而言，我们如果要尽力保持所传播信息的客观公正，就需要时刻反思自己，自己对一些人、一些事物的理解有没有滑入那些刻板印象，有没有真正做到冷静客观地从实际出发。

传媒人自己滑入刻板印象，或者下意识地用自己的素材增强他人的刻板印象，都是大量存在于我们传媒报道中，而不被传媒人自己察觉的。

例如，传媒报道中经常会出现一种人物类型：常年加班的优秀员工。这实际上就是一种常见的心理定式。过去的很多新闻报道中，很多优秀人物的事迹都是相似的：经常加班，带病工作；家里的事情都来不及关心，配偶和儿女一开始不理解，认为他/她不顾家庭，可是最后看见工作上的成就，家人表示一切都理解了、都支持。为了表现人物一心扑在工作上，常常出现父母病危不回家、儿女高考不回家、妻子重病不回家之类的悲情故事。

例如，山东电视台曾经播出过一个名为《高墙内的"知心大姐"》的节目，歌颂一名女监管干部。据知情人士介绍，她的突出成就在于，在监狱内部开办特殊的心理医院，对安定、疏导看押人员情绪有很大的帮助。可见，她的主要成就是工作业绩上的。可是电视节目中，报道对这些内容只字未提，而是用镜头再次展现了刚才的套路：带病工作、常年加班。这样一来，人物的成就就从工作业绩转换成了工作态度。

在报道中不注重人物真正的工作成绩，而突出工作态度，其根源在于这样一种思维定式：常年加班的人一定是好员工。可事实上，这个思维定式却是不可靠的。常年加班是工作状态，主动要求加班是工作态度，而这位先进人物的先进性却在于她的成绩，而她的工作成绩主要来源不是工作态度，而是工作能力和工作方法。

工作态度＝工作成绩吗？

这个问题相当于问：努力学习的人一定成绩很好吗？

生活中的经验告诉我们，努力学习的人未必成绩都好，天天复习功课到凌晨两三点的未必是考试得高分的学霸，考试得高分的学霸也未必天天看书到深更半夜。近年来，很多省市的高考状元恰恰是一些业余生活丰富多彩的学生，很多人会在采访时告诉记者，自己真正拿来看书复习功课的时间并不是很多，并没有"头悬梁锥刺股"。

态度不等于成绩，这个道理在生活中几乎人人都知道，可是放到传媒作品中，却仍然有很多人一如既往地在用态度来代替成绩，我们仍然看到很多传媒机构在报道他们的楷模人物如何天天加班——这是工作态度良好，而不是他们真正的成绩。

可见，心理定式很容易扎根在一个人的内心深处，自己都不容易意识到。我们看看当前传媒世界给我们打造出的环境，更能看到很多巩固人们心中思维定式的迹象：宣传某件产品"纯天然"，暗示纯天然的就一定是安全的、纯植物护肤品就一定是功效好的、被外国机构赞许的就一定是权威的……

这些心理定式是怎么来的？不得不说，大众文学在建立人们心理定式的工作上是一再推波助澜，大众文学中经常塑造的人物形象可以归为以下几个类别：爱花钱的虚荣女人、有钱的花心男人，出身贫寒的孩子能吃苦，漂亮的女人不想自己努力，等等。也许我们会觉得自己对这样的文学形象能够有所警醒，可事实上却并非如此。

例如，每当一些社会治安事件出现时，网络、自媒体上常常会出现一种将受害者污名化的倾向，用各种明示、暗示指责受害者本身的罪过，尤其在遇到强奸、猥亵之类的案件中更是如此。其中，比较典型的案件是，京东的刘强东在美国被控性侵一案刚刚传出，人们在尚未掌握相关证据的情况下，对这个事件就几起几伏掀起了若干高潮。最初，很多媒体大多倾向于相信刘强东有罪，自媒体更是在这种基调上引导公众，公众也比较愿意接受这种说法，其背后的理由很简单，在很多人的心理定式中，认为有钱人会凭借权力干这种事；可是很快峰回路转，一时间网上流传出了那位"原告女生"的美艳性感照片，虽然照片中的女生并没有大尺度裸露身体，可是随着这张照片的曝光，很多人立刻转而信任刘强东，认为是这女生有意勾引富豪再敲诈富豪，理由很简单，就是因为这张照片中的女生美艳性感，在很多人的心理定式中，有着美艳的相貌与性感身材的女生，一定会利用自己的特点来达到某些目的；再接下来，网络辟谣那张照片并非涉事女生，涉事女生的身份、相貌依然保密，很多人又跟着这信息转换立场，依旧认为刘强东有罪，理由就是涉事的女大学生低调，一定是个自重的女生，不会做勾引、诬告的事。

刘强东案件被正式审理之前，在网络传媒、自媒体上，相关此事的报道、发酵就几起几落。仔细分析一下，人们凭什么一时相信这个一时相信那个？其本质都是人们对于富豪、女大学生、美女这些外在标签形成的刻板印象在起作用。这些标签，以及贴着这些标签的人之间的各种曲折故事，恰恰是大众文学喜欢的。

但是经典文学却不这样。与大众文学相比，经典文学就很少让人物符合大众心目中的标签：《神雕侠侣》中的小龙女美丽无双，可是《简·爱》中的简·爱却并不漂亮；《巴黎圣母院》中最让人惊诧的不是卡西莫多的丑陋，而是艾丝美拉达居然到死也没爱上他——如果换成大众文学，艾丝美拉达一定会说她明白了到底什么才是爱情之类的话；同样，《远大前程》里的毕普与艾斯黛拉这对青梅竹马居然到最后也没有生出爱情，让很多看惯了大众文学的读者内心怅然若失。

经典文学通常都不向人的心理定式妥协，甚至于有些作品还会向读者宣战，有意让读者反省自己的心理定式。

美国女作家达芙妮·杜穆里埃写过一部《浮生梦》，用作品挑战了人们的思维定式。达芙妮·杜穆里埃最有名的作品是《吕蓓卡》，这本小说因为被希区柯克改编成电影《蝴蝶梦》而闻名于世。事实上，《吕蓓卡》（即《蝴蝶梦》）虽是达芙妮的成名作，却仍然有大众文学的引子，可《浮生梦》却是一部更严肃的作品，也是她最成功的作品，难怪著名作家金庸的推荐是"相比于《蝴蝶梦》，我更爱《浮生梦》"。这本小说的目的就是要挑战人们一个传统的思维定式：好女人或坏女人到底是什么样的？

作品的主人公是英国孤儿菲利普，他自幼被富有的堂兄抚养长大，两兄弟感情很好，而且早已被定为堂兄财产的继承人。在菲利普 25 岁成年之前，堂兄去意大利旅行，不久后菲利普收到堂兄的信，得知他在佛罗伦萨邂逅了已经成为贵族遗孀的瑞秋表姐，被瑞秋的审美品位、生活情趣吸引。在接下来的岁月中，菲利普不断收到堂兄的信，得知堂兄与瑞秋相爱、结婚，婚后很幸福，可是堂兄也偶然会在信中透露瑞秋表姐生活奢侈，有特别爱花钱的坏毛病。再接下来，堂兄在信中向菲利普求救，声称自己被瑞秋监视、约束，而且生了重病。菲利普收到信后焦急地从英国赶赴佛罗伦萨去探望堂兄，抵达之后才发现堂兄已经去世，瑞秋表姐已经带着堂兄的全部财产离开那栋空荡荡的大宅子，只留下了堂兄的一顶旧帽子。

故事进行到这里的时候，大家对这位尚未露面的瑞秋表姐形成了什么样的印象？是不是一个工于心计、蛇蝎心肠的坏女人？是不是在怀疑她勾引了富裕的堂兄之后谋财害命、一走了之？

有意思的是，菲利普回到英国之后，律师宣读了堂兄的遗嘱。堂兄并未因自己结婚而改变原有的财产分配方案，仍旧指定菲利普作为庄园以及其他财产的继承人，几乎可以说什么都没有留给瑞秋表姐。菲利普只需要等到自己年满 25 周岁，就可以从托管的律师那里获得庄园、土地、家传珠宝等全部财产。就在这时，菲利普却收到了瑞秋表姐的一封信，声称她路经英国，携带了许多堂兄的遗物准备转交给菲利普。菲利普出于礼貌写信邀请瑞秋来庄园做客。

很快，瑞秋到了，她的到来在那个有些传统的英国乡村掀起了一阵波澜。附近几乎每一位绅士、夫人都被瑞秋表姐的美丽、优雅、品位所倾倒，人人都争相邀请瑞秋去家中做客，希望成为她的朋友。这情形让菲利普大为不满，菲利普甚至利用自己庄园主人的权威规定瑞秋大多数时间必须待在家里，对于这种幼稚、任性的要求，瑞秋表姐居然也温柔地答应了。

故事听到这里，大家又会产生什么样的想象？是不是觉得瑞秋表姐太工于心计了，一计不成又生一计，勾引堂兄谋夺财产不成，又来勾引这个天真纯情的菲利普了？

紧接着，菲利普赠予瑞秋大量生活费，听从瑞秋的建议花了很多钱购买奢侈品来装饰房间，瑞秋还"美其名曰"购买昂贵的奢侈品是她的"生活品位"，可是，很快就有律师来告诉他，瑞秋的用度十分奢侈，远远超出当地乡绅们的接受范围，可是菲利普早已不知不觉地堕入爱河，根本听不进律师的忠告。相反，他为了让瑞秋高兴，在自己 25 岁生日的前夜从银行保险柜中取出了所有祖传珠宝赠给瑞秋，还签署文件把自己的全部财产，包括庄园，都送给了瑞秋。当他连夜把珠宝献给瑞秋，并表达了自己对瑞秋的爱时，瑞秋很感动，亲吻了他的脸。可是，当他第二天在生日宴会上正式宣布自己已经向瑞秋求婚，而且瑞秋已经答应了的时候，瑞秋却公然否认，声称自己对菲利普完全没有一点爱意，昨夜的那一吻只是一个被感动了的大姐姐在向菲利普表示感激。

故事说到这里，大家又怎么想这位瑞秋表姐？心里是不是泛起了"我就知道"这几个字？故事到这里，瑞秋表姐几乎完全被定在了"蛇蝎美人"的图式上。

再接下来，菲利普的人生几乎就是堂兄人生的翻版，他生了重病几乎死掉，医生告诉他他得的是脑膜炎，若非瑞秋表姐给他喝了些不知名的药水他几乎不能活下来，可是菲利普却开始怀疑，正是瑞秋表姐的药水使他生病。接下来，他又发现瑞秋表姐一直在跟一个男人通信，他怀疑那是表姐的情人，两人准备带着财产远走高飞。直到有一天，他过去的律师带着女儿来做客时，他求自己青梅竹马的朋友帮助他，偷偷查看瑞秋的私人物品、私人信件，他要调查瑞秋是不是给他下毒。当三个人私下相处时，菲利普连表姐给他的茶都不敢喝，生怕给瑞秋害死自己的机会，而他也发现，瑞秋自己绝不喝那原本要给他喝的茶，这更坚定了菲利普对瑞秋的猜测。所以，当庄园的工人告诉他，处在瑞秋通常的散步线路上的一座桥毁损了不能通过时，他没有告诉瑞秋。当瑞秋出去散步时，他与好友一起翻看瑞秋的信件。结果却发现，瑞秋和朋友的通信非常正常，绝没有任何密谋杀人的计划，相反，她已经把那些价值连城的珠宝送回银行，向银行说明自己不能带走他人的家传珠宝。就连她给菲利普喝的药草茶也显示很正常。而就在菲利普不敢相信这个结果时，庄园外却传来了瑞秋的死讯——她因为未被通知，死于那座损坏了的桥上。

故事讲到这里，你又会怎么评价瑞秋？瑞秋还是那个已经害死堂兄、差点害死菲利普的蛇蝎美人吗？答案恐怕变成了：不知道！

随着瑞秋的死，故事到最后都没有揭晓堂兄的死和菲利普的病到底和瑞秋有没有关系。可能很多人看到最后，仍然会觉得瑞秋是个蛇蝎美人。问题是，在没有任何证据的情况下，我们为什么会形成这样的认识呢？是因为作品的前面有了很多暗示？没错，是有很多暗示，可到小说的最后作者又用一些证据洗清了前面的嫌疑。

让我们分析一下读者们对瑞秋的负面印象是怎么来的：小说着力刻画的瑞秋是一个美丽、有品位，但是生活奢侈、爱花钱的女人。瑞秋在菲利普的庄园中住下后，菲利普发现瑞秋特别能花钱，她买的所有东西都是最好的、最奢侈的，她布置房间时，窗帘、床罩之类的软装饰一定要买意大利进口的，用她的话说："英国的东西实在是太差了！"她会把房间布置得非常漂亮、优雅、有品位，但是，这些都是建立在金钱的基础上。

当代网络上会有很多文章告诉女性"一定要对自己好一些"，而"好一些"往往意味着要去买更贵的东西。很多文章吓唬女性说：如果你穿廉价的、吃廉价的、用廉价的，最后你自己就变成了那个廉价的，会被人轻易抛弃。所以，女人千万不要去网络上随便买衣服和护肤品了，一定要尽自己的所能去买品质最好的——当然也是最贵的来提升自己的气质与品位，这样女人自己也会通过这些高档用品产生自信，从而焕发出迷人的优雅，并获得他人的尊重。可是，又有很多文章反对这种观点，认为这种说法都是商家的阴谋，是在鼓励女人的消费欲望为自己谋利，其结果是，女人自身的品位并未得到提升，女人所憧憬的幸福并未到来，相反，现实生活却常常因女人的消费过度而陷入窘境。

这种铺天盖地的"女人要对自己好一点"的网络文章到底是商业阴谋还是人生诤言？

所谓"对自己好一点"的说法看上去是逻辑自洽的。《浮生梦》中的瑞秋表姐几乎就是这套理论的完美代言人。但她同时也可以给反对这种观点的人代言。小说中，当她来到英国时身无长物，几乎一文不名，但是，她的华美服装却是当地所有绅士、太太们连见都没有见过的，其结果就是当地几乎所有的男人都被瑞秋迷住了，所有女人都对她赞叹不已，连本来应该会出现的嫉妒都没有。可见，虽然大多数人不愿意承认，可是人们常常会通过外观来评判他人，进而影响自己的行为。

但是，在理性上人们又怎么评判女性的消费行为呢？中国文化中向来都有"义利之辨"，发展到后来，经常把精神上的追求与物质上的追求对立起来，甚至认为追求物质享受会影响人们追求精神上的自我提升。简单地说，在生活中人们也常有这种思维定式：那些一直在追求物质享受的人精神生活十分空虚。具有这种思维的人认定：物质享受只是用来帮助人们建立自信的，精神充实的人不需要用物质来帮助自己建立自信，因而精神充实的人不需要太多的物质。而且，如果人们关注自己的精神需求，就会自动降低对物质的欲望，如果全身心投入到精神的快乐中，也无暇体会物质的快乐。简单地说，喜欢逛街的女人根本体会不到通宵在图书馆或实验室里学习、实验的快乐。

在这种认识逻辑下，喜欢购物的女人就被划入到精神空虚的那一类，而精神空虚的人又常常是肤浅的、市侩的，甚至是恶劣的。

可是，小说却改变了上述的逻辑。瑞秋表姐一方面生活很奢侈，另一方面她的生活却很有艺术品位，精神层次很高。她喜欢阅读，喜欢园艺，有很多技能，是一个精神上极为丰富的女人。可就是这样的女人，又偏偏是喜欢花钱的，菲利普很快发现自己资助她的生活费根本不够她的开销，瑞秋一个月用掉的钱是菲利普这位真正拥有财富的绅士半年的开销。小说中用多个视角、多个证明反复强调了她花钱如流水，正因如此，瑞秋的"坏女人"形象悄然在读者心中建立起来。这正是在利用普通读者的心理定式：一个很会花钱的穷女人一定不是好女人，这种女人物质、虚荣，如果她还很美丽的话，就更有可能动用自己的美貌去交换自己的物质享受，进而有可能为了获得更多物质享受而伤害他人。世界文学中的很多坏女人形象就是这么建立起来的，当代中国文学中的很多形象也有这个特征。影视、文学中描绘那些被人包养的女人时，常常把她们描绘成整天无所事事就知道买东西的浅薄、庸俗形象。

小说用98%的篇幅铺排了一个传统的"坏女人"形象：表面上看美丽妖娆、多才多智、温柔娴雅，实质奢侈放纵、热爱金钱，这样的形象诱导读者认定了她是谋害两位男主角的凶手，她从与堂兄结婚到来英国等等一切行为都是虚情假意，都仅仅是出于攫取财富的欲望，可是，小说最后的几页纸却突然让读者发现，这个爱花钱的女人所有行为都有正常、合理的逻辑或动机，虽然爱财却对不义之财没有贪恋（退回所有家族珠宝首饰），小说的最后却又通过揭示她对财富的态度来帮助读者确认，她是一个无辜的人，除了奢侈是真实的之外，她所有其他的"恶毒"只是建立在人们一厢情愿的想象中。这就为人们提出了一个问题：我们是否接受这样一种形象，一个女人除了爱花钱之外什么毛病也没有，除了爱花钱之外是一个非常完美的形象？

《浮生梦》里的瑞秋表姐具备所有传统坏女人的套路，但她究竟是蛇蝎美人还是善良天使？这样的女人，你怎么看？一个爱花钱的穷女人究竟是不是一个坏女人？

就是用这个问题，《浮生梦》对社会上和文学中常见的成见提出了挑战：一个人的生活方式、财富观与其道德品质真的有那么密切的关联吗？

这个问题让我们看到，生活中的很多人已经形成了思维定式，这是"坏女人"公式之一：爱花钱＝虚荣浅薄＝坏女人。《浮生梦》用一个特殊的形象质问读者，这个"坏女人"公式真的成立吗？这也意味着，我们心中的定式一定成立吗？

人们心中的"坏女人"公式，其实质是把人们的财富观、生活方式与道德品质结合在一起的思维定式。如果"坏女人"公式不成立，那么这个思维定式成立吗？它会把人误导到什么地步？甚至于，它会让人在不知不觉中犯下什么错？小说中的菲利普在前面的思维定式下，事实上犯下了谋杀无辜者的罪行。生活中的我们呢？前面讲到的，每当我们遇到一些事件的时候，不知不觉地将受害人尤其是女受害人污名化，而且往往是以女受害人私生活为证据来影射其有错时，媒体所持的又是怎样的心理定式呢？

作为当代的新媒体传媒人，我们每天都会面对浩如烟海的信息，可是，我们首先就要学会细致地辨别一下，这些信息有多少是公正的？是不是有些信息在被送到我们面前时已经被人根据心理定式歪曲过了？又或者，我们自己在传播相关信息时，有没有滑入心理定式的危险区域？轻易地凭借心理定式判断世人与世情，轻易给人贴标签，甚至通过标签来理解事实的时候，我们自己是不是就变成了那个犯误杀罪的菲利普？

纯文学与商业文学相比有一个非常明显的区别：商业文学往往延续人们的思维定式进行创作，用自己的创作不断巩固、加深人们的思维定式；而纯文学往往按照事情的本来面目进行创作，用自己的创作不断颠覆人们的思维定式。

如果是商业文学，《活着》里的福贵早就活不下去或者发家致富了。

如果是商业文学，《巴黎圣母院》中的艾丝美拉达终将爱上卡西莫多。

但纯文学不会这样处理，它总是默默地把生活的真相揭示给世人看，打破人们的思维定式，也让读者心生警醒，警惕自己内心中一再冒头的思维定式。

这是传媒人必备的素质。

第二十七章
《群山回唱》——引人思考比令人满足更重要

人们在生活中还很容易走入一种思维的误区，那就是对一个具体的事物、行为、事件轻易做出整体判断。例如，当前在自媒体中经常有人发表一些不符合自己观点的看法甚至仅仅是质疑时，常常会引发一些网络热战。

例如，2019 年年初，《流浪地球》几乎毫无悬念地成为票房赢家。但是也有人在微博或微信公众号里提出，《流浪地球》并不是一部优秀的科幻片，甚至于以专业的视角来看很多地方还做得不合格。这种文章大多会有详细的专业分析，从商业电影的类型片角度、从剧本的严谨程度、从人物的设定、从技术呈现等方面，对这部电影提出批评。

对我而言，这种类型的文章或音视频节目最吸引人的不是文章本身，而是底下的评论。有些评论可能会冷静客观地与作者进行探讨，但也能看到很多这样的话："你这么批评中国自己的科幻片居心何在？""说这话的人没良心，这部电影拍出来有多难你知道吗？""没有被这部电影感动的人都不爱国！"……

随着新媒体尤其是自媒体的普及，媒体上这种类型的争论几乎每天都在网络的各处发生，有些可能迅速平息，有些则甚至可能激化成令人瞩目的事件。仔细分析这类事件不难发现，这种争论的问题焦点已经发生转变了，有些评论聚焦的已经不是对方发表的观点是否正确，而是对方是个怎样的人。

我们在生活中经常强调要"对事不对人"，事实上，"对事不对人"之所以一直被人强调，恰恰是因为它难以做到。一不留神，人们就容易从"对事"滑到"对人"。对事和对人分别使用的是两种思维方式、两个标准。对事，我们必须实事求是地进行研究分析，很多事是越研究越深刻；可是对人，我们经常会混合上各种情感、偏好、价值立场，进行的是概括性的判断。别看这种判断综合的内容很多，可它们往往是在一瞬间由我们的大脑调动过去的记忆来完成的，所以进行对人的判断对我们来说反而很容易。相反，如果要坚持对事的研究，我们需要去收集自己原先并不掌握的资料，进行更多的逻辑推理，这对我们来说反而是比较难、比较累的。避重就轻、避难就易是人类的动物本能，所以对人类而言，"对人"比"对事"更轻松，更容易让我们认为是解决问题的途径，也更容易获得满足感。

正是因为"对人"轻松"对事"难，近些年来，网络"键盘侠"们才会频频出现。"键盘侠"往往通过对他人的道德评价来获得自己的满足感、成就感。这种道德上的自我满足，没有思考、反省、研究为其支撑，仅仅是对自我观点、自我价值的再一次输出，在输出中自我确认，从而得到廉价的自我满足感。

专业的传媒人不应该是"键盘侠"。传媒人尤其需要提高警惕，面对各种具体的问题、事件时，应该更多地从这些具体的问题、事件出发，带领受众一起跟随自己深度研究、反思，而不是简单地为受众提供廉价的情感满足，更不是在缺乏事实依据与逻辑依据时就粗暴地滑入对他人的道德批判。

优秀的传媒人越是面对看似简单的个别事件时，越是能够深挖其隐藏其中的真正核心问题，找寻到问题真正的根源，从而给人们警醒。传媒人在现实生活中所做的，恰恰是优秀的作家在自己的文学作品中所做的。我此前一直说，希望大家在阅读文学作品时尽量阅读经典文学而非商业意味很浓的大众文学作品，原因也在于此。

大众文学习惯于为受众提供廉价的情感满足，也就是所有读者想要，作者立刻就给了：读者希望男女主角在一起，男女主角就真的在一起了；读者希望善有善报，果然就善有善报了；做"小三"的最后被车撞了，背叛朋友的人最终也被"朋友"背叛，忘恩负义的人最终自己也被别人抛弃了……这种类型的情节会让读者内心松一口气，让人们感觉到这世界还是有公平的。这种作品会让人觉得，人不需要做出太多努力，这个世界仿佛有一种自我纠正机制就可以帮助一切回归正轨，也就是"老天爷是长眼睛的"。这就是一种廉价的满足。对于人们的良心来说，这是得到了满足，但是得到的太轻松，会让人觉得这个世界很简单。

也许有人说，大众文学也有悲剧，并不都是皆大欢喜，不完全是"廉价的满足"——例如，大众文学中的《神雕侠侣》。很少有大众文学会像《神雕侠侣》那样早早地戳破受众的梦幻，让女主失贞、让男主断臂。但这仍是廉价的。杨过虽然断臂，却也因此机缘获得更高的成就（巧合下学成更高的武功成为神雕大侠）；小龙女虽然失贞，但是杨过不以为意仍然坚定地爱着她。从情节设置上看，两人此前遭遇的苦难更凸显了两人意志的坚定和爱情的伟大，苦难在作品中只起"考验"的作用，是为了更好地塑造主人公超越常人的形象而存在，这些苦难帮助读者缔造心中旖梦，而非让人去深度思考生活的真相。也就是说，这种作品让人感动，而很多时候，情感上的感动可能会抑制人们理性地进行思考，"感动"本身就是廉价的情感。

廉价的情感满足，往往习惯于为一些复杂的问题找到一个简单的责任方，一些作品会暗示受众，只要找到真正的责任方，问题就解决了。就如同关于《流浪地球》是否优秀的讨论，要提高电影质量是一个复杂的问题，涉及电影产业链各环节从业者的专业能力和态度，可是，"爱不爱国"却是一个简单的是非判断。讨论电影优劣成败是需要一定专业素养的，可是"爱不爱国""感不感动""有没有良心"却是简单的判断。

大众文学不去挑战读者对世界的基本认知和理想，而是不断帮助读者去确认对世界的基本认知，帮读者去巩固对世界的理想。《神雕侠侣》中杨过与小龙女的悲欢离合不断帮读者巩固了关于爱情的理想，读者在作品中看到，只要有"万里何愁南共北，两心那论生和死"的坚定，爱情都将是完满的，"从一而终的爱情"是有意义的。正因如此，杨过苦等小龙女十六年后，毅然跳下绝情崖后居然奇迹般地在崖底遇到了隐居的小龙女。想象一下，如果杨过跳下了山崖，而山崖下没有小龙女，读者又会怎样看待杨过那十六年的等待？如果读者发现，杨过十六年的等待没有任何意义时，人们又会怎样看待"从一而终的爱情"本身？如果爱情的"从一而终"没有意义，人们又该如何对待生活中的爱情？

同样，几年前根据大众文学改编的电视剧《琅琊榜》热播时，人们也在对男主梅长苏的命运悲悯中再次确认了坚持理想的意义。梅长苏虽然死了，可是他和他身边的朋友们十几年来坚持的理想实现了。试想一下，如果梅长苏死在誉王谋反之时，死在一切真相大白之前，读者、观众的内心又会有怎样的感受？

大众文学不会这么写，大众文学不会挑战受众对世界的认识和理想。

但是经典文学就不这样。而真正的经典文学作品常常会带领读者对一些现象进行深度思考。经常阅读经典文学有助于我们走出获取廉价情感满足的习惯，引领我们思考。

例如，美籍阿富汗作家胡塞尼的小说《群山回唱》，虽然是一部举世著名的畅销书，但却不是一部真正的大众文学作品，这部小说的写作目的不是贩卖悲剧，而是展现人类的困境。

《群山回唱》讲述了 9 个相互联结的故事，这些故事有一个共同的主题：抛弃与创痛。小说反复诉说了家人之间一次又一次的抛弃。这本书里有父亲抛弃女儿、哥哥抛弃面子、妻子抛弃丈夫、妹妹抛弃姐姐……各种各样的抛弃，给人的内心带来了怎样的创痛？

9 个故事中有一个妹妹抛弃姐姐的故事。妹妹为了自己的新生活，应姐姐的恳求狠心把瘫痪的姐姐一个人抛弃在沙漠里。但是当她离去时，她觉得自己又听到姐姐在呼喊"妹妹呀，回来——"在以后的生命中，这声音永远回荡在妹妹的脑海中。姐姐是不是真的这么喊了？当时是没有人知道的。在那个人烟稀少的村庄里，妹妹抛弃姐姐这件事只有天知地知，但是这声音永远在她心头，这件事是一个只有她和群山知道的秘密。但是姐姐的哀号声是真的么？会不会只是妹妹听错了？

妹妹在沙漠中抛弃瘫痪的姐姐，这行为如同谋杀，明显是不道德的，在一般的大众文学中，这位妹妹一定是一个被批判的对象。可是小说却在妹妹做出这么"丧心病狂"的行为之前，详细地讲述了妹妹此前的生活，介绍妹妹如何每天无微不至地照料姐姐的生活，为此不仅耗费了巨大的体力，妨碍了自己谋生，甚至还耽误了自己的婚姻。在做这个决定之前，妹妹是一个充满爱心、自我牺牲的高大形象，是很容易让读者感动的"好人"，可是紧接着就是有求婚者向妹妹求婚，妹妹最终为了自己能够结婚遗弃、谋杀了姐姐，她又成了一个恶毒的妹妹。这个人物到底是高尚的还是恶毒的？大众文学不会同时把这两种品质汇集到一个人物身上，因为这样做让读者的情感无处着落，不知该恨她还是该同情她。

随后，小说更全面地还原了两姐妹的关系：姐姐之所以终身瘫痪，是因为多年前妹妹的嫉妒。妹妹因为嫉妒姐姐美丽、获得优秀青年的求婚，故意害得姐姐从树上坠落，摔成了高位截瘫，而此后妹妹对姐姐多年来无微不至的照顾完全是出于愧疚，是要赎自己的罪过。可是，姐姐并没有因为妹妹的赎罪而好转，如果妹妹没有照顾姐姐固然是十恶不赦的，但是她照顾姐姐这么多年就真的能抵消姐姐的痛苦吗？这个故事就把一个具有普遍性的问题摆到了读者的面前：罪恶是能够赎清的吗？伤害是能够补偿的吗？

同样，姐姐最后在荒漠中的呼唤也是一个问题。如果这部作品仅仅是一部大众文学作品，作者也不会让姐姐最终在沙漠里呼唤妹妹回来。小说中，这个决定最初是姐姐自己做出的。姐姐看到了妹妹那么多年的辛苦，希望妹妹能够把握住最后的机会争取自己的个人幸福，为此她决定在妹妹的帮助下自杀，以此来解脱妹妹的责任。如果放在大众文学里，这样的人物也会给读者带来感动，她会是一个善良、伟大的传统形象，为了她人的幸福自我牺牲。可是，在这部小说里，姐姐虽然在理性上决定放手，将对妹妹的爱置于自己的生命之上，可是真正到妹妹转身离去时却又在她身后一声声呼喊"妹妹，回来吧"。这么一个没有把伟大贯彻到底的人物，也让读者刚刚升起的"内心感动"忽然失去了着落。这样的情节也会引发人们的思考：姐姐做出自我牺牲的决定是出于理性的思考，可是这种理性的选择与自己的生命发生矛盾的时候，人们真的能坚持自己的理性选择吗？与大众文学中那些坚持信念的英雄不同，姐姐是普通人的代表，她那具有反悔意味的呼唤揭示了普通人面对这种矛盾的真实状态：当内心的理性认识与自身重大利益发生矛盾时，我们的理性经常会妥协。

那么，我们要不要原谅这样的妥协？

在小说里，姐姐在荒漠中那一声声的呼唤成了妹妹一辈子的心结，那个秘密在妹妹的内心反复煎熬着她，她用自己的一辈子反复思考。就像作者在扉页上所引用的那句13世纪东罗马诗人鲁米的诗："走出对与错的观念，有一片田野，我将与你在那相会。"《群山回唱》等严肃文学与大众文学的区别就在于它们总是走出一般人对与错的简单观念，让人们看到很多事情是不能用简单的道德判断去评价的，如果拿严明的是非黑白来衡量这个世界，人们有可能会错过真相、误会世界，因为这个世界远比人们想象得更复杂、更模糊。

正因如此，严肃文学经常会让读者觉得作者的道德感很矛盾，没有大众文学中熟悉的、公认的公序良俗，读者会对作品中人物的行为产生争议，经常发现他们不能被简单地划分为好人、坏人。这就警醒了人们，人的行为也不能简单地做判断，人的很多行为非常微妙，行为有可能有复杂的理由与联系，是不能用简单的黑或白、是或非去判断的。更不能简单通过某个孤立、具体的行为去判断整个人的道德品质。

如果能够从严肃文学对这些内容获得深刻的认识与感悟，传媒人的作品就能够客观得多、深刻得多，同时传媒人自己对他人的行为也能够体现出更多的理解与宽容。

央视《看见》节目中曾经有一期关于江西贵溪某幼儿园校车翻车事件的调查。在那次事件中，一辆幼儿园的班车在行驶中翻出路面，栽进旁边的水塘，造成十多名儿童死亡的惨剧。据调查，这起事故的直接原因是严重超载，而当时驾驶这辆严重超载的校车的，正是那个私立幼儿园的园长。

如果传媒人带着商业文学惯常的思维模式在做这种报道时，很容易陷入对"坏人"的道德审判。根据上面提供的信息，可能会有人把这起惨剧全部归咎于幼儿园园长的超载行为，并且追究超载行为的道德弱点：为了省钱，置孩子们的安全于不顾。

这样的报道很常见，也很容易赢得观众的情感认同。但是，如果按照严肃文学的思维方式来进行报道，不满足于这种大众通行的道德审判，不满足于给观众带来廉价的情感，而深挖事情的深刻根源，事情的真相才能浮出水面。

在央视的报道中，记者一步步探访"超载"的原因：江西的冬天很冷，幼儿园园长买了一辆中巴车接孩子去幼儿园，这是出于她的好心，她首先就不是个利令智昏的人。但是，这个幼儿园主要是针对农村留守儿童办的，农村的孩子住得比较分散，十几个孩子之间距离比较远，由于时间原因园长一个人不能一天分好几趟来接孩子，一次性接全部孩子是现实条件下的最佳选择；幼儿园针对农村孩子，收费比较低，利润不足以让园长换一辆大车，而当地交通部门管理又比较松散，这一切造成了幼儿园校车长期超载。当传媒人深入到这个事件内部去探寻其原因的时候，世界真正的复杂性浮现出来，这就像很多严肃文学致力探讨的问题。在这样的作品中，公众会发现这个幼儿园校车的超载行为不能简单地用"不道德"来进行评价，这进而引发人们对事件更深沉的原因进行思考。

严肃文学里的世界总是复杂的，这复杂性往往来源于事件之间的相互联系。

在商业文学中，人们之所以经常会快速地形成简单判断，往往是因为那些作品中只从一方的角度看待问题，而很少同时深入到另一方的内心，还原事件中每一个人的真实感受。

仍然以《群山回唱》为例。前面说到的那个妹妹抛弃姐姐后结了婚，生了孩子，可是后来由于生活太贫困，在哥哥的帮助下，把自己的小女儿卖给了首都喀布尔里的一对富裕夫妻。在这里，虽然哥哥的行为为妹妹一家制造了很大的痛苦，但看起来还是帮助妹妹渡过了经济难关。可是，深入到事情的真相去看，人们才又发现，这位给富户当司机的哥哥之所以牵线让妹妹卖掉小女儿，更主要的原因是他暗恋上了美丽的女主人，希望能够为不育的女主人带来些欢乐。也就是说，这个哥哥的出发点并不完全是为了妹妹的幸福，还有很大一部分是为了自己单向度的暗恋。这时候，人们又怎么看待哥哥的这个选择呢？

同样，小女孩的养母也成了一个有争议的形象：她在丈夫中风瘫痪之后，迅速带着小女儿离开丈夫去了法国，几乎一天也没有去照料丈夫的生活。为什么？小说一方面给出了一个原因：她要让小女儿摆脱阿富汗女人注定的悲惨命运，要给女儿更好的生活和受教育机会。果然，这个出生在阿富汗农村里的小女孩后来成了一名法国的大学教授、国际知名学者。这么看，母亲的选择是正确的。可是小说同时也告诉读者们，她之所以这么做，更因为她内心中想争取自由，想摆脱与自己个性格格不入的阿富汗社会现状。因此，她离开丈夫的理由并没有那么无私，她更多是为了解脱自己，要把自己从照顾丈夫的责任中解脱出来，而她之所以把女儿一起带走，更主要的原因是为了自己的幸福和快乐。严肃的文学作品经常这样从多个角度丰满地展现这两个人做出人生选择时的真实内心，让读者们看到，人的内心是非常复杂的，有时候，行为和动机之间并没有一一对应关系，所以，我们也不能从人的行为就武断地推测其动机。

同样，传媒人对事件的报道也不能简单地从一个行为去武断地推测他人的动机，也不能仅凭动机就轻易地原谅某些行为。仍然以前面讲到的贵溪校车事件为例。幼儿园园长接送孩子的动机并不坏，可这就能够抵消她长时间漠视交通安全的行为吗？尤其是这种行为还引发了那么严重的后果。

在《看见》的栏目中，对问题的追寻还不止于此。记者继续往下探寻：如果幼儿园校车常年超载的话，为什么此前都没出事，偏偏是那天出事了呢？面对这个问题，幼儿园园长解释：那条路的路上有个大坑，以前她开车经过那里的时候都小心绕过。偏偏出事那天，那个坑被人填了起来。她以为路被修好了，就放心地通过了。没想到，那个坑被填成了"豆腐渣"，这导致了她最后的车辆侧翻。这么一来，问题似乎就成了那个"豆腐渣"工程的施工者的错了。可是，记者走访修路的人后才知道，那人根本不是什么专业的建筑工程队，只是拿了人家给他的 100 元，买了些最基本的黄沙倒进坑里就算了，他也没想到自己简单地填填坑居然还填出那么大的问题来了。那么，为什么修路款只有 100 元，是不是有人吞了修路款呢？再往下查，才发现原来是村里一些信基督教的老人想在圣诞节前做点善事，自己集资凑的修路款找人修路。因为大家都是农村老人，收入有限，所以一共只凑了 100 元，只够买些黄沙简单地修修路。

事情至此，人们才能更进一步看清这"豆腐渣"路面的真相：是一群老人想做善事，集资修路；但因为经济拮据，只集到一点点钱，这才把路修成了"豆腐渣"；"豆腐渣"路面反而引发了惨案。

当央视记者走访事件中的多方，让每一方都说清了自己的苦衷、愿望之后，人们又会在这样的事件中得到什么启示呢？至少，人们可以看得出那些无意间做了坏事的老人们不是坏人，连那个幼儿园园长都不是坏人。观众可能会忽然觉得自己的情感无处安放：我们不知道自己可以恨谁了。

严肃文学与商业文学的不同也恰恰在于，它常常让读者不知道自己该恨谁。

在大众文学中，苦难的起因总是有非常明确的指向，人们可以轻易找到苦难的制造者，所有的苦难往往都会有具体、直接的责任人，所有问题都可以被简单归罪到明确的主体身上，人们只要在道德上批判这个主题、在情感上憎恨这个主体，似乎就可以解决问题了。例如，《神雕侠侣》里杨过断臂的苦难只是因为郭芙的鲁莽，小龙女失贞的苦难也简单地归结于尹志平的私欲。如果尹志平像马钰那样方正自谨，或者能够被丘处机那样严明刚毅的人管辖住，小龙女的悲剧就不会发生；如果郭芙不是那么鲁莽，杨过的悲剧也不会发生。这就是典型的大众文学的处理手法。通过这种方式，大众文学不仅轻易地向人们解释了人生苦难、世界失衡的原因，更给了受众一种强烈的暗示：只要没有那些个别的、偶在的苦难制造者，这个世界就没有苦难。所以，在《神雕侠侣》的世界中，正因那些"坏人"是偶然存在的，每一个读者都能从他人的苦难中得到"自己是安全的"的暗示，进而在安全的心理距离上以超然的姿态怜悯作品中的人。进而，受众会在自己的同情、怜悯中得到自我确认的满足。所以，大众文学作品中，真正让读者得到满足的，是读者在作品中不断确认自我的超然地位。

同样是展示苦难，严肃文学通常不会给苦难归到一个简单明确的原因上，尤其不会简单地归到一个"坏人"身上。以《红楼梦》为例。有一种很流行的观点，认为《红楼梦》中宝、黛爱情之所以成为悲剧，是因为薛宝钗、王熙凤和贾母的阻挠。这种观点认为，贾母出于自己的评判标准冷酷地厌弃了林黛玉，王熙凤为了逢迎贾母恶毒地欺骗了贾宝玉，而薛宝钗用自己的伪善和心机取代了林黛玉，这3个人就是宝、黛完满爱情之路上的小人。仿佛如果宝、黛身边没有这3个小人，甚至没有其中任何一个，两人的命运都不会演变到最后的悲剧境地。

正是在这种认识下，很多人看前八十回的薛宝钗，怎么看都觉得她伪善。可是，《红楼梦》却并未写她做了什么实际伤害宝、黛的恶事，人们很难像痛恨《神雕侠侣》中的尹志平、郭芙那样去痛恨薛宝钗。相反，一直以来会有很多人更喜欢宝钗，以至于和喜欢黛玉的读者"一语不合，几动老拳"。这种现象在大众文学中一般是不会产生的。脂砚斋评价《红楼梦》写人的妙处，曾用过一个比喻："双峰并峙、二水分流"。小说不以丑化、矮化一个主角为代价去衬托另一个主角，正如同不以黑化薛宝钗为代价来把林黛玉衬托成一朵白莲花，而是真实地展现每个主人公的特点，包括她们各自的缺点与优点。因此，作品中的每个人都是生活中真实的、善恶掺杂的人，而非理想的完人。看了这样的作品，读者很难把苦难、失败简单归因到某个个别的人与现象上，这就会引发每一个读者的思考：如果苦难不是偶发的，那么苦难的原因是什么？

古希腊悲剧家索福克勒斯在2000多年前就把这个问题摆到了世人的面前。他的悲剧作品《安提戈涅》被黑格尔视为"最完美的悲剧"，就是因为他对悲剧的成因的质询更深入。

《安提戈涅》讲述了这样一个故事：安提戈涅原本是忒拜的公主，是俄狄浦斯的女儿，俄狄浦斯了解到自己杀父娶母的真相之后，戳瞎了自己的双目自我流放，忒拜城的王位暂时落到了安提戈涅的舅舅特瑞翁身上。但是，安提戈涅的一个哥哥却试图夺回王位，为此，他召集了一批外国军队来攻打本国，安提戈涅的另一个哥哥为了保卫祖国出战应敌，两人双双在城外殒命。国王特瑞翁下令厚葬保卫武拜的王子，却把借外国军队攻打祖国的王子视为叛国者，罚他曝尸荒野，不许人收尸，违者处死。安提戈涅在宫中听说这消息之后，认为纵然王子生前有错，可是希腊人的文化理念却是逝者应该得以安葬，国王的法令违背了天道法规，便违背了命令前去为哥哥收尸安葬。安提戈涅的这一行为触犯了国王的法令，国王便下令按规定处死安提戈涅。可是，特瑞翁的独子正是安提戈涅青梅竹马的情人、未婚夫，他苦苦哀求父亲赦免安提戈涅，可是国王却坚持自己的职责不为所动。等到特瑞翁终于想赦免安提戈涅时，却发现安提戈涅已经被处死，自己的独子也已经殉情，而自己的妻子也已经因为爱子之死自杀身亡。

《安提戈涅》的故事之所以打动人心，就在于虽然这出悲剧到最后几乎满台尸体，人们却找不到一个明确的、可以恨的对象。这出悲剧的制造者是谁？是特瑞翁吗？他秉承国王的职责处罚叛国者、不徇私枉法没有赦免犯法的安提戈涅，似乎没有错，甚至还是一个刚正的国王。是安提戈涅吗？她在明知触犯法律必死的前提下仍毅然出于伦理责任和文化使命出城为哥哥收尸，似乎也没错，这是个善良坚定的形象。是国王的独生子吗？他把爱情看得高于生命，也没有错。甚至于，是安提戈涅的哥哥们吗？他要争夺王位的行为本身也有一定的合理性，他似乎也没错。那么，这出悲剧的制造者是谁？

这恰恰是大众文学通常都会回避的问题。《安提戈涅》的悲剧性在于，对立的双方都秉持着正义的理念，可是这两种理念却是相互不相容的。这就把剧中人和受众一起放到困境中去拷问：为什么当每个人都秉承自己认为正义的理念行事，却引发了灾难性的后果？到底是那些理念错了，还是秉承理念的方式错了？

可见，严肃文学之所以不塑造一个具体的责任人来背负所有的错误，就是为了引起人们更深层的思考：究竟是什么制造了那些问题、苦难？

就如同《看见》节目中那个贵溪校车侧翻的事件，当传媒人抽丝剥茧地让观众看到，幼儿园园长的出发点是善良的，修路工没有侵贪款项，老人更是为了做善事，每一个具体的责任方都有其良好的初衷或者不得已的苦衷，不能背负起全部道德责任之后，观众会怎么思考这件事？大概就会去思考，既然这几个人都有情可原，到底谁该为这起惨案负责？

犹如严肃文学要将读者的思维引向这有深度的思考空间一样，优秀的传媒人也应该将观众的思考引向更有深度的空间，而不仅仅是给观众提供大众文学式的廉价情感满足。

从这一点上说，传媒人需要多从严肃文学这获取养分，要学习到古今优秀作家们透过个体现象去拷问本质的深刻性。

最后，正是因为严肃文学再现了世界的复杂性，传媒人如果多阅读严肃文学，也会让自己的内心更宽容起来。

这里所说的宽容不是要传媒人是非不分，而是指传媒人需要明白世界的复杂性。人性也是复杂的，很多事背后有其深层的原因，所以遇到事不要轻易地做情感、价值的判断。

例如，前些年药家鑫杀人案出来时，研究犯罪心理学的李玫瑾教授曾经提到，药家鑫杀人时连捅七刀的行为与他从小练钢琴养成的机械重复习惯有关。这个被一些传播媒介播出之后，一时间舆论大哗，很多人断章取义地理解这种解释，更多人完全不能接受李玫瑾把这种恶劣行为与学钢琴联系在一起，进而对李玫瑾本人有很多人身攻击的言论。

遇到自己不认可、不接受、不理解的事实或论点，就立刻跳起来攻击、指责，而不去冷静思考一下对方的真意、初衷、逻辑，只希望能迅速地扑灭不同意见，将自己不认可的言论排除在自己的认知体系中来，这种行为就是不宽容。

在生活中，我们常常会发现一个现象，年轻人往往没有成年人宽容。为什么会这样呢？不是年轻人比较容易意气用事，而是年轻人由于自己生活经历比较苍白，缺乏对他人苦衷的体认，很难"感同身受"。而成年人则容易从自己的生活阅历中看到行为背后的规律或深层原因，因而容易显得宽容。

在传媒作品中，记者也好，主持人也好，画外叙事人也好，传媒人在传媒作品中的角色不是法官，不是审判者，而是探访者与倾听人。尤其是面对一些负面内容的当事人，如果传媒人急急忙忙摆出批判的立场，就很难真正走入他人内心，听不到真实的想法，也就得不到暗含的真相。相反，传媒人如果能够表现得更宽容，能够对事情的一些逻辑、苦衷有更多宽容，就比较容易让人卸下心防，袒露真心。

前面讲到过，严肃文学常常表现人物每一种选择的复杂性，而不是简单地评价人物。仍然以《群山回唱》为例，作品中有一个在美国工作的阿富汗医生的故事：这位美籍阿富汗医生由于私事短暂地回到喀布尔，在此期间他善良地用自己的专业优势帮助一些难民，遇到了一个全家被害、自己也被毁容了的小女孩。医生同情这个小女孩，向她许愿回美国之后想办法为她争取免费整容的机会。可是，这个医生回到美国之后，发现这个诺言很难实现。很快，巨大的工作压力扑面而来，在现实的工作面前，他只能先应付手边不断出现的工作，把对这个小女孩的诺言暂时放下。在这段时间里，他总是隔段时间就能收到小女孩的电子邮件询问事情的进展。可是，他自己的工作压力，以及推进这件事本身的困难，让他不知道怎么回应这个小女孩的询问，一开始还回复些安慰小女孩的话，可是后来再也不回复电子邮件，直到最后与这个小女孩断绝了联系。他无力兑现自己当初许下的承诺，可是却也在工作中慢慢恢复了自己往日平静的生活，就像去阿富汗救助难民之前一样。

我们怎么看医生的这种行为？如果我们用商业小说中那种对英雄壮举的期待来看他，我们会被他的行为触怒，会觉得他很软弱、很无耻。可是，小说细致地再现了医生回到美国之后的真实生活，包括他自己的工作压力、家庭压力，以及他试图推进这件事时遇到的社会阻力。他是善良的，否则不会主动去帮助小女孩；他也不是信口开河，他回到美国之后也尝试过几次，只是遇到了阻力没成功。正是因为小说细致地展现了一个普通人的生活场景和普通人能力的局限，读者完全能够理解他为什么一点点放弃了自己的承诺，甚至都能够理解他之后因为愧疚不愿意再与小女孩通电子邮件了。这是普通人在日常生活中的正常反应，人们回避困难，被生活挫败，为了自己内心的平衡下意识地回避会让我们联想起挫败的那些人。这是生活中绝大多数人的选择。作者先细腻地刻画了这位医生做出承诺时的真诚，让我们看到他的善良，然后又细腻地刻画了他放弃的过程，让我们看到他的软弱，这就为我们还原了一个普通人的形象。生活中的我们也经常会遇到类似的情况：有些事，在当时我们是真诚地触动，很想去做，想做出改变，可是随着我们回到自己原本的生活节奏，我们又会发现自己的情感冲动慢慢消散，尤其是当我们面对一个个真实的阻碍时，我们慢慢选择了让自己过得更安心、更舒适的生活方式，绝大多数人可能都会这样。正因如此，许多我们想做的事没做，许多做出的允诺却又被拖延、推脱了。严肃文学不像大众文学那样为我们塑造超出普通人的英雄偶像，却细腻地展示了普通人没有成为英雄的问题所在。读多了大众文学，我们容易忽略现实，以理想化的高标准要求身边的人和事，也就是常常不自觉地以大众文学中"英雄"的标准来要求身边的人和事，而阅读严肃文学，我们常常还能摆脱梦的迷思，关注真实环境中普通人的困境，进而对普通人的人生选择有更多理解与宽容。这种理解与宽容来源于，我们知道把自己放到类似的情况下，我们很有可能也会这么做，书中人的错误也就是我们自己的错误。

可见，传媒人的宽容来源于自知。古希腊的德尔菲神庙给世人留下两句箴言，第一句就是"认识你自己"。大众文学向人类展现的是人类的理想、人类的梦境，这反倒不利于人类真正地认识自己。而严肃文学却能够帮助我们真正认识自己，一次次提醒我们自己身上的问题。我们也不得不一次次面对自己身上的渺小。传媒人亦当如此，传媒人所从事的不是影视工业，如果只给受众提供美好的梦幻是不负责任的，负责任的传媒人应当站在社会的门槛上，替大众守望良心，而做到这个的前提就是能够真正了解自己，了解大众，正视大众自身的问题。

第四部分

媒体责任与文学边界

第二十八章 《荷马史诗》——辨析文学与事实

第二十九章 "晴雯之死"——辨析生活与故事

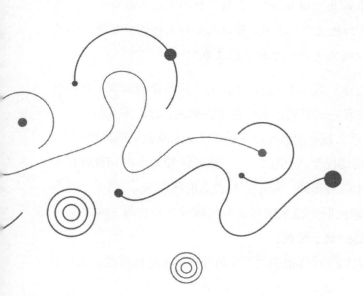

第二十八章
《荷马史诗》——辨析文学与事实

此前，我们谈到《史记·屈原贾生列传》时提到了文学和历史的区别，文学不能代替历史。事实上，不仅中国传统的文化习惯容易混淆文学和历史的区别，欧洲也一样。世界很多文明早期都有史诗流传，在我们现代人看来，史诗里面虽然包含对历史事件的回忆，但它更多的是一种文学创作，不是真实的历史。可是在 2500 年前的古希腊人看来，史诗所记载的就是真实的历史，而且他们还真的用《荷马史诗》的记载来解决现实问题。

公元前 7 世纪晚期，由于当时雅典社会动荡，它的出海门户萨拉米斯岛一度被另一个城邦迈加拉（也被翻译为"梅加腊"）占领。雅典和迈加拉就萨拉米斯岛的归属权产生纠纷，双方在斯巴达进行仲裁。雅典人如何来证明萨拉米斯岛属于自己的？他们居然引用了《荷马史诗》中的"船名表"！

"船名表"出自《伊利亚特》第二卷。史诗中，为了铺写希腊联军开赴特洛伊战场时浩浩荡荡的场面，作者——罗列了来自何方的何人，带了多少船只前来参战。从这张"船名表"中可以大致看出各个国家的实力，而从他们的停泊位置，又可以看出国家之间关系的密切程度。这里面有一句涉及萨拉米斯岛和雅典："来自萨拉米斯的埃阿斯带来了十二艘海船，停泊在雅典人的阵营旁。"当年，雅典代表索伦就是引用了这两句来证明萨拉米斯岛曾经与雅典并肩作战，关系最密切，以此来要求判萨拉米斯岛归属于雅典。

有意思的是，另一方的迈加拉同样也引用了《荷马史诗》进行反驳。他们引用的是其他版本的《荷马史诗》，那个版本里面提到埃阿斯曾经率领萨拉米斯和尼赛亚的舰队共同参战，以此来说明萨拉米斯和尼赛亚属于同一方。在当时，尼赛亚是一个明确的迈加拉港口，如果用这一版《荷马史诗》为标准，萨拉米斯岛应属于迈加拉。

接下来，雅典继续引用了雅典的地方传说和风俗习惯来证明：埃阿斯的两个儿子都加入了雅典国籍，定居在雅典，坟墓也在雅典，并且当地还有相关的宗教祭祀，因此，埃阿斯所领导的萨拉米斯岛应该也属于雅典。最终斯巴达判定萨拉米斯岛属于雅典，因为雅典似乎有更加充足的神话传说证据来印证这一事实。

以现代人的眼光看来，这样的裁决可以说是荒谬的，神话、故事、史诗在我们今人看来只是文学创作，怎么能够代替事实！可对于当时的人来说，如果否认他们对于文学作品的信赖，否认史诗的记载等同于事实，他们也接受不了吧。

这种接受不了不仅仅是认识上的，还包括一种情感上的。这种情感是人们文化自豪感的表现，可是从深层上说，这种情感带有浓厚的艺术气质，与科学精神有矛盾。

科学和艺术上虽然有很多相通之处，但是科学和艺术的出发点却是不同的。我们人类的发展都在追求真善美，可在具体排序上，科学首先追求的是真，而艺术首先追求的是美。因此，科学的出发点是实证精神，一个理论、一个猜想是否是真实的，首先需要看它真不真，而判断真不真的标准也很明确，就是实证，看有没有证据能够证明它。可是艺术却不一样，艺术首先追求的是"美"，而在具体的生活中，我们对"美"的感受不仅是形式上的，还有道德上的，这就是中国人的"美善合一"传统。科学的精神和文学的精神有时候会产生矛盾，就是人们在"美善"的情感追求下，忽视事物本身客观的真实性。这种态度具体会有怎样的表现呢？

首先，人们不会积极主动搜集能够证实其真实性的证据，而是习惯性地跳过其证据层面的内容，直接就做各种价值判断。然后，一旦出现了有可能挑战其事实真实性的证据，人们的第一反应不是去论证其真实性，而是觉得自己的价值判断受到挑战，以积极维护其价值判断的心态去维护一个事件的真实性。这样一来，原本客观的问题就会变质。

传媒人尤其要提防这种心态，传媒人的情感与表达虽然应该是艺术性的，但传媒人对待世界的基本态度却应该是科学性的，也就是面对真实、面对客观世界的，传媒人尤其要提防自己落入文学情感的陷阱，不能感情用事，更不能把事实与价值判断轻易结合在一起。

这种误区事实上在传媒界一直存在。举一个大家都熟悉的例子：2005 年 11 月，韩国申报的"江陵端午祭"正式被联合国教科文组织列入"人类传说及无形遗产著作"。这个消息当时让很多中国人惊诧，包括当时的一些媒体也公开表示愤慨。尤其是当时的很多新媒体，更是用义愤填膺的语言表达不满，认为韩国这么做是在和中国抢夺"文化遗产"，一时间，阴谋论、文化侵略论，种种论调都出来了，众多媒体几乎众口一词地谴责韩国这么做的正当性。大家都知道端午节是中国的，可是现在"端午节"却被韩国申遗成功了，如果这么理解事实的话，这则新闻当然触犯了我们的民族情感。

在这场媒体众口一词的谴责中，又有多少媒体人基于科学的精神，先去落实一下事实呢？这个事实就是，联合国清清楚楚说的是"端午祭"，这"端午祭"和"端午节"到底有没有区别？这场激愤所基于的最基础的事实是什么，又有多少媒体人觉得自己有责任先弄清楚？

十几年后的今天，在很多学者的宣传下，已经有很多人明白了，韩国的江陵端午祭其实并非是中国的端午节，两者虽然有联系，但实际上还有区别。可是本来不需要等这么长时间的，因为韩国申报"端午祭"时已经说清楚了："端午节原本是中国的节日，传到韩国已经有 1500 多年了"，从这句话看，当时很多人怀疑的"抢夺文化资源"就不成立，因为人家已经说清楚了端午节的文化渊源，并没有抢夺端午节的文化主权。而且，只要稍微花点时间调查一下韩国申遗的"端午祭"到底是什么，也就不会有当年那场纷纷扬扬的激愤。

2005 年的中国，拥抱世界，门户开放，互联网普及，任何一家传媒机构、哪怕是传媒人个人要想调查研究一下"端午祭"是什么，一点技术障碍都没有。所以，当时的那些义愤言辞特别值得今天的我们认真思索：当年，是什么阻碍了我们去调查研究真相？

恐怕也就是那种文学性的情感与思维方式吧。在那个时候，我们和 2500 年前的希腊人何其相似，我们陷入了自己因深厚的文化传统而产生的自豪感，而忽略了很多问题要从具体事实出发。

更有可能对于当时的一些媒体来说,跟着大家一起批评韩国的申遗行为不仅是合乎自己文化感情的行为,更是"合理"的。跟着一起批评就能和大众一起站在捍卫中国文化的价值立场上,而认真调查一下端午祭和端午节的区别,反而有可能会被公众情感排斥甚至敌视。在这种情况下,当公众的情绪陷入没有客观事实基础的狂欢时,传媒人本来应该站出来承担帮助公众清醒的责任,可是当时的很多传媒人却加入了这场"狂欢",甚至还推波助澜,频频表达"抗议",进一步推动了公众非理性的情绪。

十多年过去了,这种情况至今还时有出现。

2018 年,随着山东电视台《我是先生》中一期节目的播出,"司马光砸缸"这个故事成为热议的焦点。节目中,著名收藏家马未都与北京师范大学的赵冬梅教授就"司马光砸缸"问题展开了辩论。赵冬梅按照传统观点,认为这个故事被记录在《宋史》等典籍中,应该是真实的,可是马未都说:"宋朝时期多见小件瓷器,能够淹没整个小孩的大缸我还真没见过,而且宋朝根本没有烧制大型瓷器的能力,目前全世界范围内也没见到过直径能有 1 米的大缸,所以说对这个故事的真实性,我很怀疑。"他在此后的其他一些节目中也补充说明,大型瓷器多见于明朝之后,大水缸的普及甚至是清朝的事了,陶瓷的大水缸在宋朝非常少见。如果宋朝根本就没有"缸",司马光又如何能够"砸缸"呢?

马未都可是收藏界的名家,对我国的古家具和瓷器方面非常有研究,赵冬梅是文学界的权威,对于公众来说,两个权威之间的论战,恰恰对人们心目中的权威崇拜提出了质疑。在两者的论战中,我们能够看到一些网友发表评论时,表现出的完全是文学式的情感。很多人留言说,"司马光砸缸"是小学课本就学过的故事,鼓励了很多小朋友,怎么能对这个故事的真实性提出质疑呢?另外更有人认为,这个故事是被正式记录在《宋史》中的,中华二十五史怎么可能会有不真实的记载?传统上,绝大多数国人对官修史书中的记载是确信不疑的,就如同马未都一提出对这个故事的质疑,很多人首先在感情上就接受不了。这不仅仅是接受不了司马光未曾做出过这种事,更不能接受《宋史》可能并非事实这一个隐含的观点。

反倒是另一些人,恰恰因为争论的双方都有专家、权威身份,反而能够冷静下来探讨事件的可能性。例如,有人提出现在看不到宋朝烧制的大水缸,不代表宋朝没有大水缸，有可能因为时代等原因宋朝的大水缸没有留存下来；在这个基础上，网友们进一步讨论，即使宋朝有大水缸，能砸破水缸的石头要多大多沉，7 岁的司马光能不能举得动？

事实上，司马光砸缸究竟有没有可能性，从科学的思维出发，确实需要证明两件事：第一，宋朝已经出现了能淹没孩子的陶质或瓷质大水缸；第二，7 岁的男孩要有砸破大水缸的体力。事实上，关于第二点的确有人做了实验，网络上有人声称自己找了两个 7 岁的男孩做了实验。结果是两个孩子中强壮一些的能砸破缸，稍弱小一些的砸了几十次人都砸累了也没能把缸砸破。这个网友用自己的实践证明 7 岁的男孩具有砸破缸的可能性。但是第一个前提，宋朝有没有能够淹没孩子的陶瓷大缸，却仍然是需要实证来证明的，不能仅仅因为"历史这么记载的"就当作确信无疑的事实一概采纳。否则，我们就和当年的希腊人一模一样了。

可是，当大家在争论"宋朝有没有缸"这个问题的时候，又犯了 2005 年的错误：看一看《宋史》到底是怎么记载的。

事实上，元人主编的《宋史》是这么说这段故事的：

> 光生七岁，凛然如成人，闻讲《左氏春秋》，爱之，退为家人讲，即了其大指。自是手不释书，至不知饥渴寒暑。群儿戏于庭，一儿登瓮，足跌没水中，众皆弃去，光持石击瓮破之，水迸，儿得活。

翻一翻原文，很多争论自然就有了答案。由于器形不同，收口的"瓮"的烧制难度比敞口的"缸"低，司马光可能砸的是瓮而不是缸；我国唐朝就有了"请君入瓮"的说法，在唐宋之际，"瓮"比较普及。所以，"司马光砸缸"的说法只是后人根据自己的生活用品所做的总结，《宋史》记载的故事实际上是"司马光砸瓮"，而"砸瓮"在客观上是有可能的。

马未都后来专门做了一期视频节目"宋朝没有缸，司马光砸的是什么"算是为这个争论画上了一个句号。但在争论中人们的表现仍然是一个发人深思的事件。在披露这场争论的新闻底下的评论区里，能看到很多人充满情绪的留言与评论。而事实上，这本来是一次不必要的争论。如果在马未都提出质疑的第一时间里，争论的双方都回到客观证据——也就是《宋史》的原文记载本身，这场争论很容易被终结。可是，这个争论却仍然持续发酵了很长时间，为什么？首先是大家沉溺在对"司马光砸缸"这个"常识"的过度信赖上，没有仔细去辨析一下历史最初记载的到底是什么；然后又迅速进入到对专家的个人情感上，轻率地信赖或批判某一专家；继而进入到这个质疑所挑战的文化情感上。传媒人在这时没有起到提供事实的责任，而是盲目地跟着公众的情感走，以至于这个本不必要的质疑酿成了一场激战。

马未都所引发的关于"司马光砸缸"的质疑，随着《宋史》的原始文字和唐宋"瓮"的实物发现，可以告一段落。但是这个争论仍然能够引发另一种思考：如果文字记载的内容和实物证据的内容不吻合呢？传媒人该如何看待文字记载？

中国文化中有"文史哲"不分的传统，对真实的记载有时候会耽于文学性，这容易让我们对凡是"文字记载"的内容比较容易相信。在"司马光砸缸"争论中，就有很多网友气冲冲地指责"如果连正史记载的都不相信，那我们该信什么"。对于部分人来说，这不是个问题，而是一种指责。

在这里，反而是网友找 7 岁小孩做实验的做法最有意义，这是科学实证思维的体现，这本来应该是传媒人去做的事。从传媒在这场小争论中所起的作用看，传媒人还需要进一步明确实证思维，走出过度文学化、艺术化的情感误区。

第二十九章
"晴雯之死"——辨析生活与故事

2019 年 8 月 12 日，腾讯视频的一则"头条"文字消息成为最"惊悚"的新闻：

山东省应急厅消息：台风利奇马已致全省人死亡，7 人失踪。

事后，腾讯视频发表了"向山东网友真诚致歉"，称"此前因编辑失误，消息推送中却是台风'利奇马'造成的遇难人数，目前遇难人数应为 5 人"。

虽然理智正常的读者都不会相信那个"全省人死亡"的说法，几乎在看到消息的第一时间立刻能明白是编辑犯了错，虽然事后媒体进行了更正，可是这个错误仍然改变了这个消息对公众心理的影响，它把一次苦涩的灾难报道变成了一出欢笑的闹剧。人们看到"全省人死亡"的真相是"5 人死亡"时，很难恢复到应有的情绪中。

如果不是"全省人死亡"这样错得那么离谱，而是其他小错误呢？又会造成什么样的结果？

无独有偶，类似的事情就在不到一个星期之前曾发生过一次。

8 月 6 日起，一则讲巴黎圣母院建筑竞赛中国建筑师夺冠的新闻出现在网络媒体上，8 月 7 日挤入了微博实时热搜榜前十。环球网、中国日报纷纷在自己的官微上转发。

其中，环球网微博的文字是，"巴黎圣母院屋顶设计大赛结果出炉：中国建筑师方案获冠军。当地时间 8 月 6 日，巴黎圣母院屋顶建筑设计竞赛主办方

GoArchitect 公布比赛结果，中国设计师提出的方案获得冠军，据 GoArchitect 官网消息，在巴黎圣母院屋顶线建筑设计竞赛中……"

中国日报官方微博的文字是，"恭喜！圣母院建筑竞赛中国建筑师夺冠：方案被称为'巴黎心跳'。8 月 6 日，巴黎圣母院屋顶线建筑竞赛主办方 GoArchitect 公布结果……"

这两个大媒体中关于竞赛的名字有一点出入：一个是"巴黎圣母院屋顶建筑设计竞赛"，一个是"巴黎圣母院屋顶线建筑竞赛"。但两大机构在发布的消息中都没有提到"重建"的字样。

可是，当消息再往下传递时却发生了变化。南方都市报的新闻标题是"巴黎圣母院顶尖重建，中国设计师作品赢了"①。腾讯网的标题是"中国设计师的原创构想，赢得了巴黎圣母院重建竞赛！"②

其他一些媒体的标题与它们相似，许多媒体的标题中出现了"重建"甚至是"重建设计"。

标题"巴黎圣母院顶尖重建，中国设计师作品赢了"与标题"圣母院建筑竞赛中国建筑师夺冠"有何不同？其后多出来的"重建"二字给读者带来什么样的信息？

看到南方都市报的新闻标题，人们会立刻与此前巴黎圣母院失火、重建的新闻联系起来，在内心中将它们组合成一个"故事"：2019 年 5 月巴黎圣母院失火，其后总统马克龙宣布启动重建。估计法国不准备原样还原巴黎圣母院被毁的塔尖，而是决定融入现代元素，于是发起巴黎圣母院塔顶设计大赛，邀请全世界设计师提交设计方案，法国将以获胜者的方案来重建巴黎圣母院塔顶。现在，两位中国设计师的方案获得了大奖，这就意味着未来巴黎圣母院将树立着中国设计师设计的塔顶。这是中国设计师的骄傲，是中国文化的骄傲。

南方都市报的内容也能够适应这个"故事"。这篇报道的原文如下：

当地时间 8 月 5 日，巴黎圣母院尖顶设计大赛的比赛结果公布，在 56 个国家

---

① 南都记者. 巴黎圣母院顶尖重建，中国设计师作品赢了［N/OL］. 南方都市报，2019-8-7. http://static.nfapp. southcn.com/ content/201908/07/c2499267.html?group_id=1.

② 腾讯网. 中国设计师的原创构想，赢得了巴黎圣母院重建竞赛！［EB/OL］. 2019-8-6. https://new.qq.com/omn/ 20190806/ 20190806A0PMS200.html.

的 226 个参选作品中，中国设计师蔡泽宇和李思贝脱颖而出，凭借作品"巴黎心跳"赢得大赛冠军。

……

媒体指出，来自 56 个国家的 226 个参选作品，是由公众投票评选出来的，共有 3 万多人参与投票。

今年 4 月 15 日晚，巴黎圣母院不幸遭遇大火，其尖顶坍塌。法国总统马克龙誓言修复巴黎圣母院，总理菲利普也表示要重塑一个能适应时代挑战的新尖顶。

这段报道在介绍了设计师的方案之后，在消息的结尾处强调"法国总统马克龙誓言修复巴黎圣母院，总理菲利普也表示要重塑一个能适应时代挑战的新尖顶"。虽然没有明显表述法国总统、总理的态度与此次比赛之间的关系，可是在介绍完比赛情况之后补充这两个消息，有明显的暗示性。

腾讯网的正文内容几乎写出了这一版故事，他们报道的内容是这样的：

被烧毁的巴黎圣母院将如何重建？

近日，独立出版公司 GoArchitect 宣布了此前举办的巴黎圣母院屋顶设计大赛的比赛结果。在毁灭性的大火之后，法国总理宣布举办国际建筑竞赛，以重新设计巴黎圣母院的大教堂尖塔。

在来自 56 个国家的 226 个参赛作品中，中国建筑师 Zeyu Cai 和 Sibei Li 的设计方案被超过 30 000 位公众高票选为冠军，将可能成为巴黎圣母院未来采用的重建方案。

与南方都市报相比，这里又多了一句此前各大媒体没有的信息："在毁灭性的大火之后，法国总理宣布举办国际建筑竞赛，以重新设计巴黎圣母院的大教堂尖塔。"这句话几乎指明两个关键因素：一是这次建筑竞赛是由法国总理宣布举办的，二是这次比赛的内容是重新设计大教堂的尖塔。接下来，文章提到了"将可能成为巴黎圣母院未来采用的重建方案"。虽然文字中有"可能"两个字，但前面所指明的两个信息很容易引导人们忽略这"可能"二字。

从最初的"巴黎圣母院建筑竞赛中国建筑师夺冠"到腾讯网的"中国设计师的原创构想，赢得了巴黎圣母院重建竞赛"，信息越来越丰富，故事也越来越完整。

可是有可能离真相也越来越远。

即使当前摘录的这几段文字也能看出一些问题：

巴黎圣母院在法国，可是很多媒体提到的设计竞赛的名称却是英文的：The People's Notre-Dame Cathedral Design Competition。

如果是法国总理或法国政府宣布举办的比赛，为什么比赛的主办方是"独立出版公司 GoArchitect"出版方，还是独立出版方！——非政府机构！而且这出版方的名字也是英文的。

如果是一次政府主导、与重建巴黎圣母院相关的设计比赛，其结果完全由公众投票评选出来就已经有些让人吃惊了，更让人吃惊的是"共有 3 万多人参与投票"——仅环城公路以内的"小巴黎"就有 200 多万人口，加上"大巴黎"人口超过千万，却只有 3 万人投票？

终于，有人专门调查了一下主办方 GoArchitect，发现：

竞赛的全称是 The People's Notre-Dame Design Competition(巴黎圣母教堂重建设计大赛)，由一家名为 GoArchitect 的独立出版商发起。GoArchitect 2018 年成立，位于美国洛杉矶。

5 月 3 日，GoArchitect 在自家网站上发起了这个竞赛，截稿日期是 6 月 30 日，之后将进行一个月的网络投票。8 月 1 日，GoArchitect 公布了竞赛获奖名单。
……

对于这个竞赛，GoArchitect 的页面上有这样一段话：This competition is not affiliated with any member of the government of France. This competition is not affiliated with any governing body of the Catholic church or Notre-Dame Cathedral. (本次比赛与法国政府的任何成员无关，本次比赛与天主教会或巴黎圣母院大教堂的任何管理机构无关)[①]

可见，那些与"重建竞赛"相关的新闻都错了，这又是一次越来越偏离基本信息的媒体乌龙事件。

问题是，为什么那么多重要媒体都卷入了这场乌龙？

如果说，前面所提到的"司马光砸缸"之争主要源于媒体人对第一手材料的

---

① 游旭东，巴黎圣母院"重建竞赛"：一场中国媒体自娱自乐的狂欢，微信公众号：AC 建筑创作。

忽视，这场"重建竞赛"媒体乌龙事件的起因还不止于此。可以看到，在这场乌龙中，"重建竞赛"的概念是被逐渐加入的，而且在一篇篇报道中逐渐被丰富、被完整化、合理化，直到它成为符合受众接受习惯的、有头有尾的故事。

这实际上是一种文学思维的误导。

文学说到底是一种艺术形式，不管文学作品表现的生活有多真实、多深刻，说到底它仍然是一种想象性的。文学中表现出的深刻也与真正学术意义上的深刻不同，常常具有演义性的特点，作家可以在文学中抓住一些材料的片段进行演义发挥，为了适应自己的主观观点，甚至可以故意排除不利于自己观点的记录。在文学中，材料服从于主题，作家可以自由地根据主题来组织材料。

正因如此，文学中的世界与现实的真实世界相比有一个本质的不同：文学更强调事件之间的因果逻辑。

什么是事件之间的因果逻辑呢？

文学写作课上，很多老师会举一个例子来向学生解释故事与事件的不同：

王后死了，半个月后国王也死了——这是两个事件。

王后死了，国王因为伤心半个月后也死了——这是一个故事。

故事与事件的不同，就在于故事为事件之间建立因果律。就如同前面的例子，王后的死和国王的死都是独立的事件，但是如果第一个事件产生了一些影响，以至于第二个事件是第一个事件的某种结果，那么，两个独立的事件之间就不仅有时间联系，还有因果联系。这样一来，情节就产生了。

文学作品也是如此，文学（主要是传统文学）的世界里事件之间总是有一定的因果联系。因果关系一旦建立，后面事件的发生就显得"合理"了。就如同刚才讲到的例子：如果仅仅是半个月后国王也死了，这看起来是自然发生的，他与王后之死相隔半个月就没有任何意义。但是如果国王是因为伤心而死，国王与王后两人相隔半个月之死就变得有意义了。情节的魅力就在于此，它给了人们丰富的想象空间，让看似平淡的生活变得充满了意义。很多文学作品就致力于编织事件之间的因果关系，揭示生活中看似不相干事件之间潜藏着的草蛇灰线的因果律。

例如，细究《红楼梦》中"晴雯之死"的因果律，最为人慨叹。故事的逻辑是这样的：

宝玉长期在大观园游玩没有"读书做功课",贾政回家,突然晚上有赵姨娘的丫鬟小雀儿到宝玉居住的怡红院里通风报信,说听到主人的话,贾政第二天要检查宝玉的功课。这是第一个事件。

宝玉急了,整个怡红院上上下下总动员帮宝玉临时突击,可依然难以完成任务。就在此时,一个丫鬟外出时被一个黑影吓了一大跳,回房间告诉大家。晴雯急中生智,让宝玉装病,声称被黑影吓病了,让怡红院上上下下打着灯笼抓黑影,制造舆论影响。这是第二个事件。

为了扩大影响,晴雯第二天向贾母禀报说怡红院晚上闹贼,宝玉被吓到了。这是第三个事件。

至此,晴雯自己也没想到事情会发展成哪一步,更没想到自己最终会牵连进去。

可是接下来的事件却不肯自动停下来:贾母听说此事后震怒,要求彻查大观园,引得大观园一阵鸡飞狗跳,激化了邢夫人和王夫人的矛盾,王善保家的借机在王夫人面前说晴雯坏话,王夫人抄检大观园,直到最后晴雯被逐,凄惨地死在家中。

评点《红楼梦》的人,无不惊叹曹雪芹的叙事能力,"抄检大观园"那么大的阵仗、晴雯之死那么凄惨的下场,居然都起于"小雀儿报信"这点青萍之末。小雀儿报信明显是好意,小雀儿与晴雯之间关系也并不对立。事情的每一步发展都合情合理,符合生活逻辑,但是随着事情越来越往前滚动,却形成了最后大家都没有预料到的结局。

读作品时人们能从中得到许多人生的感慨,可是,那只是文学的世界。在文学的世界里,有作者这只看不见的手推动事情发展。读者看故事,是顺着时间与因果的逻辑往下看,自然会觉得好故事都合情合理,客观自然,可是再客观自然的写作也是作者精心设计、剪裁过的,作者可以为了让故事奔向最后的"果"(晴雯之死)一路倒推着写前面的"因"(小雀儿报信),但是从因到果之间的其他可能都被人为地排除了。

生活的逻辑是一因众果或众因众果,可是文学世界中的逻辑却是一因一果和众因一果。文学中从"因"到"果"的路径只有一个,所描述的"果"只是生活中的众果之一,文学的世界总是排除了那些与主题无关的"果"的存在,让人们更明确地认识到事件间的因果联系。

文学通过建立因果关系的手段，把事件构筑成了情节。面对这样的文学作品，读者常常会感叹情节构筑精巧，而忽略了被情节删掉的其他可能。进而对事件之间的因果关系产生相连的期待，这种期待随着文学的深入会慢慢在人们心目中建立起来。以至于有的作品即使没有直接点明事件之间的因果关系，读者们凭借自己的文学阅读习惯，也可以从作者所剪裁的事件中读出其中隐含的逻辑关系。

例如，法国作家司汤达小说《红与黑》的结尾：

德·莱纳夫人信守诺言。她丝毫没有企图自杀；然而，于连死后三天，她拥抱着孩子们去世了。

虽然作者强调德·莱纳夫人没有自杀，可是紧接着就写到她在她挚爱的于连死后三天去世，仍然引导读者去联想其中的因果关系。难怪最后这句话在许渊冲的译本中把"去世"翻译为"魂归离恨天"，那也只是进一步强化读者心中关于这两个事件之间因果联系的想象而已。

由于我们几乎从小浸淫在文学的世界里，常常会不知不觉地受到文学思维方式的影响，渐渐忽略生活现实与文学逻辑的差异。如果努力在生活中寻找任意两个事件之间的因果关系，就会变成一种"想象力"——这是一种建立在结果基础上的对原因的强烈期待。在这种期待下，人们会不知不觉地为不相干的事建立因果联系，还会不断丰富、加强这个联系，使之合理化。

就如同前面提到的关于巴黎圣母院的例子。为什么那么多媒体在信息上层层加码，创造出一个看似合理的"重建竞赛"信息来？究其根源，可能是在一些人心目中，突兀出现的"巴黎圣母院建筑竞赛"是一个无因之果。对于"中国建筑师获胜"来说，"巴黎圣母院建筑竞赛"是因。"果"的意义常常是"因"赋予的，建筑比赛的规模越隆重、性质越严肃，中国建筑师获胜的意义才越重大。众媒体不知不觉地开始了自己结果导向的倒推原因过程：

中国文化骄傲←中国设计师竞赛获胜←竞赛意义重大←为巴黎圣母院重建展开设计竞赛。

可见，要使结果的"中国文化骄傲"成立，作为"因"的"为巴黎圣母院重建展开设计竞赛"必须成立，否则，因果逻辑的链条就断裂了。所以，很多媒体都不约而同地在新闻标题上把单纯的、没有因果指向的"设计竞赛"改成了"重建竞赛"。甚至于，这个因果逻辑可以继续往前倒推。为了证明"为巴黎圣母院重建展开设计竞赛"是可能成立的，还专门加上"总理菲利普也表示要重塑一个能适应时代挑战的新尖顶"——这是法国总理在其社交媒体上公开表示的，来暗示这样的比赛是完全有可能举办的。

完成了这些之后，一个合情合理、有因有果，有铺垫有背书的"故事"出炉了，这样的故事能够充分达成传媒希望实现的效果。有些媒体做得隐蔽些，把素材并置在一起让读者自行"想象"，也就是让读者用文学的因果律自行去联想其中关联，还用"可能"一词来回避责任；而有些媒体做得更粗糙些，直接把想象写成了客观现实。这些被想象出的"事实"更符合公众的文学思维，因而也被广泛转发，以至于一时间真伪莫辨。

文学作品中的事件经常是逻辑严密、情节完整的，一件事有因就一定能有果、有果就一定有因。这个逻辑在生活中也是成立的。可是文学的世界是有限的，所以文学会强调，所有的结果都找得到原因，所有的原因都一定会看到直接后果，这是一种简单的一一对应关系。

这个逻辑在生活中是不成立的。

凭借我们日常生活的经验，很多人都曾经感受过，一些事莫名其妙发生，莫名其妙结束，很多事干脆就是有头无尾。就如同生活中的很多物品，就是那么莫名其妙地"没了"。从原理上说，所有的东西都不会真正的"没了"，一定被放在了某个空间里，可是对于现实生活中的人来说，暂时不能发现、看不见，就是"没了"。

所以，就连一些优秀的文学作品都会写出一些"有头无尾"的事情来，增加作品的生活质感。例如，《红楼梦》中就有很多类似的有头无尾的小细节，其中最著名的就是几桩失窃案了：王夫人房中的玫瑰露到底是谁偷的？虽然作品中一些人猜测是彩云偷了给贾环的，但在作品中那只是一些人的猜测，原文没有给出确实的交代。相比之下，1987年版电视剧《红楼梦》却要遵从一般观众的思维习惯，给出确实的交代，让观众看到确实是彩云偷的，可以说，这是传媒人对观众习惯的故事思维的一种妥协。因为绝大多数文学作品培养起了观众"有头有尾"

的独特习惯。尤其是大众文学作品更常按照故事逻辑而非生活逻辑进行叙事，一定要交代给读者到底东西在哪里，被谁拿走了，为什么被人拿走了，或者它所处的位置会对后面的事件有什么影响。

如果文学中讲述了一些事情的开头，却最终不了了之，没有结果，人们往往会产生悬而未决的感觉，会产生缺憾感、不满足感，甚至会以此为作品的瑕疵。但是传媒人面对的是真实世界，这里的因果律没有文学作品那么清晰完整，传媒人很有可能会面对一些"不完整"或"多余"的事件。这个时候，传媒人首先就需要摆正心态，在尽力挖掘全部事实之外，不用主观臆测来填补事件间的空白，也不为了主题剪裁事实。这就是传媒人与文学创作者的不同。文学写作可以有很强的主观性，作者可以根据自己的需要自由设计、剪裁事件，让事件能够为主题服务，可是传媒人以传递事实为己任，部分事实与全部事实的区别有可能就是谬误与真理的区别。传媒人需要在传媒报道中警惕文学式的主题先行，不能随手抓到一些主题就立刻用主观意愿进行演义。

传媒人需要有文学素养，但是也要警惕文学对人思维方式的这种影响。如果面对看不出逻辑联系的事实，传媒人固然需要努力寻找其中的逻辑联系，但如果实在找不到联系，不能自行建立联系，也不应该以各种文学性的暗示手段去暗示未经证实的逻辑。那些做法都是文学创作手段，都属于"想象"的范畴。文学作品中的想象，哪怕是合理想象，都与事实不同，传媒人都需要对此有严格的区分。